主　　　编：曲青山　黄书元
副　主　编：冯　俊　辛广伟

编委会主任：李　颖　陈鹏鸣
编　委　会：（按姓氏拼音为序）
蔡文祥　陈兴芜　陈智英　樊原成　房向东
龚江红　韩丽璞　何志明　胡长青　胡彦威
黄立新　黄　沛　吉日木图　李海平　李树军
林　毅　刘　哲　彭克诚　曲　仲　宋亚萍
王景霞　王为松　王　旭　温六零　谢清风
徐　海　姚德海　叶国斌　游道勤　赵石定
钟永宁

编委会办公室
主　　　任：陈少铭
成　　　员：张双子　陈郝杰

2018年主题出版重点出版物

曲青山
黄书元　主编

中国改革开放全景录

江 苏 卷

夏锦文　吴先满 / 主编

吕永刚 / 副主编

江苏人民出版社

责任编辑：戴亦梁
特约编辑：刘仁军
责任校对：刘　焱　李洪云
封面设计：石笑梦　许文菲
版式设计：周方亚

图书在版编目（CIP）数据

中国改革开放全景录．江苏卷/夏锦文，吴先满主编．—南京：江苏人民出版社，2018.12
　ISBN 978-7-214-22951-9

　Ⅰ.①中… Ⅱ.①夏…②吴… Ⅲ.①改革开放－历史－江苏　Ⅳ.①D61

　中国版本图书馆CIP数据核字（2018）第270118号

中国改革开放全景录·江苏卷

ZHONGGUO GAIGE KAIFANG QUANJINGLU · JIANGSU JUAN

夏锦文　吴先满　主编

吕永刚　副主编

江苏人民出版社出版发行

（210009　南京市湖南路1号凤凰广场A座）

江苏凤凰新华印务有限公司印刷　新华书店经销

2018年12月第1版　2018年12月南京第1次印刷

开本：710毫米×1000毫米 1/16　印张：23.25　插页3

字数：270千字

ISBN 978-7-214-22951-9　定价：84.00元

邮购地址 210009　南京市湖南路1号凤凰广场A座

江苏人民出版社营销部　电话：(025)83658045

版权所有·侵权必究

凡购买本社图书，如有印制质量问题，我社负责调换。

服务电话：(025)83658045

总　序[*]

曲青山

为庆祝改革开放 40 周年，中央党史研究室、人民出版社决定联合全国各省区市相关单位共同编写出版《中国改革开放全景录》大型丛书。这是党史界、出版界围绕中心、服务大局，积极作为、主动履职的一件大事。

一、我们为什么要庆祝改革开放

党的十九届一中全会后，习近平总书记在十九届中央政治局常委同中外记者见面时的讲话中指出："中共十九大到二十大的 5 年，正处在实现'两个一百年'奋斗目标的历史交汇期，第一个百年目标要实现，第二个百年奋斗目标要开篇。这其中有一些重要的时间节点，是我们工作的坐标。"第一个重要坐标就是 2018 年改革开放 40 周年。为什么将改革开放同中华人民

---

[*] 此文为曲青山同志在 2018 年 1 月 10 日《中国改革开放全景录》丛书编写出版第三次工作会议上的讲话。

共和国成立、全面建成小康社会、中国共产党成立等重大历史事件一道确立为党和国家工作全局的坐标呢？因为改革开放是决定当代中国命运的关键一招，也是决定实现"两个一百年"奋斗目标、实现中华民族伟大复兴中国梦的关键一招。改革开放是我们党在经过曲折、反思后，实现伟大历史转折和伟大飞跃，大踏步赶上世界潮流、走近世界舞台中央的一个重要法宝，改革开放对党、对国家、对民族、对世界都产生了重大而深远的影响。

改革开放使党的面貌发生了历史性变化。改革开放40年来，我们坚持党要管党、全面从严治党，党的建设质量不断提高，党的执政地位更加巩固，为开创、坚持和发展中国特色社会主义提供了坚强的政治保证和组织保证。特别是党的十八大以来，以习近平同志为核心的党中央坚定不移推进全面从严治党，形成了反腐败斗争压倒性态势，消除了党和国家内部存在的严重隐患，党内政治生活气象更新，党内政治生态明显好转，全党理想信念更加坚定、党性更加坚强，党自我净化、自我完善、自我革新、自我提高能力显著提高，党的执政基础和群众基础更加巩固，为党和国家事业取得的全方位、开创性成就，发生的深层次、根本性变革提供了坚强政治保证。改革开放取得的巨大成就，使得中国共产党成为一个拥有8900多万名党员、450多万个基层党组织的世界第一大党，成为一个在拥有13亿多人口的中国长期执政的党。

改革开放使中国的面貌发生了历史性变化。改革开放之初，我们党发出了"走自己的道路，建设有中国特色的社会主义"的伟大号召。经过长期努力，中国特色社会主义进入了新时代，意味着科学社会主义在21世纪的中国焕发出强大生机活力，在世界上高高举起了中国特色社会主义伟大旗帜。从1978年到2017年，我国国内生产总值由3679亿元增长到82.7万亿元；城镇居民人均可支配收入和农村居民人均可支配收入分别由1978年的343.4元、133.6元增加到2017年的36396元、13432元；农村贫困发生率从1978年的97.5%大幅下降到2017年的3.1%以下。220多种主要工农业产品生产能力稳居世界第一位，改革开放前长期困扰我们的短缺经济和供给不足状况已经发生根本性转变，我国社会主要矛盾已经转化为人民日益增长的美好生活需要和不平衡不充分的发展之间的矛盾。改革开放取得的巨大成就，使得具有5000多年文明历史的古老中国重新焕发出强大生机活力，使得中国这个世界上最大的发展中国家在短短40年时间里摆脱贫困并跃升为世界第二大经济体，彻底摆脱被"开除球籍"的危险。可以说，没有改革开放，就没有中国的今天；离开改革开放，也没有中国的明天。

改革开放使中华民族的面貌发生了历史性变化。习近平总书记曾深刻指出："60多年前我们党领导人民经过长期艰苦卓绝的斗争建立了新中国，30多年前我们党领导人民开始了改革开放，这两件大事大大加快了实现中华民族伟大复兴的历史进程。"党的十一届三中全会以来，中国共产党团结带领人民进行改革开放新的伟大革命，破除阻碍国家和民族发展的一切思想和体制障碍，开辟了中国特色社会主义道路，形成了中国特色社会主义理论体系，确立了中国特色社会主义制度，发展了中国特色社会主义文化，使中国大踏步赶上时代，使久经磨难的中华民族迎来了从站起来、富起来到强起来的伟大飞跃。改革开放取得的巨大成就，使我们比历史上任何时期都更接近中华民族伟大复兴的目标，比历史上任何时期都更有信心、有能力实现这个目标。今天的中华民族充满自信，正日益走近世界舞台中央，迎来了实现伟大复兴的光明前景。

改革开放使世界格局的面貌发生了历史性变化。改革开放既改变了中国的面貌，又重塑了世界格局。40年来，我国综合国力不断增强，国际地位显著提高，国际影响力、感召力、塑造力进一步提升，中国同世界的关系进入新阶段，国内国际两个大局联系更加紧密。作为世界和平的建设者、全球发展的贡献者、国际秩序的维护者，在全球治理体系变革等关乎人类前途命运的重大课题上，再也不能少了中国声音。正如习近平总书记指出："世界那么大，问题那么多，国际社会期待听到中国声音、看到中国方案，中国不能缺席。"改革开放取得的巨大成就，也拓展了发展中国家走向现代化的途径，给世界上那些既希望加快发展又希望保持自身独立性的国家和民族提供了全新选择，为解决人类问题贡献了中国智慧和中国方案。

改革开放是我们党的历史上一次伟大觉醒，正是这个伟大觉醒孕育了新时期从理论到实践的伟大创造。40年来的伟大实践充分证明:"只有社会主义才能救中国,只有改革开放才能发展中国、发展社会主义、发展马克思主义。"我们坚信,在以习近平同志为核心的党中央坚强领导下,中华民族伟大复兴必将在改革开放的伟大进程中得以实现。

二、我们为什么要编写出版《中国改革开放全景录》

庆祝改革开放40周年,是党和国家政治生活中的一件大事。中央党史研究室是直属党中央的党史研究机构,是中央主管党史业务的工作部门。人民出版社是党和国家重要的宣传思想文化阵地。双方合作编写出版《中国改革开放全景录》,这是党史界和出版界共同为庆祝改革开放40周年献上的一份厚礼,具有重要意义。

第一,编写出版《中国改革开放全景录》是为了记史存史、资政育人

准确记载和反映党的历史,发挥党史以史鉴今、资政育人重要作用,是党史工作者的重要任务,也是出版工作者的使命责任。做好丛书编写工作,必须紧紧围绕记史存史、资政育人这一目标展开,把改革开放的历史研究好、记载好,把改革开放的成功经验梳理好、总结好,把改革开放的伟大成就宣传好、维护好。

一是生动记录改革开放波澜壮阔的历史进程,为改革画像,为先贤留名,为人民存史。从党的十一届三中全会作出把党和

中国改革开放全景录

国家工作中心转移到经济建设上来、实行改革开放的历史性决策以来，已经40年了。按照中国传统的说法，改革开放已经进入不惑之年。40年，改革的春风吹遍神州大地，创造出一个又一个彪炳史册的人间奇迹。我们编写《中国改革开放全景录》丛书，就是要生动记录我们党团结带领全国各族人民进行改革开放的伟大实践，集中反映改革开放和社会主义现代化建设取得的历史性成就，充分彰显中国特色社会主义道路自信、理论自信、制度自信、文化自信，为后世留一份珍贵的历史资料。

二是总结好改革开放的历史经验，发挥党史资政作用，为新时代全面深化改革开放贡献智慧和力量。早在延安时期，毛泽东同志就指出："如果不把党的历史搞清楚，不把党在历史上所走的路搞清楚，便不能把事情办得更好。"改革开放40年的历史，蕴含着丰富的管党治党和治国理政的经验和智慧，是一笔宝贵的政治财富，在丛书的编写过程中需要我们予以深入挖掘和总结。比如，我们统筹推进"五位一体"总体布局和协调推进"四个全面"战略布局，就需要总结党领导经济建设、政治建设、文化建设、社会建设、生态文明建设的经验，需要总结全面建成小康社会、全面深化改革、全面依法治国、全面从严治党的经验，从中寻找历史借鉴和启示。

三是用改革开放历史激励人民、教育人民、启迪人民，增进改革共识。编写《中国改革开放全景录》丛书，就是要用人民群众喜闻乐见的形式和方法，把改革开放的伟大成就、基本经验和重大事件、典型人物具体生动地表现出来，引导广大群众充分认识改革开放是当代中国发展进步的必由之路，是实现中国梦的必由之路，激励广大群众以逢山开路、遇水架桥的韧劲，将改革进行到底。

第二，把握好《中国改革开放全景录》的特点和亮点

丛书编写成功与否，原因是多方面的，其中一个重要因素是看它有没有特点，有没有使读者眼前一亮的独特气质。与社会上出版的其他书籍相比，《中国改革开放全景录》应呈现以下几个鲜明的特点和亮点。

一是系统性。编写这套丛书，要力争系统地反映改革开放40年来的全部历史，系统地反映我国改革发展稳定、内政外交国防、治党治国治军各方面取得的成就，系统地反映改革开放对生产力和生产关系、经济基础和上层建筑的促进与完善。

二是完整性。这套丛书从时间跨度上看，涵盖了从1978年党的十一届三中全会至今40年的历史，是一部完整地记录改革开放全过程的历史丛书；从地域分布上看，既有反映全国改革开放历程的中央卷，又有31个省、自治区、直辖市各自的地方卷，可以全方位反映出改革开放给中国带来的发展变化。

三是准确性。参与丛书编写的大都是各省区市党史研究室和社会科学院的领导同志与专家学者，很多同志长期从事本地区改革开放历史研究，学养深厚，对其中的重点难点问题比较了解熟悉，在资料利用方面又有得天独厚的优势。

四是生动性。这套丛书主要面向普通读者,以写事为主,夹叙夹议,要求在文字上力求生动鲜明简洁,并辅之以记录改革开放重大事件和重要人物的图片。应做到可读可信可取,既引人入胜,又给人启发。

总之,我们必须牢牢把握这套丛书既是记录改革开放全过程和各方面的资料书,又是能够阐明改革开放所以然的理论著作的这样一个定位,以生动再现和总结党的十一届三中全会以来40年波澜壮阔的历史。

三、我们应该怎样把《中国改革开放全景录》编写成一部精品力作

《中国改革开放全景录》丛书已列入中宣部、国家新闻出版广电总局重点图书,所以,我们要认认真真、扎扎实实、群策群力、按时保质推进编写工作,注意史学规范,做到言之有物、言之有据、史论结合、论从史出,确保丛书成为一部明白晓畅而又严谨切实的历史著作。

一是要坚持正确政治导向。丛书编写工作,要高举中国特色社会主义伟大旗帜,以习近平新时代中国特色社会主义思想为指导,以习近平总书记关于改革开放重要论述为根本遵循,牢牢把握改革开放40年历史的主题和主线、主流和本质,深刻阐释历史和人民在艰苦探索中选择了改革开放,正确对待改革开放中的一些失误和曲折,旗帜鲜明地反对各种歪曲、丑

化、否定改革开放历史的言行。

二是要通力合作、集体攻关。要编写这样一套丛书，是很不容易的，无论哪一个人哪一方面单打独斗都很难完成，必须依靠全党、全社会各方面的力量，齐心协力、集体攻关。中国历史上的大型丛书如《四库全书》等，都是当时举全国之力完成的。1983年开始启动的《当代中国》丛书，也是全党、全军、全国各条战线10多万工作人员前后用时15年时间集体合作完成的。《中国改革开放全景录》这套丛书虽然规模体量没有那么大，但没有通力合作、集体攻关的精神是完成不了的。做好丛书编写出版工作，不是少数人、个别人的任务，必须整合包括党政机关、党校、行政学院、社会科学院、高等院校、出版社在内的各方面力量。

三是要建立责任共同体。既然丛书的编写出版需要通力合作、集体攻关，那么大家就是一个责任共同体，要相互理解、相互配合、相互支持，最后达到双赢、共赢的结果。所谓责任共同体，就是我离不开你、你离不开我，我中有你、你中有我。具体来说，中央党史研究室的同志要认真把好书稿总体的政治关、史实关、文字关；人民出版社的同志要做好丛书的总体组织协调和出版工作。相信我们双方一定能尽心尽力把丛书编写好，一起承担责任，一起应对挑战，一起分享成绩。

四是要抓紧时间。抓而不紧，等于没抓。为了丛书的顺利出版，人民出版社和各地人民出版社提前谋划，做了大量工作，各项工作正在如期进行。希望大家发扬时不我待、只争朝夕的精神，把各项工作往前赶，打出提前量，力争丛书按时出版。

我们处在历史的一个重要节点上，一代人有一代人的历史任务。我们这一代人是乘着改革开放的东风成长起来的，我们都是改革开放的受益者，也是改革开放的参与者、见证者。身处这个伟大时代，是我们的光荣和幸运。把改革开放的历史记录好、研究好、出版好、宣传好，更是我们这一代党史工作者和出版工作者义不容辞的职责。让我们共同努力，携手完成《中国改革开放全景录》的编写出版工作，向庆祝改革开放40周年献礼，向党和人民献礼！

2018年1月10日

目　录

■ 引　言 ………………………………………………………… 1

■ 第一章　锦绣江苏的壮阔历程 ………………………………… 4
　　一、江苏开启发展新征程 ……………………………………… 5
　　二、推进三次历史性转型 ……………………………………… 13
　　三、建设"强富美高"新江苏 …………………………………… 19

■ 第二章　振兴江苏的强大动力 ………………………………… 33
　　一、打开解放思想这个总开关 ………………………………… 34
　　二、从"苏南模式"到"新苏南模式" ……………………………… 40
　　三、把牢主线：推动供给侧结构性改革落地见效 ……………… 46
　　四、凝聚全面深化改革的强大合力 …………………………… 54

第三章　经济大省的转型升级 … 59
一、加快建设创新型省份 … 60
二、建设先进制造业高地 … 69
三、发展战略性新兴产业 … 76
四、大力发展服务业 … 83

第四章　"三农"问题的江苏解答 … 90
一、从传统农业向农业现代化迈进 … 91
二、建设新时代美丽乡村 … 99
三、千方百计让农民口袋鼓起来 … 105
四、激活农业农村发展内生动力 … 113

第五章　区域经济社会的协调发展 … 120
一、提升区域交通可达性 … 121
二、构筑科学合理城镇体系 … 129
三、率先打破城乡二元结构 … 137
四、从行政分割到功能区划 … 145
五、以南北合作促区域协调 … 150

第六章　美丽江苏的绿色追求 … 159
一、生态意识从自发到自觉 … 160
二、统筹山水林田湖保护修复 … 165
三、加强生态环境治理 … 171
四、构建生态型生产生活方式 … 181

第七章　特色鲜明的全面开放 …… 192
一、打造开放型经济主攻手 …… 192
二、构建开放型经济主阵地 …… 197
三、提升开放型经济质量水平 …… 210

第八章　共建共享的美好生活 …… 218
一、坚持不懈进行扶贫攻坚 …… 219
二、创新发展的社会保障体系 …… 223
三、持续提高基本公共服务水平 …… 230
四、引导群众致富，缩小贫富差距 …… 235
五、提升群众获得感、安全感、幸福感 …… 242

第九章　人文江苏的古韵新风 …… 249
一、构筑思想文化建设高地 …… 250
二、以江苏精神引领社会风尚 …… 257
三、推进先进文化创新发展 …… 261
四、以均等服务保障群众文化需求 …… 270

第十章　法治江苏建设的生动实践 …… 281
一、法治江苏战略扎实推进 …… 281
二、地方立法工作水平不断提高 …… 285
三、依法行政建设法治政府 …… 290
四、保障公正司法有效实现 …… 297
五、提高社会治理法治化水平 …… 304

第十一章 从严治党的历史担当 …… 311
　　一、不断加强和改善党的领导 …… 311
　　二、铸就坚定的理想信念 …… 317
　　三、让纪律成为带电的"高压线" …… 321
　　四、营造风清气正的政治生态 …… 326

第十二章 新时代谱写中国梦的江苏新篇章 …… 334
　　一、推进江苏改革开放再出发 …… 335
　　二、推进高质量发展走在全国前列 …… 340
　　三、开辟江苏建设新境界 …… 345

参考文献 …… 354
后　记 …… 357

引　言

1978年12月18日至22日，中国共产党召开十一届三中全会，作出把工作重点转移到以经济建设为中心的轨道上来和实行改革开放的重大战略决策，引领中国社会主义建设进入改革开放新时期。这期间，我们走出了中国特色社会主义道路，形成了中国特色社会主义理论，发展了中国特色社会主义文化，构建起中国特色社会主义制度。党的十八大以来，以习近平同志为核心的党中央，团结带领全国各族人民，全面深化改革，不断扩大开放，习近平新时代中国特色社会主义思想形成发展，引领中国特色社会主义进入新时代。从1978年到2018年，中国改革开放走过40年成就辉煌的伟大历程。这40年，改革开放全面系统深入持续推进，我国经济社会加快发展、全面进步，我国人民生活水平不断改善、显著提高，我国综合实力持续增强，国际地位与影响不断扩大。这40年的历史事实证明，四项基本原则是立国之本，改革开放是富民之举、强国之路。这40年改革开放的伟大成就，极大地增强了中国人民对于中国特色社会主义的道路自信、理论自信、制度自信、文化自信。我们为这40年改革开放的辉煌成果感到自豪，我们为新时代中国特色社会主义建设、全面深化改革开放的光明前景鼓与呼。

改革开放是决定中国命运的关键一招,为江苏经济社会全面发展和人民生活水平持续提升提供了强大动力。贯彻落实中央的改革开放路线方针政策,依托总结江苏人民群众创造性的智慧与实践,江苏省委、省政府团结带领全省干部群众,创业创新创优,争先领先率先,不断推进改革开放进入新境界。这40年,江苏全面系统深入持续地推进改革开放,破除禁锢,打开解放思想的总开关,不断推进改革向纵深推进,使改革成为振兴江苏的强大动力;以建设创新型省份为统领,坚持实体经济为本,着力构建以先进制造业为骨干的现代产业体系,推进经济大省的转型升级;推进传统农业向现代农业迈进,建设美丽乡村,谋划乡村振兴,交出解答"三农"问题的江苏答卷;推进基础设施内畅外联,构筑圈轴结合的城镇体系,打破城乡二元结构,加强省域空间整合,促进区域经济社会协调发展;树立生态意识,坚守生态红线,加强环境治理,推进绿色转型,建设生态环境良好的美丽江苏;以开发区为主阵地,积极融入全球分工体系,塑造开放型经济领先优势,构筑特色鲜明的全面开放格局;着力破解扶贫攻坚世纪难题,高度重视保障和改善民生,不断增强人民群众获得感、安全感、幸福感,让人民群众共建共享美好生活;培育和弘扬社会主义先进文化,构筑道德风尚建设高地,推进文化创新,加强文化惠民,建设古韵新风的人文江苏;实施法治江苏战略,建设法治政府,践行司法为民,提高社会法治治理化水平,不断提升法治江苏建设水平;推进党的建设新的伟大工程,充分发挥党的创造力、凝聚力、战斗力,肩负起从严治党的历史担当,为江苏改革开放提供坚强领导;推进改革开放再出发,推进高质量发展走在全国前列,开辟"强富美高"新江苏新境界,谱写新时代中国梦的江苏篇章。江苏在全国先后提前实现了"三步走"战略目标中的前"两步"战略目标。目前,江苏正以习近平新时代中国特色社会主义思想和习近平总书记对江苏的系列重要讲话精神为指导,深入贯彻落实党的十九大精神,致力于全面深化改革开放,致力于高水平全面建成小康社会、开启基本现代化新征程的先期探索,以新作为、新业绩,一步一个脚印把习近平总书记为江苏描绘的"强富美高"蓝图化为现实。

第一章
锦绣江苏的壮阔历程

改革开放40年,中国创造了人类发展史上的奇迹。在中国气象万千的改革开放全景图中,锦绣江苏贡献了其中别具风采的景致。1992年年初,邓小平同志在途经南京时特意在火车站停留,嘱托"江苏应该比全国平均速度快一点"。寥寥数语,体现了世纪伟人对江苏的殷切期盼。2014年,习近平总书记在视察江苏重要讲话中明确提出,"为全国发展探路是中央对江苏的一贯要求"。改革开放是前无古人的崭新事业,需要"敢闯敢试"的奋进者、创新者、开拓者、筑梦者。40年来,江苏始终保持昂扬的奋进之姿,埋头苦干,锐意探索,以占全国1.1%的国土面积、5.8%的人口,创造了占全国10.2%的经济总量,在全国发展大局中始终占有重要位置。在改革开放的新征程中,江苏必将更加自觉地扛起"为全国发展探路"的重任,用新实践、新业绩奋力开拓新时代中国特色社会主义在江苏实践的新境界,在中国改革开放全景图中描绘更新更美的江苏画卷。

一、江苏开启发展新征程

回顾改革开放40年的光辉历程,不仅要关注取得的成就,更要关注创造这些成就的人;不仅要聚焦40年这个时间段,也要放宽视界,放在更大的时空坐标中来审视,唯有如此,才能更好地知往鉴今,以启未来。

(一) 锦绣江苏的底色

1. 水韵江苏

水韵是江苏最鲜明的符号。江苏自古以来就是令人向往的鱼米之乡、富庶之地。江苏江河湖海齐备。境内长江横穿东西425千米;京杭大运河纵贯南北718千米;海岸线长954千米;有大小河流2900多条;面积大于1平方千米的湖泊110个,湖泊率超过6%,居全国各省份之首位。从运河时代、长江时代,到海洋时代,江苏发展格局不断扩大,不变的是水韵江苏的底色,滋润着一代代江苏人的心田。纵观改革开放历程,拥有水的流动性,让江苏人不甘现状,敢于冲破思想枷锁和体制壁垒,打造新的发展天地;拥有水的灵气,让江苏人善于开动脑筋,用智慧找寻破解问题的可行路径,在实践中不断创造新思路,取得新成效;拥有水的韧性,让江苏人有了百折不挠、不达目的誓不罢休的定力与勇毅,以水滴石穿的精神在爬坡越坎中不断推动发展取得新成就。这些因水而生的精神特质,既是江苏转向改革开放的强大初始动力,也是江苏改革开放始终保持旺盛生命力的内生动力,未来仍将为江苏改革开放提供持续动力。

水韵江苏(江苏省环保厅供图)

2. 人文江苏

江苏人文积淀深厚,在中华文明一体多元的发展进程中,江苏文化走过了一条漫长而独特的演进道路。泰(太)伯奔吴,给江南带来了中原文化;春秋战国时期,诸侯间的交往与征战,促进了文化的交融,中原的礼乐文明进一步渗透到大江两岸。唐朝以后,随着中国经济与文化中心的南移,江苏迅速发展,成为东南富庶锦绣之地。至南宋时已有"苏常熟,天下足"之说。到明代,史称天下财货"半出于江南"。丰饶的水土环境和深厚的文化积淀,成为江苏人身上最鲜明的烙印。千年不衰的文脉,英杰辈出的环境,造就了当代江苏丰厚的人文资源,也成为江苏得改革开放风气之先、走在全国改革开放前列的底气所在。改革开放越深入发展,创新的地位越重,对人才的依赖越强,江苏人文底蕴的稀缺价值就越发凸显。在改革开放的新征程中,人文江苏必将以更大作为焕发新的生机和光彩。

3. 实业江苏

深厚的实体经济为江苏推进改革开放事业奠定了可靠基础。江苏自古就以实业见长,近现代更是涌现出一大批实业家。有"近代中国商父"之称的盛宣怀、晚清实业泰斗、状元实业家张謇,民国棉纱大王、面粉大王无锡荣宗敬、荣德生兄弟,都是实业精英;无锡作为近代长江下游著名的"布码头"和中国"四大米市"之一,更是成为我国近代民族工商业的摇篮。中华人民共和国成立后,江苏经济基本以传统农业为主,工业和服务业发展相对缓慢,但传统的轻纺工业、化工、机器制造、建材等发展较快。正是有了这些宝贵的实业基因,在改革开放之初,随着家庭农业得到恢复,对私营工商业的限制逐渐消除,为乡镇经济的勃兴创造了条件。改革开放以来,江苏扭住实体经济不放,大力发展实业,使实体经济成为江苏最厚实的家底。截至2017年年底,江苏拥有全国最大规模的制造业集群,全省规模以上工业生产总值约占全国的1/8、全球的3%。发达的实体经济成为江苏经济抵御风险、行稳致远的可靠依托。

(二) 改革出发的初心

1. 对美好生活的向往

改革的动力来自哪里?既来自对现状的不满,因此有了改变现状的动力;也来自对未来美好生活的期许,于是有了人民群众对改革的衷心拥护和积极参与。我国早期改革具有典型的"帕累托改进"效应,改革获得绝大多数人的支持。然而,这并不意味着改革毫无阻力。恰恰相反,面对长期形成的观念束缚和体制壁垒,顺利实现改革起步并非易事,江苏也不例外。但是,任何力量也阻挡不了人民群众对美好生活的渴望。"江苏农村改革第一村"的故事就是生动注解。

垫湖村(垫湖大队)地处江苏泗洪西南岗地区,区位闭塞、水源匮乏、土地贫瘠。1978年,该地区遭遇罕见旱灾,处于人缺粮、牛缺草、地无收的严重困境,群众生活异常艰难。穷则思变。垫湖大队冲破重重阻力,在全省率先实施包产到户,极大地调动了农民的生产积极性,很快出现了"粮满囤,谷满仓"的喜人景象。此后,"大包干"的做法迅速遍及整个上塘公社。一时间,上塘农村经济体制改革震动了江苏全省,上塘人的改革经验传向全省乃至全国。回顾江苏改革历程,可以深切感受到,满足人民对美好生活的向往,是改革开放的初心所在,也是改革开放走向未来的力量源泉。

春到上塘

2. 对劳动创造的尊崇

改革之初,一方面,出于改善自身生活状况的强烈愿望,群众的创造热情被点燃;另一方面,江苏省委、省政府对调动群众的积极性进行了有效引导。1980年3月,江苏省区别工作领导小组召开会议指出:"1956年对私营工商业者实行全行业公私合营高潮时,有一大批小商、小贩、小手工业者以及其他劳动者被带进了公私合营企业,把他们统称'私方人员',按资本主义工商业者对待。现将这一部分劳动者从原资本主义工商业者中区别出来,明确他们的劳动者成份(分)。"全省从57199名原工商业者中,区别出劳动者43184人,约占列入区别范围的对象总数的75.5%。1981年,江苏省委、省政府出台《关于发展城镇集体与个体经济的若干规定》,要求各级人民政府和商业等有关部门,认真帮助集体企业和个体经营户开辟供货渠道,并给他们与全民所有制企业一样的批零差价待遇。在政府引导和社会自发力量的双重驱动下,江苏个体工商业迎来了快速发展阶段。据《江苏省大事记:1949—1985》统计,1978年年底全省仅有个体商业6405户;到1985年年底,全省个体商业、饮食、服务、修理户已发展到56.68万户,从业人员70.67万人。实践证明,只要为各类劳动者创造公平正义的环境,尊重劳动、崇尚实干、鼓励创造,中国特色社会主义建设事业就能赢得最广泛的支持,就能实现美好的发展前景。

3. 对赶上时代的追求

1987年,邓小平同志明确提出:"我们要赶上时代,这是改革要达到的目的。"赶上时代是改革开放之后中国共产党人提出并面对的重大命题。江苏为全国发展探路,必然要在赶上时代上有所作为,这正是江苏改革开放的重要特质。赶上时代首先要实施对外开放,只有在开放环境下,才能融入全球发展,赶上时代潮流。1984年5月,中央决定包括江苏南通、连云港在内的14个沿海港口城市实行对外开放。这是江苏对外开放早期的两个"窗口"。20世纪90年代初,江苏从实际出发,在全国率先提出大力实施经济国际化战略。以2001年12月11日我国正式加入世界贸易组织为起点,江苏经济国际化进入新一轮更高层次的发展提升阶段。江苏大力吸引外资和发展加工贸易,积极参与国际产业分工。融入全球经济,是江苏赶上时代的重要条件,但练好内功,提升国际竞争力,才是江苏赶上时代的根本标志。经过40年发展,江苏发展实现质的飞跃,但与世界先进水平相比仍有差距,还需要在改革开放的新实践中锐意进取,不断提升综合实力,逐步赶上并引领时代潮流。

(三) 走在前列的探索

1. 历史转折和改革开放的早期探索(1978—1991)

在从拨乱反正到改革开放的历史转折期,江苏率先探索,为全国开启改革开放伟大进程做出了独特的贡献。早在20世纪70年代中期,江苏省委充分肯定了乡镇企业这一群众的首创事业。在"文革"结束后的几年中,江苏冲破"生产资料不是商品、不能自由买卖"、"产品不列入计划定点就不能生产"以及"工不经商"、"全民企业和集体企业的职工不能混岗"等条条框框,乡镇企业迅速发展,取得了"异军突起"的经济效果,形成了"半壁江山"的经济局面。党的十一届三中全会召开以后,江苏紧紧抓住全党工作重点转移的历史性机遇,以农村经济体制改革为突破口,率先发展和壮大乡镇企业,进而推进城市经济体制改革,开始启动对外开放,农村经济飞速发展,小城镇快速兴起,形成了具有全国影响力的"苏南模式",苏南等地率先进入工业化初期阶段。在农村经济体制改革中,江苏对全国最大的贡献是探索了经济发达地区、高产地区也可以包产到户。江苏推行联产承包责任制的可贵之处,在于从实际出发,采取多种形式,不搞"一刀切"。苏南地区更多采取专业承包、包干分配的办法,淮北地区更多采取大包干的办法。在小城镇发展中,伴随乡镇企业的快速发展,大量农村剩余劳动力"离土不离乡""进厂不进城",进而"以工带农""以工建镇",带动了乡镇地区的快速发展,苏南等地的小城镇由此数量急剧增长,形成了"小城镇、大发展"的城镇化发展格局。在对外开放中,1990年,中央决定实施上海浦东开发开放,江苏提出"坚决支持,主动服务,迎接辐射,促进发展"的方针,并确立了加快发展沿海、重点发展沿江、积极建设东陇海沿线的"三沿"战略,与浦东开发开放接轨。从1978年到1991年,江苏地区生产总值从249.24亿元增加到1601.38亿元,人均地区生产总值从430元增加到2353元,一举解决了温饱问题,苏南等地开始向小康社会迈进,从传统农业社会向工业化社会迈进。

2. 市场化转型与改革开放的深入发展(1992—2002)

1992年,在邓小平南方谈话精神和党的十四大精神的鼓舞下,江苏全省上下群情振奋,改革开放呈现全新发展格局。江苏抢抓全球产业转移的历史性机遇,以全面推进对外开放为突破口,以开发区为重要载体,着力调整市场结构和所有制结构,推进两个根本性转变(经济体制从传统的计划经济体制向社会主义市场经济体制转变,经济增长方式从粗放型向集约型转变),积极实施科教兴省、经济国际化、城市化、区域共同发展、可持续发展等战略,全省总体上达到以县为单位实现全面小康的目标,全省改革开放和现代化建设进入了一个新的阶段。在这一阶段,国民经济综合实力明显增强,2002年国内生产总值突破1万亿元大关,江苏成为继广东之后第二个超万亿元的省份,标志着江苏经济发展实现了新的历史性突破。经济体制改革逐步深化,社会主义市场经济体制初步建立,市场化程度逐步提高,国有企业改革与脱困三年目标基本实现,混合所有制经济和非公有制经济快速发展,以乡镇企业"二次创业"为目标、以产权制度改革为重点加速乡镇中小企业改制转制。对外开放不断扩大,国际资本流入加快,2002年外商直接投资突破100亿美元,总量约占全国的1/5;外需增势强劲,进出口总额超700亿美元;园区经济快速发展,到2000年全省已开放各类口岸17个,建成各类国家级和省级开发区80个,集聚效应和产出功能明显增强。人民生活水平进一步提高,到2002年,城乡居民收入均量分别突破8000元和接近4000元。社会保障体系框架初步建立,城市居民最低生活保障制度基本实现全覆盖。可持续发展得到推进,全社会保护自然资源的意识逐步增强,生态环境恶化的状况初步得到遏制。

3."两个率先"与改革开放进入新时代(2003—)

2003年全国"两会"期间,胡锦涛、江泽民先后参加全国人代会江苏团审议时,对江苏明确提出了"率先全面建成小康社会,率先基本实现现代化"的要求。从此,"两个率先"就鲜明地写在江苏发展的旗帜上,成为激励全省人民不懈追求、开拓奋进的强大动力。2013年年初,习近平总书记参加全国人代会江苏团审议时提出"深化产业结构调整、积极稳妥推进城镇化、扎实推进生态文明建设"三项重点任务。2014年12月,习近平总书记在视察江苏时指出,"从目前条件看,江苏可以率先实现全面建成小康社会目标","要在扎实做好全面建成小康社会各项工作的基础上,积极探索开启基本实现现代化新征程这篇大文章"。这进一步明确了江苏推进"两个率先"的重点和发展路径。2017年12月,习近平总书记在党的十九大后到江苏视察工作,要求江苏坚守实体经济、推动创新发展、深化国有企业改革、实施乡村振兴战略、建设生态文明、加强基层党组织建设等。中央领导对江苏的重要指示精神,为江苏推进改革开放向纵深发展提供了有力指导。江苏以转型升级、科技创新、农业现代化、文化建设、民生幸福、社会管理创新、生态文明建设、党的建设"八项工程"为主抓手,全面实施创新驱动发展、科技与人才强省、新型城镇化和城乡发展一体化、区域协调发展、经济国际化、可持续发展等战略,深入推进"强富美高"新江苏建设,全省发展提升到新的发展高度。2017年全省地区生产总值达到8.59万亿元,人均地区生产总值达10.7万元,区域创新能力保持在全国前列,城乡面貌发生明显变化,生态文明建设持续加强,人民生活水平不断提高,"两个率先"取得重大成果,"迈上新台阶、建设新江苏"实现良好开局。

二、推进三次历史性转型

改革开放以来,无论是乡镇企业的兴盛,还是开放型经济的崛起,抑或是转向创新型经济,这一系列转型看似偶然的发展路径,却隐藏着江苏从省委省政府到普通群众通力合作、接续奋斗的定力和坚持,是江苏上下齐心奋斗、拼搏进取的逻辑结果。

(一)第一次转型:乡镇企业异军突起

1. 溯源:社队企业顽强生长

乡镇企业渊源于中华人民共和国成立以后的社队企业。江苏乡镇企业经历了20世纪50年代萌生、60年代徘徊、70年代再起和80年代腾飞的漫长过程。20世纪60年代,尽管受到"公社和生产大队一般地不办企业"的影响,但江苏特别是苏南地区迫于人多劳多地少的压力,悄悄地兴办各类"地下工厂"。20世纪70年代初,江苏

"围绕农业办工业,办好工业促农业",兴办社队工业企业,涌现了一批农副工综合发展的典型。1976年10月"文革"结束后,江苏省委在全省范围内推广无锡县农副工综合发展的经验,号召实现公社工业化。党的十一届三中全会召开后,江苏省委采取一系列政策措施扶持社办工业的发展。1979年,社办工业企业实现工业产值比上年增长21.59%。1980年,社办工业企业数比上年增加2442个,企业人数增加28.41万人,工业产值66.24亿元,比上年增长41.72%。

2. 发力:乡镇企业蓬勃兴起

1984—1988年,江苏全省乡(镇)办工业总产值年均增长达到40%左右。在1989年开始的国民经济三年治理整顿期间,乡镇工业主动调整投资方向,加强技术改造和企业内部管理,增长速度虽有放慢,但整体素质却有明显提高。1992年后,江苏乡镇工业企业在科技、规模、外向型三大战略的带动下,通过深化改革,步入超高速、超常规发展阶段。1992年,乡镇工业产值增加数超过1989年前40年的增加数,首次超过千亿元。1992—1995年,全省乡镇工业的平均发展速度高达49%左右。江苏以苏南地区为主的乡镇企业"集体经济""轻纺工业""中小企业"三为主,"(原料、销售市场)两头在外"走市场调节之路的发展形态,解放了社会生产力,推动江苏完成了工业化的城乡布局和由农业大省向工业大省跨越的早期积累,开创了中国特色农村工业化、城镇化、现代化的新路。

3. 改制:在市场大潮中嬗变

20世纪90年代中后期,乡镇企业长期积累下来的一些深层次矛盾日益暴露。为摆脱困境,江苏省委、省政府先后多次出台推动乡镇企业发展的指导文件。1996年,全省乡镇企业工作会议提出"大胆探索,大胆实践,坚持'五不'(不划框框、不搞争论、不戴帽子、不抓辫子、不打棍子)"精神后,乡镇企业改制工作向纵深推进。1997年,江苏乡镇工业企业的股份合作制进一步在全省范围推行,特别是党的十五大之后改革步伐加快,股份合作制由人人持股、平均持股向部分人持股、经营者持大股甚至控股转变。到1997年年底,江苏全省乡镇企业改制成股份合作制企业累计16402家,其中14921家为集体企业改制而成,占90.97%。乡镇企业完成改制,为构建现代企业制度提供了重要条件,在日趋激烈的市场竞争中,一部分缺乏竞争力的乡镇企业被淘汰,而经过市场洗礼,一部分乡镇企业则凤凰涅槃,展现出强大的生命力。

(二)第二次转型:开放型经济强势崛起

1. 起步:由点到面构筑多层次开放格局

1984年,南通、连云港2个市纳入全国14个沿海港口开放城市,是江苏对外开放的重要里程碑。1985年2月,中央决定开放长三角、珠三角和闽南厦漳泉三角地区,江苏苏州、无锡、常州3个市及其所辖12个县(市)列入长三角沿海经济开放区的组成部分。1988年1月,中央决定扩大沿海经济开放区,江苏南京、镇江、扬州、盐城4个市及其所辖19个沿海、沿江的县(市),以及南通、连云港2个市所辖的9个县(市)列入沿海经济开放区。由中央授权,江苏省政府先后批准了沿海经济开放区所辖的1260个乡镇为对外开放的重点工业卫星镇。1988年省政府批准筹建南京(浦口)高新技术开发区,1991年升格为国家开发区。1993年江苏省委、省政府批准徐州、淮阴2个市自费对外开放,这样江苏就形成了一个"沿海开放城市—沿海经济开放区—经济技术开发区—重点工业卫星镇—自费开放地区"的多层次的对外开放格局。

南通新貌

2. 崛起:抢抓浦东开发开放机遇推动大开放大发展

1990年4月,在邓小平同志的倡导和推动下,中央决定开发开放浦东,实施以上海浦东为龙头,促进长江三角洲地区经济向更高层次发展,进而带动整个长江流域经济发展的战略。江苏省委敏锐捕捉到这一战略对于江苏转型发展的战略意义。同年7月,江苏省委、省政府作出与浦东开发开放接轨的部署。1994年年底,在江苏省第九次党代会上,江苏把"经济国际化"与"科教兴省""区域共同发展"一起确定为全省经济社会发展的三大战略。在全省上下的共同努力下,江苏在20世纪90年代外向型经济实现了快速发展。1990—1999年,全省累计完成进出口额1555.7亿美元,比1980—1989年期间增长6.4倍;1999年全省进出口总额达到312.6亿美元,相当于全省GDP的34%。

3. 深化:加入世界贸易组织后全方位融入全球经济

伴随中国加入世界贸易组织,开放型经济具备较强发展基础的江苏迎来了新一轮发展机遇,实现了开放型经济的跨越式发展。2011年,江苏年出口额超亿美元的单项商品数量是2001年的近10倍。民营外贸企业进出口占全省比重从2001年的1%上升至2010年的15.2%。江苏的贸易伙伴不断增加,到2001年,年出口额超过1亿美元的市场由33个增加到97个。北美洲、欧洲、亚洲是江苏传统的出口市场。在这些传统市场更加巩固的同时,东盟、拉美、非洲等新兴市场也迅速成长。到2010年,全省进出口总额4658亿美元,其中出口2706亿美元,实际利用外资五年累计超过1100亿美元,保持全国第一。

4. 升级:构筑开放型经济新格局新优势

受到2008年国际金融危机的冲击以及自身经济发展的周期性变化,江苏外向型经济逐渐进入新常态,呈现增速放缓、质量提升的新趋势。为应对内外经济宏观环境变化的影响,江苏在2009年提出稳定和扩大外贸出口、更好水平引进外资、更大步伐走出去、推进开发区创新发展等举措,加快开放型经济转型升级。此后,江苏全方位开放布局全面展开,企业、城市、人才国际化水平显著提升,开发园区载体功能不断增强,一般贸易出口占出口总额比重持续提升,利用外资质量效益进一步提升。到2017年年底,五年累计实际使用外资1353.8亿美元,居全国首位。外贸结构持续优化,一般贸易占进出口总额比重达48.1%,比2012年提升8.1个百分点。

（三）第三次转型：创新型经济勇立潮头

1. 探路：从科技兴省到科教与人才强省

1988年，在深刻分析国内外形势和研究总结江苏经济发展经验教训的基础上，江苏省委、省政府率先在全国提出实施"科技兴省"重大战略。1994年，江苏将"科技兴省"战略调整充实为"科教兴省"战略。这一战略既深化了"科技兴省"的内涵，又突出了"教育为本"的理念，有利于更好发挥江苏的科技人才优势。2006年4月，江苏省委、省政府为结合实际贯彻落实中央关于建设创新型国家的战略部署，出台《关于增强自主创新能力建设创新型省份的决定》，在全国率先提出建设创新型省份。2011年5月，江苏省委、省政府出台《关于实施创新驱动战略推进科技创新工程加快建设创新型省份的意见》，提出要紧紧围绕实施创新驱动战略，推进科技创新工程，建设创新型省份。2015年4月，根据形势发展的需要，江苏省委、省政府出台《关于深入实施创新驱动发展战略的意见》，提出到2020年，基本形成适应创新驱动发展要求的体制机制，创新型省份建设取得重大进展，主要创新指标力争达到创新型国家和地区中等以上水平，江苏成为全球有影响的产业科技创新中心，创新成为经济社会发展的主要驱动力。

2. 突破：创新引领成果丰硕

江苏作为全国较早实施创新驱动发展战略的省份，从科技创新、产业创新到全方位创新，结出了丰硕的创新成果，赋予江苏发展新的创新动力。1995年高技术产业产值占全省工业总产值的6%，2005年全省高新技术产业产值占规模以上工业产值比重达到24.3%，2015年这一比重上升到40.1%。到2017年年底，江苏全社会研发投入率先突破2000亿元，占地区生产总值比重达2.7%；全省高新技术企业突破1.3万家,高新技术产业产值占规模以上工业产值比重达42.7%;各类众创空间、科技企业孵化器数量全国第一,孵化企业超过2000家;科技进步贡献率达62%,区域创新能力长期处于全国前列。

3. 蓄势:构建创新创业生态

江苏通过打造充满活力的创新生态系统,使各类创新主体的创新潜能得到充分发挥,使创新活动能够更容易成功。第一,把人才作为核心资源,着力集聚创新的"种子"。到2017年年末,全省从事科技活动人员122万人,其中研究与发展人员80万人;全省拥有中国科学院和中国工程院院士100人。第二,打造各类支撑平台,着力培厚创新的"土壤"。以园区为主阵地,打造产业发展平台;以国家级工程技术研究中心、国家重点实验室、大中型工业企业研发中心等为主要载体,打造技术创新与服务平台;以举办重大活动为载体,打造创新成果展示交流平台,积极推动资金、人才、技术的汇集。第三,与世界各国开放合作,着力融入全球创新链。到2017年,世界500强企业已经有380多家在江苏有投资,其中不少制造业的企业都在江苏设有研发中心。第四,突出党委政府制度供给功能,着力当好创新的"园丁"。江苏建立了覆盖初创、成长、发展等不同阶段的政策支持体系,为创新提供全方位支持。

三、建设"强富美高"新江苏

2014年12月,习近平总书记视察江苏指导工作发表重要讲话,对江苏提出要紧紧围绕率先全面建成小康社会、率先基本实现现代化的光荣使命,协调推进全面建成小康社会、全面深化改革、全面推进依法治国、全面从严治党,努力建设经济强、百姓富、环境美、社会文明程度高的新江苏,并明确要求江苏在推动经济发展、现代农业建设、文化建设、民生建设、全面从严治党等五个方面迈上新台阶。"强富美高"是习近平总书记为江苏定的向、指的航。为了实现习近平总书记的嘱托,江苏围绕新目标新命题深入思考和探索,正以新的发展成就将"强富美高"新江苏的蓝图变为现实。

(一) 描绘江苏未来的发展蓝图

1. 江苏未来发展的总命题

为落实习近平总书记关于建设"强富美高"新江苏的重要指示精神,江苏省委、省政府出台系列举措,对"强富美高"新江苏建设作出战略部署。2015年3月,江苏省委、省政府出台《关于深入学习贯彻落实习近平总书记视察江苏重要讲话精神的意见》,提出全省要深入学习领会习近平总书记重要讲话精神,以讲话精神统一全省上下的思想和行动。习近平总书记的重要讲话,不仅为江苏发展把脉指向、量体裁衣,而且提出了一系列具有重大指导意义的新思想新论断,内涵极为丰富。紧紧围绕"两个率先"光荣使命,协调推进"四个全面"战略布局,着力推动"五个迈上新台阶",努力建设经济强、百姓富、环境美、社会文明程度高的新江苏,这是习近平总书记对江苏工作提出的总要求,也是江苏未来发展的总命题、引领各项工作的总纲领。

2. "强富美高"新江苏的实践内涵

经济强,就是要强在创新能力上、强在质量效益上、强在经济结构上、强在企业活力上、强在特色优势上。百姓富,就是要让人民群众有更好的教育、更稳定的工作、更满意的收入、更可靠的社会保障、更高水平的医疗卫生服务、更舒适的居住条件、更优美的环境,更多更公平地分享改革发展成果,物质生活富足、精神生活丰富。环境美,就是要拥有自然环境之美、景观特色之美、文化交融之美、城乡协调之美,让江苏的自然之美与人文之美、传统之美与现代之美交相辉映,让诗画美景展现在江苏大地,让江苏人民拥有美好的生活家园。社会文明程度高,就是要有共同精神家园、良好社会风尚、广泛公平正义、和谐社会秩序,社会主义核心价值观深入人心,公民素质高、社会风尚好、文化软实力强,公平正义得到保障,遵法守法成为习惯,诚信友善蔚为风气,社会大局和谐稳定。

3. 推进"五个迈上新台阶"

(1) 推动经济发展迈上新台阶。主动适应经济发展新常态,以提高质量和效益为中心,深入实施转型升级工程和科技创新工程,推动江苏由经济大省向经济强省跨越。把握产业发展规律与方向,继续按照调高调轻调优调强的思路,做好"加减法",推动产业结构由中低端向中高端迈进,使先进制造业和现代服务业成为现代产业体系的主干部分。深入实施创新驱动战略,推动创新型省份建设取得重大进展。深化经济体制改革。以经济体制改革为重点,推动全面深化改革各项举措落地见效,努力在全面深化改革中走在前列。加快构建开放型经济新体系,推进更高水平对外开放,增创开放型经济新优势。扎实推进生态文明建设,建设美丽江苏。提高城乡区域协调发展水平,在更高层次和更大范围区域合作中发挥更大作用。

(2) 推动现代农业建设迈上新台阶。坚持以保障粮食等重要农产品有效供给和促进农民增收为核心,认真实施农业现代化工程,加快构建现代农业产业、经营、物质技术装备、可持续发展和支持保护体系,提高土地产出率、资源利用率、劳动生产率,努力走出一条生产技术先进、经营规模适度、市场竞争力强、生态环境可持续,具有中国特色、江苏特点的新型农业现代化路子。加快培育新型农业经营主体,加快构建现代农业产业体系,加快提高农业物质装备和技术水平,完善现代农业支持保护体系,推进农村集体产权制度改革,全面推进乡村振兴。

(3)推动文化建设迈上新台阶。进一步丰富和提升文化强省的目标内涵,增加社会文明程度高、群众文化生活质量高的新要求。坚持以培育和践行社会主义核心价值观为主心骨,以深入实施文化建设工程为主抓手,更加突出先进思想文化的引领作用,更加突出人的精神建设和人的现代化,努力把江苏建设成价值引导力、文化凝聚力、精神推动力强的思想文化高地。

(4)推动民生建设迈上新台阶。坚持"守住底线、突出重点、完善制度、引导舆论"的基本思路,像抓经济建设一样抓民生保障,像落实发展指标一样落实民生任务,扎扎实实地推进民生幸福工程,注重稳定性、连续性、累积性,努力实现经济发展和民生改善良性循环。确保城乡居民收入与经济发展同步,推动基本公共服务均等化水平显著提升,公平正义得到保障,社会大局和谐稳定,人民生活更有尊严、更加幸福、更加安全。

(5)推动全面从严治党迈上新台阶。坚持党要管党、从严治党,更加注重管党治党的系统性、整体性,把全面从严治党贯穿于江苏改革开放和现代化建设全过程,贯穿于党的建设和党内生活各个方面,深入推进党建工作创新工程,在全面从严治党上交出令中央、令群众满意的答卷。各地各部门和各级领导干部要以高度的政治自觉和强烈的政治责任,加强组织领导,周密安排部署,提高能力水平,以钉钉子精神抓好工作落实,确保见到实效、创造特色、走在前列。

(二) 以"两聚一高"践行"强富美高"发展要求

中央有要求,江苏有行动,落实见成效,一直是江苏工作的鲜明基调。2016年11月,江苏省第十三次党代会提出的"两聚一高"即"高水平全面建成小康社会,聚力创新、聚焦富民"战略构架,旨在全面贯彻落实习近平总书记建设"强富美高"新江苏的总体要求,以更加具体化、更具针对性的行动把美好蓝图变为现实模样。

1. 高水平全面建成小康社会,把江苏发展推向新境界

在全面小康质量水平上,江苏小康标准要高于全国、严于全国。要坚定不移地以新江苏定位引领高水平全面建成小康社会,不仅要确保如期建成,而且要高水平全面建成,建成一个贯彻新发展理念、体现"强富美高"要求、惠及全省人民的小康社会。江苏省第十三次党代会提出,江苏高水平全面建成小康社会要围绕"六个更加"目标,即经济发展更高质量,人民生活更加幸福,生态环境更加优美,文化发展更加繁荣,城乡区域更加协调,社会治理更加完善,展现"强富美高"新江苏的现实模样。

2. 聚力创新,引领发展转型升级

新一轮科技革命和产业变革正在创造历史性机遇,江苏要把发展的基点放在创新上,加快建设创新型省份,进一步完善区域创新体系,着力推进以科技创新为核心的全面创新。坚持质量第一、效益优先,深化供给侧结构性改革,加快构建现代化经济体系。坚持有所为、有所不为,聚焦最有条件、最具优势的领域,加快建设具有全球影响力的产业科技创新中心和具有国际竞争力的先进制造业基地,打造一批世界级先进制造业企业集群,推动江苏制造向江苏创造、智造

转变,江苏速度向江苏质量、效益转变。依托高新区、开发区和各类创新载体,推动区域内创新组织的集成联动,加大研发投入,培育有竞争力的创新集群。依托特色优势产业,打造一批具有世界影响的展会品牌。集中力量建设苏南国家自主创新示范区和南京江北新区等重大平台,集聚创新资源,加强分工协作,推进机制创新,打造人才高地、创新高地、产业高地。积极培育经济发展新动能。鼓励更多社会主体投身创新创业,在中高端消费、数字经济、人工智能、共享经济、绿色低碳、新金融、人力资本服务等领域培育新增长点。

南京江北新区

3. 聚焦富民,让百姓过上更好生活

进入新时代,江苏做好富民工作,重点在于抓好六方面工作:一是以发展富民产业为支撑,夯实居民增收的经济基础。二是以推动自主创业为突破,释放财富创造的巨大潜力。深入实施创新创业行动,细化落实"富民33条",促进高校毕业生等青年群体、化解过剩产能转岗分流职工、农民工多渠道就业创业,推动科技人员、海外留学归国人员等高层次人才创新创业,拓展"互联网+"等创业新空间,充分释放创业带动就业的巨大潜力。三是以推进基本公共服务标准化为抓手,增加城乡居民的"隐性财富"。江苏在全国率先发布《"十三五"时期基层基本公共服务功能配置标准(试行)》,提出了在农村以乡镇、建制村、自然村为空间配置单元,在城市以街道、社区、居民小区为空间配置单元,分别明确了服务类别、服务项目、功能配置、配置主体和牵头负责单位。通过加强基本公共服务建设,增加城乡居民可共享的"隐性财富"。四是以打好脱贫攻坚战为硬任务,拉长富民增收的突出短板。江苏明确提出,对因病因残致贫返贫、自身没有能力脱贫的家庭,要落实好救助供养、大病救治、医疗互助、生活兜底等保障措施。确保全省60万以上建档立卡农村低收入人口年人均收入提高到6000元。五是以公共安全和生态环境为保障,提高人民群众安居宜居水平,让群众住有所居、住有优居。六是以增加有效制度供给为动力,释放深化改革的富民惠民效应,让改革成为百姓创富最深层的动力源泉。

(三) 以高质量发展引领"强富美高"新江苏建设

高质量发展是一场涉及发展方式、经济结构、增长动力等诸多方面的系统性重大变革。从"高速度"转向"高质量"体现的是发展规律,为江苏经济标明了发展航向;从"有没有"转向"好不好"体现的是发展追求,为江苏发展明确了价值导向;从"中低端"转向"中高端"体现的是发展水平,为江苏转型升级提供了根本遵循。江苏在新发展理念的指引下,围绕建设现代化经济体系,用改革的办法解决好实践探索中的问题,用创新的理念、思路、方法推动发展质量的全面突破,努力创造更多高质量发展成果,形成江苏新的特色和优势。在具体工作中,就是重点推进"六个高质量"。

1. 经济发展高质量

适应科技新变化、人民新需要,围绕坚守实体经济、构建现代产业体系,在创新引领、自主发展上下功夫,全力推进江苏制造向江苏创造转变、江苏速度向江苏质量转变、江苏产品向江苏品牌转变,加快建设具有全球影响力的产业科技创新中心和具有国际竞争力的先进制造业基地。一是推动科技创新战略支撑,以历史眼光、全球视野深刻把握科技创新的趋势和规律,系统推进创新型省份建设。二是推动新的动能蓄势迸发。新动能既来自新技术、新产业、新业态、新模式的成长,也来自传统动能的改造提升。三是推动实体经济提质增效。制造业是江苏经济的命脉,是现代化经济体系"稳"的根本、"进"的基础。

江苏制造业大会

2. 改革开放高质量

着力破除体制机制障碍,推动改革开放高质量。坚持使市场在资源配置中起决定性作用,更好发挥政府作用,推动重要领域和关键环节改革。以完善产权制度和要素市场化配置为重点,全面深化经济社会各领域的改革,激发各类市场主体活力。深化科技体制改革,建立以企业为主体、市场为导向、产学研深度融合的技术创新体系;深化"放管服"改革,建立健全公平开放透明的市场规则,营造自主经营、公平竞争的良好环境;深化社会治理体制和城乡融合发展体制机制改革,完善社会保障体系,健全住房制度,稳步推进农村土地制度改革,为现代化经济体系建设提供有力的制度保障。充分发挥"一带一路"交汇点优势,扩大向东开放,引领向西开放,推动形成全面开放新格局。提高利用外资质量,坚持引资引技引智并举,重点引进功能性机构,积极发展总部经济;有效促进国际产能合作,增强国际化经营能力和竞争力;积极发展外贸新业态,从大进大出向优质优价、优进优出转变。

3. 城乡建设高质量

一是把城市群作为城镇化发展的主体形态,全面增强城镇竞争实力。针对江苏不同层级城市的特点和不足,提出明确的质量要求,结合"1+3"重点功能区战略的实施,发挥好扬子江城市群的龙头带动作用,推动沿海经济带、江淮生态经济区、徐州淮海经济区中心城市分工协作、特色发展、优势互补。二是把注入新动能作为乡村振兴的重要突破口,全面增强农村发展活力。在改革上下功夫,在政策上破障碍,推动资本、技术、人才等各类要素向乡村流动,开创江苏的"新乡土时代"。三是把建立综合交通体系作为重要支撑,全面增强城乡基础设施保障能力。着眼长远、以我为主,全面加强规划布局和建设推进,对高铁、航空、港口、过江通道、管道、公路等重大基础设施要在提升通达程度、提高标准上下功夫,推动各类交通无缝衔接,加快构建现代化综合交通运输体系。

4. 文化建设高质量

高质量发展既体现在经济硬实力上,又体现在文化软实力上,最终体现在社会文明程度的提升上。文化是衡量美好生活的一个重要尺度。如果没有精神文化生活的充实,就不会有真正幸福的人生和美好的生活,没有精神力量的国家难以自立自强,没有文化支撑的事业难以持续长久。江苏文化底蕴深厚,文化资源丰富,文化建设走在全国前列。为此,江苏要坚定文化自信、打造文化标识、讲好江苏故事、建好精神家园,把文化强省建设推向新高度。一是牢牢掌握意识形态工作领导权,增强文化引领力。二是大力弘扬社会主义核心价值观,增强文化凝聚力。着眼培养担当民族复兴大任的时代新人,发挥文化对人和社会的教化功能,用社会主义核心价值观凝心聚力,用中华传统美德成风化俗,加快构筑道德风尚建设高地。三是提高文化事业产业发展水平,增强文化软实力。

5. 生态环境高质量

江苏要高水平全面建成小康社会,一个突出的短板就是生态环境。实现高质量发展,一个重要的任务就是要实现生态环境高质量。环境就是民生,绿水就是美丽,蓝天也是幸福。高质量推进生态环境建设,既是中央的要求,又是百姓的期待。江苏要下大力气补齐拉长生态环境这个突出短板,把江苏建设得更加令人向往。一是以天蓝地绿水清为目标,下决心解决环境保护的突出问题。二是以绿色低碳循环发展为目标,全面推动形成绿色发展方式。三是以宁静和谐美丽为目标,大力推进生态系统保护修复。坚持用最严格的制度、最严密的法治保护生态环境。

6. 人民生活高质量

生活高质量,要体现在老百姓的生活更宽裕、更便利、更舒适、更安心、更有尊严上,体现在社会更加公平正义上。国家确定的民生政策,必须不折不扣地落实到位;省里作出的民生承诺,必须坚决兑现;新办的民生实事,必须统筹谋划、量力而行。各级政府要根据人民群众美好生活新期待,每年排出一批民生实事,扎扎实实组织实施,让全省人民不断感受到生活有新变化。一是着力解决结构性的民生问题。二是着力实施普惠性的民生工程。三是着力办好扶助性的民生实事。江苏已经实现年人均收入4000元以下人口的整体脱贫,现在扶贫标准提升到年人均收入6000元,这个群体中因病因残因灾致贫返贫占到了2/3。在某种意义上,现在面对的都是贫中之贫、困中之困,必须聚焦再聚焦、精准再精准,着力激发低收入人口的内生动力,编实筑牢保障救助底线,确保全面小康路上不让一人掉队。四是着力满足多样性的民生需求。要针对不同区域、不同人群,把各方面的民生工作做得更好。善于发挥群众的主体作用,引导和带领群众在参与过程中提升幸福感,在奋斗过程中增强获得感,共建共享美好生活。

7. 增强高质量发展的系统性

高质量发展必须把握新机遇,运用系统化思维来推进。要更好把握时代脉搏,抓住计算机技术和互联网广泛运用的机遇,加强基础创新、应用创新、集成创新,使创新的动力和创新的成果层出不穷。运用系统化思维推进各项工作,抓好"放管服"改革、城市群发展、综合交通、文化建设、医疗卫生等重点问题。注重把握社会发展规律,充分认识苏南、苏中、苏北发展的差异性,进一步明确主攻方向,坚持

"四化同步",在更高层次上推进城乡区域协调发展。强化底线思维,守住稳定、安全、廉政、生态四条底线,系统性地解决矛盾和问题,努力趋利避害,实现最大化发展。

(四)"强富美高"新江苏的现实进展

1. "经济强":厚植江苏发展新优势

党的十八大后的五年间,江苏地区生产总值连跨三个万亿元级台阶,2017年达到8.59万亿元,年均增长8.4%;人均地区生产总值达10.7万元,年均增长8.1%。城乡面貌发生明显变化。区域发展展开新布局,启动实施"1+3"重点功能区战略,扬子江城市群转型升级迈开新的步伐,江淮生态经济区确立生态优先发展的鲜明导向,沿海经济带发展取得新的成效,徐州淮海经济区中心城市建设扎实推进,区域协调发展迸发出新的活力。农村改革发展稳步推进,农业现代化步伐加快,绿色农业、智慧农业、订单农业快速发展,粮食总产量稳定在350亿公斤左右。城乡发展一体化步伐加快,城镇化率达68.8%。

2. "百姓富":提升人民生活品质

党的十八大后的五年间,江苏居民人均可支配收入持续增长,2017年达35024元,是2012年的1.56倍,城乡居民收入比由2012年的2.43:1降至2017年的2.28:1。在农村居民年人均收入4000元以下贫困人口如期脱贫的基础上,实施新一轮脱贫致富奔小康工程,累计超过133万的年人均收入6000元以下低收入人口实现增收脱贫。城镇新增就业年均超过140万人,累计扶持96.4万人成功创业,带动就业409.3万人。覆盖城乡的社会保障体系基本建成,社会保险主要险种参保率均达97%以上,城乡最低生活保障标准水平居全国前列。最低生活保障制度牢牢兜住困难群众的生活底线。

3."环境美":铺陈江苏"绿色"基底

党的十八大后的五年间,江苏生态文明建设持续加强。针对生态环境突出短板,深入实施"263"专项行动,截至2017年年底,累计关闭落后低端化工企业1421家。在全国率先划定生态保护红线区域,全省自然保护区增至31个,自然湿地保护率达48.2%,林木覆盖率达22.9%。深入推进城乡环境综合整治,完成18.9万个自然村整治任务,实施城市环境整治项目超过8万个,城市建成区绿化覆盖率、人均公园绿地面积在全国领先。建成国家生态市县45个、国家生态园林城市16个、国家生态工业园区21个、国家生态文明建设示范市县5个。江苏通过精准发力,标本兼治,着力解决突出环境问题,着力防控环境污染风险,着力改善生态环境质量,着力提升人民群众的环保满意度和获得感,为决胜全面建成小康社会、建设"强富美高"新江苏打下坚实基础。

4."社会文明程度高":建设全国文明高地

2015年年底,江苏省文明委出台《构筑道德风尚建设高地行动方案(2016—2020)》,强调要坚持社会主义核心价值观引领,努力把江苏建设成为有温度的人文之地、有显示度的文明之地、有感受度的精神家园。近六届江苏省道德模范及提名奖一共授予了311人(次),江苏共有52人获得第1—5届全国道德模范及提名奖。这些书写了不平凡人生的平凡人物,是江苏大地上人民群众道德状况的鲜活写照。江苏的群众安全感、法治满意度分别从2011年的89.13%、86.66%提高到2016年的94.72%、95.3%。到2017年社会公众安全感达96.5%。江苏扎实开展诚信江苏建设,社会信用体系不断完善。积极化解社会矛盾,信访总量五年累计下降36.3%。

持续推进社区减负,全面推广政社互动,创新网格化社会治理机制,社会组织有序发展,社会治理水平不断提升。

改革开放40年来,江苏大地爆发了惊人的能量,取得了辉煌的成就,积累了宝贵的经验。历史雄辩地证明,江苏大地蕴藏着巨大的创造力,这一伟力来自中国特色社会主义道路、理论、制度、文化的旺盛生命力,来自融入国家大局、融入全球化进程获得的强大动能,来自江苏人不懈奋斗、一往无前的智慧、勇气与汗水。回顾总结江苏改革开放40年历程,其间有成就也有遗憾,有经验也有教训,在历史长河中,所有的这些经历都将成为精神财富,引领新一代江苏人把握当下、直面未来,不畏艰险、不惧挑战,在建设"强富美高"新江苏的伟大实践中始终保持一颗初心,始终保持青春之姿,在新时代创造出让人民过上更加美好生活的新业绩。

第二章
振兴江苏的强大动力

　　江苏一直是改革的热土。在江苏改革开放进程中,改革始终扮演关键角色。改革前夕,江苏积极参与真理标准大讨论,社队企业在计划经济的夹缝中顽强生长,为改革出发提供了重要动力;改革初期,江苏是全国最早开展农村经济体制改革的省份之一,也是鼓励乡镇企业成长、率先冲破计划经济束缚的地区;在改革深入推进的过程中,江苏积极推进市场化转型,以改革促进开放,以开放倒逼改革,促进了开放型经济的蓬勃兴起;在发展创新型经济的过程中,江苏把改革作为推进创新的关键动力,以改革攻坚带动创新突破;在从经济高速增长转向高质量发展的过程中,江苏积极推进改革再谋划、再出发,不断夯实高质量发展的体制基础。在改革开放以来的每一个阶段,江苏既遵照中央统一部署做好改革的"必修动作",也积极探索、大胆开展为自身发展所需的"自选动作",破除制约发展的体制机制障碍,极大地增强了发展的内生活力,使改革成为引领江苏发展的强大动力。

一、打开解放思想这个总开关

改革开放以来,江苏高擎解放思想的旗帜,在不断解放思想中破除体制束缚、观念禁锢和利益壁垒,实事求是面对自身发展面临的问题与挑战,以新思路、新举措不断开辟江苏改革新境界。无论是农村改革的发轫、乡镇企业的兴起,或者是开放型经济的从小到大,江苏一次次大的发展进步,都离不开思想大解放,离不开新一代江苏人改革创新的实践探索。进入新时代以来,处在高质量发展关口的江苏,主动深化思想解放,通过思想解放增红利、添动力。

(一) 思想解放贯穿江苏改革全过程

1. 冲破计划经济的束缚,闯出乡镇企业发展新路

40年前,南京大学胡福明老师作为主要作者发表的《实践是检验真理的唯一标准》一文,引发了全国范围内真理标准问题的大讨论。这场讨论为党和国家冲破"两个凡是"束缚,重新确立马克思主

南京大学哲学系师生参加真理标准问题大讨论座谈会
(选自《建设美好江苏》画册)

义的思想路线、政治路线和组织路线奠定了理论基础,成为党和国家实现历史性伟大转折的思想先导。江苏上下深入参与真理标准大讨论,成功地把工作重点转移到经济建设上来,开启了江苏改革开放新时期。改革起步阶段,处于传统计划经济的体制下,乡镇企业被视为挤国营企业原料、能源、市场,冲击国家计划的"三挤一冲击"异物。江苏广大干群冲破计划经济束缚,自筹资金、自找原料,自谋销路、自闯市场,闯出了一条以市场为纽带、以集体经济为载体、以加工工业为主的乡镇企业发展之路。

2. 冲破姓"社"姓"资"的束缚,塑造改革开放新格局

20世纪90年代初,在邓小平南方谈话精神和党的十四大精神指引下,江苏打破姓"社"姓"资"的思想束缚,以建立社会主义市场经济体制为目标,推进全面改革、全方位开放。这一阶段,江苏经历了由市场调节为主到建立社会主义市场经济体制,由"两头在外"到全方位、多层次、宽领域对外开放的过程,经济体制改革和开放型经济发展取得突破。通过这一轮思想解放,赢得了改革开放带来的新机遇,有力推动了工业化和经济市场化、国际化进程,开创了经济社会发展的新局面。

3. 冲破姓"公"姓"私"的束缚,实现多种所有制经济共同发展

20世纪90年代后期,江苏在党的十五大精神引领下,破除所有制问题上姓"公"姓"私"的思想疑虑,探索公有制实现形式多样化,推进国有企业、乡镇企业产权制度改革,放手发展民营经济。江苏省委、省政府在2000年提出了思想上放心放胆、政策上放宽放活、工作上放手放开的"六放"方针,助推民营经济发展进入快车道;2004年强调营造民营经济发展的最佳环境,促进民营经济与国资、外资竞相发展;2010年明确提出加快民营经济转型升级,推动民营经济更好

更快发展,占据全省经济"半壁江山";2014年提出发展民营经济要推动政府转职能、企业转方式、社会转观念,实现"三个转变"。经过多年发展,江苏调整完善所有制结构,形成了以公有制为主体,国资、民资、外资三足鼎立,多种经济成分优势互补、相互促进、共同发展的新格局。

4. 冲突传统路径的束缚,开辟转型创新新境界

进入21世纪,江苏进入新的发展阶段,也面临新的发展挑战。江苏省委根据发展阶段的新变化,提出了"四个清醒、四个不为":清醒认识存在的差距和不足,不为过去的成绩而自满;清醒认识面临的挑战和难题,不为既有的经验所束缚;清醒认识发展阶段的变化和特征,不为传统的发展模式所局限;清醒认识江苏在发展大格局中的方位和水平,不为目前的小富而停滞。由此引导全省上下进一步开阔眼界、开阔思路、开阔胸襟,确立更高的发展定位和追求,以更大力度推进转型发展、创新发展。尤其是在应对2008年国际金融危机中,利用宏观环境变化带来的倒逼压力,坚定不移地调结构、抓创新、促转型,加快"三个转变",即发展动力由主要依靠投资、出口向创新驱动转变,增长方式由粗放型经营向集约型发展转变,发展格局由城乡二元结构向城乡发展一体化转变。

(二) 在新时代兴起思想大解放热潮

2018年4月,江苏省委提出,在全省广泛开展以"学习新思想,改革再出发,开放迈新步,发展高质量"为主题的解放思想大讨论活动。通过大讨论,动员全省上下兴起思想大解放的热潮,为建设"强富美高"新江苏、推动高质量发展走在全国前列凝聚思想共识、集聚磅礴的精神力量。

1. 在推动经济发展提质增效上解放思想,加快建设现代化经济体系

江苏经济发展一直走在全国前列,近年来围绕全面构建符合发展规律、体现江苏特点的现代化经济体系积极探索,取得了明显成效。但对照新的发展要求,也面临一些亟待补齐的"短板"。一是"大而不强"。江苏实体经济占经济总量的80%,但高端产业发展不充分,制造业大多处于中低端,具有全产业链控制力的领军型企业不多,"有高原无高峰"现象突出。二是"结构不优"。现代服务业特别是生产性服务业相对滞后,对制造业转型升级的支撑力不足。三是"发展粗放"。传统粗放式发展方式依然存在,淘汰落后产能、加快转型升级的任务迫切而艰巨。江苏要把建设现代化经济体系作为根本性任务,紧跟世界科技革命和产业变革趋势,以供给侧结构性改革为主线,突出创新引领,加快培育以智能制造为标志的世界级先进产业集群、与先进制造业深度融合的现代服务业集群,不断提升经济质效,建成自主可控的现代产业体系。

2. 在推动区域协调发展上解放思想,进一步形成各具特色、各展所长的发展格局

苏南地区在产业发展上,要大力发展总部经济,提升城市集聚和辐射能力;在城市建设上,要着力打造对经济发展具有较强支撑作用的现代化城市格局、城市形态;在城镇和乡村建设上,要遵循小城镇发展规律,适应农村居民希望拥有更好住房的需要,按照城乡一体化理念主动引导和推动农民住房改造。苏中地区要在克服"甘居中游"心态、提高目标站位上解放思想,主动对接、直接融入,与苏南实现跨江联动、融合发展。苏北地区要在充分发挥后发优势上解放思想,在主动接受发达地区辐射中实现跨越发展;要结合脱贫攻坚,按照"四化同步"要求,加快推进新型城镇化,注重把地方文化特色、文化符号融入城镇建设之中。

3. 在打造政府和市场"双强引擎"上解放思想,更好发挥社会主义市场经济体制优势

近年来,江苏在推进"放管服"改革、实行"不见面审批"等方面作了积极探索,但仍须努力建设社会主义市场经济体系,加强治理能力和治理体系现代化。必须坚持社会主义市场经济改革方向,使市场在资源配置中起决定性作用、更好发挥政府作用,着力构建市场机制有效、微观主体有活力、宏观调控有度的经济体制,为高质量发展提供制度保障。要提升政府在统筹规划中的主导作用,在总体符合国家战略、中央要求的前提下,以我为主,自主谋划好交通、产业等重大项目规划。

4. 在抓住用好"一带一路"机遇上解放思想,进一步拓展对外开放的深度广度

江苏过去的发展因开放而得益、因开放而扬名,今天江苏的高质量发展要走在前列,很大程度上仍取决于对外开放的水平。"一带一路"倡议是中国与世界合作共赢的伟大创举,蕴含着巨大的发展机遇和红利。江苏地处"一带一路"交汇点,对交汇点的地位和作用认识要更加充分,抢抓机遇、主动作为、迎头赶上,从人流、物流、资金流等多方面统筹推进"一带一路"支点建设,特别要全力支持建设好连云港这个重要支点,放大向东开放的优势,做好向西开放的文章,不断拓展对外开放新空间。

5. 在更好释放科教资源潜力上解放思想,打造江苏发展核心竞争力

江苏创新"家底"比较厚实,总体科研实力比较强,但科技创新

与经济发展密切度还不高,创新成果能够直接服务于经济的还不多,科技创新的体制机制还不活,企业创新主体地位彰显不够,等等。江苏要围绕产业链布局创新链,产业要有核心研究平台,建立自主可控的产业体系,技术要走在前沿,做到在产业上共享。要围绕创新链布局产业链,着力将具有市场前景的技术培育成具有影响力的产业,打通产学研用协同创新通道,鼓励引导高校院士到企业建工作站,企业院士到学校参与学科建设。要大力营造有利于创新的良好环境,特别是要深化科技管理体制改革,优化国家科教经费管理办法,充分调动科研人员的创新积极性。

6. 在提振干部干事创业精气神上解放思想,着力形成激励担当作为的良性机制

当前,江苏经济社会发展正处在向更高层次迈进的关键阶段,推动高质量发展走在全国前列,迫切需要确立"鼓励激励、容错纠错、能上能下""三项机制"的鲜明导向,调动广大干部开拓进取、奋发有为的积极性,在全省上下营造想干事、能干事、干成事的浓厚氛围。江苏省委指出,"三项机制"符合中央要求和江苏实际需要。健全完善"三项机制",是江苏省委贯彻习近平总书记重要指示精神的重大举措,也是有效激发干部热情、加快推动高质量发展的必然要求。各地各部门要把思想和行动统一到中央精神和省委工作要求上来,确保"三项机制"在本地本单位落地生根、开花结果。

江苏省委提出,开展思想解放大讨论,推进思想大解放,必须强化实践导向、问题导向,用创新的思路解决好实践探索中的问题,用改革的办法推动发展质量的全面提升,着力实现解放思想和改革开放相互激荡、观念创新和实践探索相互促进的良好局面。

二、从"苏南模式"到"新苏南模式"

江苏以苏南地区为代表,在改革开放过程中形成了具有广泛影响力的"苏南模式",这一模式不仅对于推动苏南地区发展发挥了重要作用,也为我国其他地区发展提供了参考借鉴。随着时代的发展,"苏南模式"不断演进形成了"新苏南模式",并在其后不断被赋予新的内涵,成为改革开放以来江苏勇于探索、自觉为全国发展探路的典型代表。

(一) 坚守实体经济是苏南模式的鲜明产业特质

中国著名社会学家费孝通在 1983 年所写的《小城镇·再探索》中提出,在苏南地区,城市工业、乡镇工业和农副业这三种不同层次的生产力浑然一体,构成了一个区域经济的大系统,呈现了中国工业化的新模式。从产业质态看,无论是改革初期的加工制造,还是推进创新转型,实体经济都占据苏南产业的主体部分。在改革初期的"短缺经济"条件下,苏南等地诞生了许多具有较高知名度的产品品牌,其中苏州的长城电扇、香雪海电冰箱、孔雀电视机、春花吸尘器风靡全国,被称为"四大名旦"。在外向型经济时代,由于市场环境的变化,许多老品牌没有经受住市场竞争的考验而逐渐淡出,但其中一些企业则在市场大潮的洗礼下成功转型,始终走在市场前沿。2017 年中国制造业 500 强企业中,江苏企业入围 47 家,其中作为苏南模式重要发源地的无锡的入围企业达 24 家,海澜集团、红豆集团、华西集团、阳光集团等领军企业都脱胎于传统的乡镇企业,在转型发展、成长壮大的过程中都坚守实体经济,成为苏南产业抵御外部风险、实现持续稳定发展的中流砥柱。在苏南地区的转型过程中,一些地区深耕实体经济,在改革创新中锻造产业竞争力,实现了产业的成功转型。无锡惠山、江阴和常州武进作为苏南乡镇企业的发源地,曾经乡镇企业扎堆,经过多次转型,如今惠山已成为全国知名的物联网产业集聚区;江阴乡镇企业秉持"立足本土、面向市场、坚守实业、创新拓展"的理念,坚守实体经济,并以资本市场的"江阴板块"引领壮大实体经济,培育出多个具有世界级竞争力的制造业集群,实体经济对江阴经济的贡献率保持在75%以上;武进在传统的机械制造、轻纺、化工等产业基础上,形成了石墨烯、智能装备、节能环保、互联网、健康、绿色建筑、轨道交通七大特色工业产业和花木特色农业产业。苏南依靠实体经济起家,也将依靠实体经济赢得未来。

江阴华西村

(二) 锐意改革是苏南模式发展演变的不竭动力

苏南模式从酝酿到形成再到发展创新的整个过程之中,改革始终发挥了不可替代的关键作用。苏南模式本身就是改革的产物,是苏南人持续推进改革的具体成果。苏南模式一开始采取集体经济的所有制模式,具有历史合理性。一方面,乡镇企业发展之初尚处于计划经济时期,在一段时期内农民可以进入非农业领域,但不能进入城市,而只能在本村、本镇兴办企业,并且企业利润要拿出一部分用于支农,以保证农业生产,平衡在农业和非农业中就业的农民之间的收入差距,因此,人们对于兴办集体所有制企业比较容易接受;另一方面,由于当时的传统信贷资金流向乡镇企业的可能性不大,而苏南农村集体的农业原始积累已经达到传统行业中创办企业所需的资本预付规模,苏南以集体积累孕育起来的乡镇企业必然是集体所有,可以有效解决资金短缺难题。江苏省委、省政府正确对待"社队工业'以小挤大,以落后挤先进'"的议论,给江苏社队工业的干部群众以很大的鼓舞,从而保证了社队企业工作主动而有序地进行。以常熟为例,1977年仅生产队一级就有资金积累3307万元,当地利用这笔集体所有的积累资金在1977年到1978年间共创办了1000多个社队企业。无论从其初始兴起时看,还是从其蓬勃发展时看,苏南集体经济都是和那时双轨并存的体制条件和市场供求状态相适应的。

20世纪80年代,随着国家经济体制改革全面开展,乡镇企业与所有制结构相联系的产权制度的缺陷,以及由此形成的"村村点火""乡乡冒烟"的"小、散、乱"的工业布局和企业组织结构的弊端,使得乡镇企业经营机制上以及苏南模式运行机制上的矛盾不断深化。在此过程中,江苏省委、省政府及时对全省社队企业推行多种所有制形式经营承包责任制的工作作出部署,并相继在全省推广无锡堰桥乡镇工业实行"一包三改"(实行厂长经理经济承包责任制,改干部任免制为选聘制,改工人录用制为合同制,改固定工资制为浮动工资制)的经验、吴江县铜罗镇"生产要素承包、资产滚动增值"的资产经营责任制,推动江苏乡镇企业形成第二个发展高潮。

20世纪90年代中期,随着社会主义市场经济的深入发展,原先那些没有触及产权制度的有限范围内的改革不能从根本上克服矛盾,我国彻底告别了传统的"短缺经济",出现了从卖方市场向买方市场的转变,传统苏南模式的深层次矛盾和问题逐渐暴露,促使素有改革创新传统的乡镇企业以思想的进一步解放,突破"集体为主"的所有制框架,放手实施产权制度的大面积改革改制,大中型企业大多转制为股份合作制或有限责任公司,中小企业除转制为股份合作制、有限责任公司以外,多数改制为民营企业,促使多元化混合所有制经济在苏南长足发展。由乡镇企业产权制度的自我突破带动,原来乡办乡有、村办村有的社区经济随同突破,使农村工业结束"小、散、乱"的布局和结构状态,向城镇、园区集聚,使城乡工业从分块发展走向联动发展。

(三) 苏南模式在开放创新中不断超越自己

苏南模式从形成之初,就体现出突破小农经济范畴的特征,带动了苏南农村从自给半自给经济向开放型、大规模的商品经济的转化,这使得农村产业结构发生了区别于传统农村的根本性变化。例如,1985年,苏州全市共有乡村两级企业13000多个;在企业就业的农村劳动力达107万人,占农村总劳动力的45%;乡村工业产值96.34亿元,占农村总产值的81.7%;在行业结构上,既有为农副业生产服务的食品工业、饲料工业,也有为城市大工业服务的冶金、电子、机械等行业,还有为城乡人民生活服务的轻纺、医药、建材等行业。这表明,苏南地区在改革开放早期,就率先突破了传统城乡二元结构,使农村产业结构发生了质的变化。这也成为苏南地区城乡一体化发展始终走在全国前列的重要基础,苏南尤其是苏州成为全国城乡居民收入比最小的地区之一。

随着进入外向型经济发展阶段,苏南模式呈现更强的开放特征。20世纪90年代初,江苏抓住浦东开发开放的机遇,迅速形成了全面开放的局面,乡镇企业在招商引资上又是走在了前面,外商投资迅猛增加。以苏南为例,至2001年年底,苏南五市乡镇企业与外商、中国港澳台商共同兴办的合资合作企业达到3199家,职工34.7万人,累计投资额78.25亿美元,其中客商投资49.75亿美元,乡镇外商投资企业实现营业收入746.65亿元,增加值183.48亿元,占苏南全部乡镇企业增加值的11.04%。特别是随着园区经济的发展,苏南跳出了传统乡镇企业的局限,走向了更大范围的开放发展。

苏南模式最初表现了高增速、上规模等量的特征,但已包含产业创新和组织创新,是新型组织形式实现的创新性发展。在新的历史条件下,苏南模式的创新色彩更加浓厚,创新由此成为"新苏南模式"的核心特征之一。2013年4月25日,经国务院同意,国家发改委印发《苏南现代化建设示范区规划》,明确指出,苏南是近代中国民族工业发祥地,是我国经济社会最发达、现代化程度最高的地区之一,肩负着率先基本实现现代化的重任,在全国现代化建设中具有重要地位。苏南现代化建设示范区的示范方向是立足为全国现代化建设提供示范,推动苏南积极探索经济现代化、城乡现代化、社会现代化和生态文明、政治文明建设的模式,走出一条具有中国特色、符合苏南实际、体现时代特征的现代化发展之路。到2017年,苏南大多数指标已达到或接近规划提出的发展目标,表明苏南地区现代化探索取得重大进展。

2014年10月20日,国务院正式批复,同意支持南京、苏州、无锡、常州、镇江、昆山、江阴、武进等8个高新技术产业开发区(以下简称"高新区")和苏州工业园区建设苏南国家自主创新示范区。苏南成为继北京中关村、武汉东湖、上海张江、深圳之后的第五个国家自

第二章 振兴江苏的强大动力

苏南国家自主创新示范区示意图

主创新示范区,是中国首个以城市群为基本单元的国家自主创新示范区。国家从顶层战略上要求充分发挥苏南地区科教人才优势和开发开放优势,积极开展激励创新政策先行先试,激发各类创新主体活力,加快科技成果转移转化,提升区域创新体系整体效能,努力把苏南国家自主创新示范区建设成为创新驱动发展引领区、深化科技体制改革试验区、区域创新一体化先行区和具有国际竞争力的创新型经济发展高地。苏南国家自主创新示范区的成立,既是对前期苏南模式取得巨大成效的肯定,也以新的实践探索赋予"新苏南模式"以自主创新的时代内涵。统计显示,经过四年努力,苏南自主创新示范区的自主创新能力实现大幅提升,科技体制改革取得重大突破,区域创新一体化进程进一步加快,自创区建设取得显著成效,苏南地区成为江苏转型发展的重要引擎。

三、把牢主线:推动供给侧结构性改革落地见效

党的十八大以来,江苏紧扣中央关于全面深化改革和供给侧结构性改革的战略部署,牵牢产业结构调整这个"牛鼻子",抓住机遇、突出创新、做好加减乘除法,坚持"调高调轻调优调强调绿"的发展导向,在存量上注重调整结构,在增量上注重锻造核心动力,搭建创新平台,优化空间布局,厚植生态优势,夯实基础设施,强化体制保障,不断推进产业迈向中高端。

(一)明确供给侧结构性改革基本思路

推进供给侧结构性改革,是以习近平同志为核心的党中央着眼我国经济发展全局提出的重大战略思想,是适应和引领经济发展新常态的重大战略部署。2015年中央经济工作会议之后,江苏省委、省政府坚决落实供给侧结构性改革五大任务。"去"是为了给有效供给腾出空间,必须主动"去"、坚决"去"、"去"到位;"降"是为了提高企业的竞争力,必须动真格、下真功、见实效;"补"是为了拉长供给体系的短板,必须"补"在薄弱处、关键处、紧要处。

1. 坚定不移去产能

江苏去产能的重点行业,在中央明确的钢铁、煤炭、水泥、平板玻璃的基础上增加了船舶行业,同时确定在轻工、纺织、印染、电镀、机械等其他传统行业退出一批低端低效产能。"十三五"期间,江苏将压减粗钢产能1750万吨,退出煤炭产能836万吨,退出水泥产能600万吨。出台推进国际产能和装备制造合作行动方案,建立产业投资项目库。制定综合性鼓励政策,支持产能过剩行业加快兼并重组步

伐。把握好"僵尸企业"出清的时机、节奏和力度。

2. 精准施策去库存

针对房地产市场区域性特点，江苏房地产去库存的总体思路是：强化一个责任，就是强化市、县政府去库存任务的主体责任；坚持两项原则，就是坚持分类指导、因城施策的原则；明确三条路径，就是实施精准去库存、联动去库存和转型去库存；突出四个结合，就是将去库存与推进新型城镇化、促进常住人口市民化结合，与完善住房保障体系结合，与促进房地产市场供需平衡结合，与加快房地产行业转型升级结合。

3. 稳妥有序去杠杆

针对政府和企业杠杆的不同特点，坚持分类审慎操作，合理把握去杠杆的节奏和速度，有序降低杠杆率，防范化解各类债务风险。政府性债务方面，江苏债务规模与经济发展水平和偿债能力总体上是适应的，其中也形成了一批优质国有资产。江苏将继续严控新增政府债务规模，有计划地安排偿债资金，确保不发生政府债务危机。企业债务方面，抓住资本市场改革机遇，发挥区域性股权交易市场融资功能，大力支持企业提高直接融资特别是股权融资比重。同时，着力防控金融债务风险，稳妥推进"破圈解链"，积极探索建立处置不良资产绿色通道，逐步缓释潜在风险。

4. 多措并举降成本

出台降成本的意见，提出省级层面降成本32条举措，全面取消省定行政收费项目，实行省定涉企"零收费"。同时，要求各地尽最大努力，拿出实实在在的"干货"，让社会监督、企业评判、市场检验。深化行政审批制度改革，再取消和下放一些含金量较高的行政审批事项，努力降低企业隐形成本。

5. 抓住关键补短板

锁定基础设施、公共服务、生态环境、现代农业等重点领域,采取项目化推进的办法,启动实施五大补短板专项工程,计划5年投入2.1万亿元,注重发挥社会资本作用,进一步放开市场限制,继续推广并不断完善PPP等新型投融资模式,推出一批发展前景好、盈利预期强的合作项目。

6. 注重"五个结合"

工作中,注重"五个结合":一是把中央精神和江苏实际紧密结合起来,对中央提出的明确任务不折不扣落实下去,对中央的指导性意见结合实际创造性地贯彻好。二是把使市场发挥决定性作用和更好发挥政府作用结合起来,更多运用市场化、法治化手段,同时强化组织引导和政策配套。三是把供给侧改革和需求侧管理结合起来,在重点抓好供给侧结构性改革各项任务落实的同时,注意适度扩大总需求。四是把促改革和稳增长防风险结合起来,既注重用改革的思路和办法解决问题,又把握好改革的节奏和力度,平衡好各方面关系。五是把解决当前突出问题和完善体制机制结合起来,既抓好重点任务的落实,又致力于建立对供给侧结构性改革有利的体制机制。

(二) 推进供给侧结构性改革重点突破

1. 调存量优化产业结构

针对传统产业布局广、体量大的特点,江苏把存量调整作为供给侧结构性改革的重点,以存量压减带动结构增优。坚定不移去产能,实施淘汰落后产能、违法违规项目清理和联合执法三项行动。2016年,全省全年压减煤炭产能818万吨、钢铁产能580万吨、水泥产能512万吨、平板玻璃产能300万重量箱,化解船舶产能330万载重吨。

2017年,全省全年压减钢铁产能634万吨、煤炭产能18万吨、水泥产能510万吨、平板玻璃产能330万重量箱,顺利完成全年目标;四季度规模以上工业产能利用率81.5%,同比提高2.5个百分点。去库存稳步推进。2017年年末,全省商品房待售面积5590.5万平方米,其中住宅待售面积3021.2万平方米,同比分别下降14.2%、19.9%。去杠杆积极稳妥。2017年年末,全省规模以上工业企业资产负债率比上年下降0.5个百分点。降成本成效显著。2017年,全省规模以上工业企业每百元销售收入中的"三项费用"为7.22元,同比减少0.11元。补短板扎实推进。2017年,200个民生领域补短板重大项目顺利实施,完成投资4100亿元。

2. 建设"一中心一基地"

江苏规划建设具有全球影响力的产业科技创新中心和具有国际竞争力的先进制造业基地,核心是创新驱动发展,目标是提高全要素生产率、增加中高端供给,聚焦的是建设现代产业新体系。把科教优势转化为创新发展优势、产业发展优势,着力推进以科技创新为核心的全面创新,通过产业技术创新联盟等形式把各种力量聚集起来,推动关键领域核心技术的攻关突破,加快技术成果二次开发与转移转化。将智能制造作为振兴实体经济的重要主攻方向,强化江苏工业经济总量、两化融合发展水平全国第一的双重优势,实施企业制造装备升级和互联网化提升计划,通过装备智能化、设计数字化、生产自动化、管理现代化、营销服务网络化,推动生产方式向精细、柔性、智能转变,推动产品向高端化、智能化转变。打响江苏制造品牌,以品牌建设为牵引,进一步提升标准、做优质量,着力增强有效供给能力。

3. 创新产业发展平台

江苏拥有中国规模最大、水平最高的国家级开发区,集聚了门类齐全、链条完整、配套完善的企业集群,正着力打造特色创新集群,着力提升土地产出率、资源循环利用率、智能制造普及率,使开发区成为江苏新型供给体系的主力军,在全省产业转型升级中发挥核心支撑和引领作用。优化技术服务平台,推动90%以上的大中型工业企业建立了研发中心,江苏已经建立的国家级工程技术研究中心、国家重点实验室等公共技术服务平台总数在全国各省区中排在第一位。建立江苏省产业技术研究院,在科技成果转化和科技型企业孵化上取得明显成效。建立了线上线下融合、永不落幕的省技术产权交易市场,构建技术成果、专利信息、技术需求等庞大的数据库。搭建重大活动平台,举办了江苏发展大会、世界物联网博览会、世界智能制造大会、大院大所合作对接会等重大活动,并且形成了长效机制,有力推动了江苏资金、人才、技术的汇集。载体平台是投资环境的"放大器"、优质资源的"强磁场",各类载体平台互补共存,能够产生叠加效应。在此基础上,江苏进一步扩大平台知名度和影响力,打造更有活力的创新创业生态系统,集聚更多高端人才和创新资源,争取更

江苏省产业技术研究院

多实实在在的合作成果,为转型发展注入源源不断的新动能。

4. 重构省域产业布局

江苏属于东部经济发达省份,但也存在苏南、苏中、苏北发展梯度差异大的现实。苏南土地开发强度接近极限,苏南地区作为全省发展的先行区,主要承接上海辐射,对苏中、苏北地区辐射效应有限。苏中、苏北在新的发展阶段和条件下,已无法复制苏南工业化的传统路径。2016年以来,江苏省委、省政府提出要打破苏南、苏中、苏北三大板块的地理分界和行政壁垒,构建"1+3"新型区域产业发展格局,目的是要以新的发展布局带动全省发展优势的重塑,促进各地立足不同的基础条件和资源禀赋,转变发展思路,探索发展新路,引导各地走适合自身特点的产业特色发展和产业转型升级之路。在重点产业方向导向上,"1"是以沿江8市为主体打造扬子江城市群,经济增量以新经济为主,制造业以智能制造为主,服务业以新商业模式为主,构建以服务经济为主导、智能制造为支撑的现代产业体系。"3"包括三块:沿海经济带重点发展沿海经济、临港经济;江淮生态经济区聚焦重点产业,着力发展绿色产业和新经济,大力发展现代农业,深度挖掘旅游业,注重发展养老产业;徐州作为淮海经济区中心城市,建设淮海经济区的商贸物流中心、金融服务中心和科教文化中心。

5. 培育生态富民产业

江苏"扬长补短"并举,一方面,实施"两减六治三提升"专项行动,致力于减少煤炭消费总量和落后化工产能,加强太湖水环境、生活垃圾、黑臭水体、畜禽养殖污染、挥发性有机物污染和环境隐患治理,提升生态保护水平、环境经济政策调控水平和环境监管执法水平,着力补齐生态短板。另一方面,积极撬动生态资源,用"特、网、绿"三把产业结构调整的"金钥匙",打开生态产业富民新天地。"特"即特色农业,不仅追求特色,还要创出特色品牌,通过引入产业资本,脱下地方特色农产品提篮叫卖的粗放"外套",披上"高大上"的品牌"外衣"。"网"即"互联网+",采取系列措施让"互联网下乡"与"农民上网"碰撞产生火花。江苏睢宁县沙集镇大力发展电子商务,网店超过3万家,直接带动21万人就业,被誉为"中国淘宝第一镇"。"绿"即绿色产业,生态旅游是重点方向,旅游业既是绿色产业,又是富民产业。徐州贾汪区对煤炭塌陷区进行改造,做足山水文章,发展旅游经济、创新型经济,从"一城煤灰半城土"变成"一城青山半城湖",被称为"挖煤贾汪、旅游真旺",极大地带动了本地居民致富。

6. 强化基础设施支撑

江苏着眼于补齐短板、增创未来发展优势,建设面向未来的现代化基础设施,不断提升基础设施供给质量和水平。把握趋势、超前布局,着眼未来发展,综合考虑投资效率和未来发展需求,在工程质量、技术标准和项目规划、建设进度上适度超前,到2020年,全省要基本形成所有设区的市到南京1.5小时高铁交通圈,高铁里程达到2000千米,高速公路里程达到5000千米;信息基础设施国内领先、国际一流,率先实施5G实验及商务服务。突出问题导向,打通"主动脉"、畅通"微循环",聚焦苏中苏北高铁、长江两岸高铁环线、过江通道、城乡黑臭河道、养老服务、农业农村基础设施等突出短板,加大建设力度,取得显著成效。积极推进基础设施领域的改革创新,深化投融资体制改革,大力推广PPP模式,积极推进资产证券化;创新运营管理机制,宜统则统,宜联则联,宜放则放,使基础设施运营管理与其系统性、集成性的特点相适应。

7. "放管服"激发转型动能

江苏将行政审批制度改革作为全面深化改革的"先手棋"、转变政府职能的"当头炮",按照"审批事项最少、办事效率最高、创业创新活力最强"的目标,系统集成推进"简政放权、放管结合、优化服务",为产业结构调整营造良好环境。更加彻底地"放",制定"企业投资项目省级部门不再审批清单",首批不再审批事项 53 项;市县编制"不见面审批事项清单";在国家级开发区实行一层全链条闭环审批,形成"国家级开发区全链条审批赋权清单",首批赋权 220 项;制定"经济发达镇赋权清单",首批赋权 451 项。更加有效地"管",以事中事后监管为原则、事前管为特例,开展企业投资项目信用承诺制试点,企业按照政府设定的准入条件和标准作出具有法律效力的书面承诺就可以开工建设,新项目建设速度显著提高。更加精准地"服",大力推进政务服务"一张网"建设和"不见面审批"模式。

"不见面审批"成为江苏改革品牌

2017年8月1日,无锡发出全国首张具有唯一身份识别条形码的"先证后核"工业产品生产许可证。省级层面出台"不见面审批"实施方案,实现"企业3个工作日内注册开业、5个工作日内获得不动产权证、50个工作日内取得工业建设项目施工许可证"。到2017年年底,以经济体制改革为主轴,制定实施459项重要改革举措。全面取消非行政许可审批事项,累计取消、下放、调整887项行政审批事项。"放管服"改革,政府公务人员当"店小二",使江苏营商环境不断优化,为企业解开"枷锁",使企业轻装上阵,释放市场活力和社会创造力,使产业结构调整升级获得更强的体制支撑,持续释放内生动能。

四、凝聚全面深化改革的强大合力

自2013年11月党的十八届三中全会提出全面深化改革以来,江苏省委成立全面深化改革领导小组、省委改革办以及6个专项改革小组,而各省辖市和有关部门也都成立改革领导机构,紧锣密鼓地制定了数百项重要改革举措和分工方案,这些方案从聚焦经济体制改革重点突破,进而扩展至政治、社会、文化、生态以及党建领域,从而凝聚了全面深化改革的强大合力。

(一)将改革不断推向深入

1. 发挥改革"深刺激""强刺激"作用

改革的本质是提供更加有效的制度供给。有效的制度供给,可以为企业"松绑"、为群众"增利",可以吸引集聚更多更高端的资源要素,形成发展的特色与核心竞争力。相比于制定出台一些临时性、救急性的"浅刺激""微刺激"政策措施,唯有改革才是真正能发挥长效作用的"深刺激""强刺激"。推进产业迈向中高端,既面临外部的"双向挤压",更受制于内部的体制机制束缚,必须向改革要动力、要空间。坚持使市场在资源配置中起决定性作用,更好发挥政府作用,推动重要领域和关键环节改革。以完善产权制度和要素市场化配置为重点,全面深化经济社会各领域的改革,激发各类市场主体活力。深化科技体制改革,建立以企业为主体、市场为导向、产学研深度融合的技术创新体系;深化"放管服"改革,建立健全公平开放透明的市场规则,营造自主经营、公平竞争的良好环境;深化社会治理体制和城乡融合发展体制机制改革,完善社会保障体系,健全住房制度,稳步推进农村土地制度改革,为现代化经济体系建设提供有力的制度保障。

2. 遵循改革的大逻辑

江苏推进改革开放再出发,要全面系统深入地学习习近平新时代中国特色社会主义思想,深刻领会、精准把握其中蕴含的改革精神、改革部署、改革要求;坚定推进改革的决心和信心,遵循改革的大逻辑,把握改革的大趋势,敢于突破惯性思维和利益固化的藩篱,有力有序推进改革;坚持和加强党对改革的集中统一领导,牢牢把握改革的正确方向,不断开创江苏全面深化改革新局面。重点要把握好"全面"和"重点"的关系,蹄疾步稳推进各项改革,重点领域改革先行突破。首先,对照新发展理念的要求,"为增长而增长"的GDP迷信必须破除,满足于跟随模仿、畏惧创新的观念必须破除,把生态保护看成负担、漠视生态价值的观念必须破除,不肯开放合作的封闭思维必须破除,对"以人民为中心"、发展成果全民共享不重视、不走心、不作为的现象必须破除。其次,处理好政府与市场的关系,锻造政府与市场"双强引擎",在厘清政府、市场边界的前提下,沿着"有效市场"和"有为政府"的方向双向发力、汇成合力,构筑江苏参与新一轮区域竞合、推动高质量发展的新动力新优势。再次,强化改革的责任担当和正向激励,着力解决好改革动力向下层层递减的"倒三角"问题,形成上下齐心、攻坚克难的浓厚氛围。

3. 增强改革系统性集成性

江苏推进改革开放再出发,要重视增强改革开放的系统性集成性。全面深化改革、扩大开放,涉及多项内容、多种要素、多个层次。改革开放越深入,新老矛盾越是交织叠加、错综复杂;改革开放越深入,越会触及深层问题、体制弊端。因此,要围绕党的十九大部署来明确江苏改革方向、改革任务和责任主体,以系统化思维丰富完善改革开放思路和举措,确保各项措施上下顺畅、左右贯通、前后呼应,加快形成全面改革开放新格局。特别是在国家改革开放的大布局中,要找准江苏位置、增加江苏分量、塑造江苏优势、扩大江苏影响。

(二) 全面谋划新一轮改革举措

1. 深入推进供给侧结构性改革

把提高供给体系质量作为主攻方向,进一步增强经济发展的质量优势。继续抓好"三去一降一补"重点工作。着力在"破、立、降"上下功夫,严格执行环保、质量、安全等相关法规和标准,化解过剩产能、淘汰落后产能、打击非法产能。加大"僵尸企业"处置力度,健全债权债务依法清理处置机制,妥善分流安置好企业职工。因城施策,重点化解部分中小城市仍然偏高的房地产库存。稳步推进多层次资本市场建设,进一步提高直接融资特别是股权融资比重,积极稳妥降低企业杠杆率尤其是国有企业杠杆率。认真落实降低企业成本各项政策,继续清理涉企收费,进一步降低企业用能、物流、融资等成本。围绕科技创新、富民增收、基础设施等重点领域,继续推进实施一批补短板重大项目。

2. 推动重点领域改革落地见效

大力破除体制机制障碍,突出抓好具有标志性、引领性、支柱性的重点改革,进一步释放创新和发展活力。深化"放管服"改革。完善省级部门权责清单,推进"不见面审批服务"和基层政务公开标准化、规范化建设,稳步扩大相对集中行政许可权改革试点。深化"多证合一"和"证照分离"改革,积极推进"照后减证",推广实施电子证照、虚拟证照。加强事中事后监管,全面推进"双随机一公开"检查事项全覆盖,推动江苏政务服务网向基层延伸,逐步建成省市县乡村五级全覆盖。抓好江阴市县级集成改革试点,深化经济发达镇行政管理体制改革。深化国企国资改革。加强经营性国有资产集中统一监管,改革国有资本授权经营体制,积极稳妥推进国有资本投资运营公司改建,利用资本市场等形式实施混合所有制改革。深入推进财税体制改革,深化预决算公开制度,加大财政资金整合力度,优化财政资金支出结构,提升财政资金使用效益。加大力度推进金融创新发展,推进金融支持供给侧结构性改革创新,加快扬子江新金融集聚区、泰州市国家级金融支持产业转型升级改革试验区建设。深化科技体制改革,打通科研与产业之间的通道,促进科技和经济紧密结合、创新成果和产业发展紧密对接。加快投融资体制改革,增强政府投资行为的科学性、规范性和有效性,发挥好政府投资的引导作用。营造支持民营企业发展的良好环境。全面实施市场准入清单制度,破除信贷、上市、税收、创新、招投标、人才等方面的隐性障碍。落实好支持中小微企业发展的政策措施,多渠道破解融资难、融资贵问题,充分激发社会资本活力。积极构建亲清新型政商关系,保护和支持企业家创新创业,进一步激发和弘扬企业家精神。大力弘扬劳模精神、工匠精神,培养造就更多江苏工匠。扎实开展国家新型城镇化、生态文明制度等重大改革试点。

站在改革开放40周年这一时间节点,江苏要对改革开放进行再审视、再谋划,按照习近平总书记提出的改革走在前列、开放服务大局的要求,推动改革开放再出发。无论是个人还是各种、各级集体,无论是市场还是各级政府,必须永葆解放思想与开动脑筋的精神状态,也就是将全面深化改革当做一个连续不断的过程。只有保证这个"总开关"时时处处打开,才能解决新旧各种问题,从而将"强富美高"新江苏建设不断推向前进。

第三章
经济大省的转型升级

　　党的十一届三中全会作出把党的工作重点转移到经济建设上来、实行改革开放的战略决策,开创了我国经济发展的全新局面,中国改革开放的40年创造了举世瞩目的经济奇迹。特别是党的十八大以来,我国坚定不移贯彻新发展理念,坚决端正发展观念、转变发展方式,发展质量和效益不断提升,经济总量稳居世界第二,国家综合实力和国际竞争力达到较高水平。40年来,江苏坚持以经济建设为中心,不断解放和发展社会生产力,实现了经济总量的快速扩展和经济结构的调整优化,成为全国重要的经济大省和产业大省。江苏在产业结构上实现了从以传统农业、传统工业为主转变为以服务业为主导、以现代制造业为主干、以现代农业为支撑的现代产业格局;在发展阶段上从早期工业化转向工业化中后期,部分地区进入工业化后期阶段;从尚未跨越"低水平均衡陷阱"转而实现经济起飞,从投资驱动、要素驱动逐步转向创新驱动,经济内生动力、创新活力不断增强;人民生活实现从跨越温饱、整体实现小康向更高水平小康和现代化迈进。进入经济新常态以来,江苏经济持续增长的资源环境约束加剧,物质要素投入边际效益递减,转变经济发展方式、推进经济转型升级势在必行。江苏牢牢把握发展第一要务,坚持稳中求进总基调,利用宏观经济环境变化带来的倒逼压力,把创新作为江苏发展的主引擎,大力实施创新驱动发展这个核心战略,积极推进苏南国家自主创新示范区建设,千方百计稳增长、调结构、促转型,加快发展动力接续转换,推动产业迈向中高端,努力由经济大省向经济强省跨越。

一、加快建设创新型省份

作为全国最早提出创新驱动战略的省份,江苏紧紧抓住科教资源丰富、研发力量雄厚和创新型省份建设试点省、苏南国家自主创新示范区等优势和机遇,以科技创新为着力点,加快建设创新型省份,成为我国创新活力最强、创新成果最多、创新氛围最浓的省份之一。

(一) 改革开放以来江苏创新发展的历史进程

1. 开展科技体制改革(1979—1988)

1978年全国科技大会以后,江苏恢复和建立了科研机构,落实了知识分子政策,改善了科技人员的工作和生活条件,科技人员的积极性和创造性显著增强。1985年3月,中共中央作出了《关于科学技术体制改革的决定》,江苏省政府对全省科技体制的改革作了部署。通过调整科技系统的运行机制,强化经济调控手段,发展技术市场,促进技术成果的商品化,加快了技术成果向现实生产力转化,初步形成了面向经济的新格局。随着科技体制改革的逐步深化,科研与生产的联合开始向广度和深度发展。到1988年,全省各种形式的科研生产联合体1000多个,与此同时,适应技术成果商品化的需要,技术市场开始兴建并得到发展;江苏成立了技术市场统一管理机构和技术商品经营机构,技术市场经营服务体系初具规模;全省技术贸易成交总额4亿多元。科技体制的改革,为民办科技机构的建立创造了条件,应运而生的民办科技机构异军突起;全省11个市共有集体、个体科技机构308个,拥有职工1.09万人。

2. 落实"科学技术是第一生产力"思想,提出"科技兴省"战略（1988—1993）

1988年,江苏省委、省政府贯彻落实邓小平同志关于"科学技术是第一生产力"的重要论断,率先在全国提出实施"科技兴省"重大战略,并拟定了相应的奋斗目标和政策措施。1989年1月5日,江苏省委、省政府作出《依靠科技进步振兴江苏经济的决定》,正式确定了"科技兴省"的发展战略。实施"科技兴省"的发展战略,就是要从根本上改变江苏长期以来主要靠大量资金投入和资源消耗求得经济发展的老路子,并切实转移到主要依靠科技进步的正确轨道上来,把以发达的教育事业为基础的科技和管理的现代化作为江苏经济和社会发展再上新台阶的主要支撑力量,把江苏建成科技先导型经济的省份,使经济发展的速度、效益和科学技术水平走在全国前列,经济、技术主要领域的水平与世界先进水平的差距逐步缩小,科学技术在精神文明建设中发挥越来越重要的作用。这一战略思想不仅对江苏的科技发展有深远意义,而且也标志着江苏经济、社会发展战略方针的根本转变。1992年,"科技兴省"进入全面实施阶段。年初,江苏省委、省政府召开全省科技工作会议,对"科技兴省"进行了一次再发动。在总结三年来"科技兴省"实践经验的基础上,制订了《江苏"八五"期间"科技兴省"战略实施方案》,提出了实施"科技兴省"战略的基本思路、主要目标、重点任务和关键措施,并迅速分解到各地区、各部门。

3. "科技兴省"战略调整为"科教兴省"战略(1994—2005)

为了在全省范围内树立"教育为本"的观念,确立教育优先发展的战略地位,1994年江苏省委、省政府在全省教育工作会议上,决定将"科技兴省"战略充实为"科教兴省"战略。在1994年12月召开的江苏省第九次党代会上,提出了"科教兴省""经济国际化""区域共同发展"三大战略,并将"科教兴省"战略作为三大战略中的首要和基本的战略,即主体战略。2003年5月,江苏省委、省政府作出《关于进一步加强人才队伍建设的决定》,提出建设"人才强省"的战略任务,这是"科教兴省"战略在江苏的深化和拓展,使江苏科技、经济、社会发展走在全国前列。2005年,江苏研究与发展经费(以下简称"研发经费")支出占国内生产总值的比重为1.48%,高于全国平均水平0.15个百分点;江苏从事科技活动人员数达到375670人,在全国各省市中位居第一,占全国总数的9.8%;江苏科技经费筹集总额达611.8亿元,仅次于北京,占全国的11.65%;江苏国内专利授权数达到13580件,仅次于广东和浙江,占全国的7.9%。

4. 明确提出率先建设创新型省份的宏伟目标(2006—   )

为贯彻中央关于建设创新型国家的决策部署,2006年,江苏省委、省政府在全国第一个作出了《关于增强自主创新能力建设创新型省份的决定》,提出经过10年左右坚持不懈的努力,把江苏率先建成创新型省份。2011年,江苏召开实施创新驱动战略推进科技创新工程大会,出台《关于实施创新驱动战略推进科技创新工程加快建设创新型省份的意见》,全面部署创新型省份建设的目标任务。2012年,江苏召开全省科技创新大会,出台《关于加快企业为主体市场为导向产学研相结合技术创新体系建设的意见》,推出深化科技体制改革的一系列重大举措。2013年,江苏召开创新型省份建设试点工作会议,出台《创新型省份建设推进计划(2013—2015年)》,在全国率先启动试点建设工作。2015年,江苏出台《关于建设苏南国家自主创新示范区的实施意见》《关于加快建设知识产权强省的意见》《关于深入实施创新驱动发展战略的意见》等文件。2016年,江苏"十三五"规划纲要经审议通过,再次强调实施创新驱动发展战略,加快经济发展的动力转换。2018年4月,江苏省政府办公厅印发《创新型省份建设工作实施方案》,提出新时代实施创新驱动发展战略、全面提升创新型省份建设水平的具体要求、建设目标、重点任务和保障措施,江苏创新型省份建设在更高站位、更高层次上扎实推进。

(二)江苏建设创新型省份所取得的主要成效

1. 区域创新能力位居全国前列

近年来,江苏大力实施创新驱动核心战略和科教与人才强省基础战略,着力推进科技创新工程,在建设创新型省份、推动经济社会持续健康发展方面取得了突出成绩。根据《中国区域创新能力评价报告2017》,江苏区域创新能力仅次于广东,位居第二。此前,江苏自2008年力压上海,一跃成为创新能力排名第一的区域以来,领跑9年一直位居区域创新综合能力排名第一。该报告中的区域创新能力指标体系包括5个一级指标、20个二级指标、40个三级指标和137个四级指标,从报告反映的情况来看,江苏在企业创新方面具备一定优势,集中体现在有研发机构的企业数、企业研发人员总量、企业技术改造经费投入等指标均排名全国第一,企业创新、创新环境和创新绩效等指标相对较弱。整体而言,江苏区域创新能力处在全国前列,是全国最有条件率先建成创新型省份的区域之一。

2. 科技创新投入总量不断提高,结构趋于优化

近年来,江苏研发经费投入逐年增加,2011年研发经费内部支出为1071.96亿元,占地区生产总值的比重为2.2%,2017年研发经费内部支出为2260.06亿元,比2011年增长了约1.11倍,占地区生产总值的比重为2.63%。科技活动人员数也大幅上升,2011年为81.62万人,到2017年增加到122万人,而且科技活动人员整体素质在不断提高,科技活动人员中大学本科以上学历人数的占比从2011年的32.72%提高到2016年的70.16%。

2011年以来江苏科技创新投入

年份	研究与发展经费内部支出(亿元)	占地区生产总值比重(%)	科技活动人员数(万人)	#大学本科及以上学历(%)
2011	1071.96	2.20	81.62	32.72
2012	1288.02	2.33	98.23	44.96
2013	1487.45	2.45	109.46	49.09
2014	1652.82	2.54	115.00	53.61
2015	1801.23	2.57	111.99	54.84
2016	2026.87	2.66	117.00	70.16
2017	2260.06	2.63	122.00	—

资料来源:历年《江苏统计年鉴》。

3. 科技产出增长迅速

从专利授权来看,2011年江苏全省专利授权数为199814项,2017年为227187项,增长了13.7%;从结构上看,发明专利和实用新型占的比重在逐年提高,2011年发明专利、实用新型和外观设计在专利授权总量中的比重分别为:5.53%、26.73%和67.74%,到2017年这三类专利的比重分别为:18.27%、55.67%和26.05%,发明专利和实用新型的比重分别上升了12.74个和28.94个百分点,外观设计则下降了41.69个百分点,这也是江苏科技产出能力增强的一个表现。

2011年以来江苏科技创新成果(项)

年 份	专利授权数	发明	实用新型	外观设计
2011	199814	11043	53414	135357
2012	269944	16242	77944	175758
2013	239645	16790	98246	124609
2014	200032	19671	100810	79551
2015	250290	36015	119513	94762
2016	231033	40952	117827	72254
2017	227187	41518	126482	59187

资料来源:历年《江苏统计年鉴》。

4. 高新技术产业发展迅速

江苏高新技术产业发展迅速。2011年江苏高新技术产业产值为38377.76亿元,2017年已增长到67863.74亿元,增长了76.83%。2011年江苏高新技术企业是3852家,2017年为13000家,平均每年增加1500多家。2011年江苏已建成的国家级高新技术特色产业基地是92个,2017年为162个,平均每年增加11个。另外,为推动高新技术产业发展,江苏不断组织实施省重大科技成果转化专项资金,2017年投入93.4亿元。

2011 年以来江苏高新技术产业发展状况

	高新技术产业产值(亿元)	高新技术企业(家)	国家级高新技术特色产业基地(个)	科技成果转化专项资金(亿元)
2011	38377.76	3852	92	258.4
2012	45041.48	5100	103	135.7
2013	51899.1	6769	121	117
2014	57277.28	7703	133	105
2015	61373.61	10000	139	119
2016	67124.65	12000	147	108.6
2017	67863.74	13000	162	93.4

资料来源:2011—2017年《江苏省国民经济和社会发展统计公报》、2017年江苏省高新技术产业主要统计数据。

5. 科技进步贡献率稳步提高

科技进步贡献率是衡量区域科技竞争实力和科技转化为现实生产力的综合性指标,反映了科学与技术对社会经济发展的作用效果。2017年,江苏科技进步贡献率达62%,高于全国平均水平4.5个百

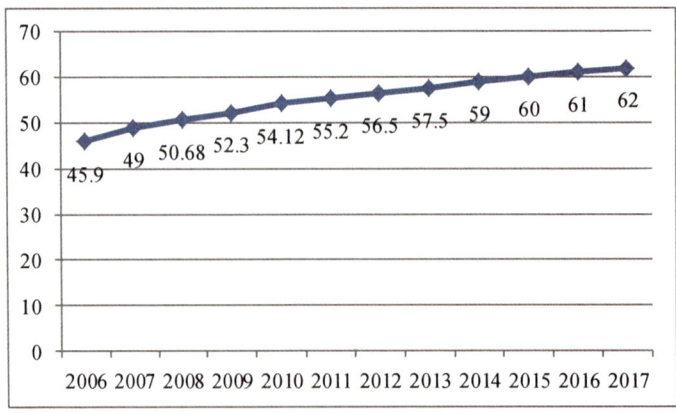

2006年以来江苏科技进步贡献率(%)

资料来源:2006—2017年《江苏省国民经济和社会发展统计公报》。

分点。2006—2017年,江苏科技进步贡献率提高了16.1个百分点,年均提高近1.5个百分点。这表明,江苏的科技创新转化为现实生产力的能力处于持续提升的过程之中,科技进步已成为推动江苏经济增长的主要来源。

(三) 江苏建设创新型省份的基本经验

1. 把创新摆在工作的重中之重位置

多年来,江苏高度重视创新发展,把创新摆在发展全局的核心位置。早在20世纪八九十年代,江苏就在全国率先提出了科技兴省、科教兴省战略。进入新世纪以来,又提出率先建成创新型省份目标。在江苏"十三五"规划纲要中,江苏提出"坚持创新发展,以创新驱动为主引擎,使创新成为江苏发展最鲜明的特征和最强劲的动力","进一步强化创新在发展全局中的核心位置,把创新贯穿于经济社会发展的全过程"。江苏不仅在战略规划设计中将创新摆在核心位置,在各项工作推进中也同样如此,创新已经成为江苏发展最鲜明的特征和最强劲的动力。

2. 不断完善区域创新体系

2014年10月,国务院正式批复支持南京等8个苏南国家高新区和苏州工业园区建设国家自主创新示范区。2015年,国家科技部出台《苏南国家自主创新示范区发展规划纲要(2015—2020年)》,明确苏南国家自主创新示范区将瞄准"创新驱动发展引领区、深化科技体制改革试验区、区域创新一体化先行区"的战略定位,服务于现代化建设总要求,力争建成具有国际竞争力的创新型经济发展高地。同年,江苏提出《关于建设苏南国家自主创新示范区的实施意见》,提出要建设创新驱动发展引领区、深化科技体制改革试验区、区域创新一体化先行区和具有国际竞争力的创新型经济发展高地,积极探索主要依靠创新驱动发展的"新苏南模式"。江苏"十三五"规划纲要进一步提出推动创新要素集聚,建设具有国际竞争力的创新型城市群。

3. 加强创新型企业培育

深入推进国家技术创新工程试点,切实将创新资源引入企业、技术研发机构建在企业、科技服务覆盖到企业、创新政策落实到企业。培育创新型企业集群。深入实施科技企业培育"百千万"工程。加强企业研发能力建设,深入实施企业研发机构"百千万"工程,组织行业龙头企业争创国家级研发机构,在战略性基础材料、高端装备智能制造等领域布局建设一批企业重点实验室。2017年,江苏大中型工业企业研发机构建有率超过88%。实施专精特新小巨人企业培育计划,全省专精特新企业突破2000家,省级认定专精特新企业400多家。

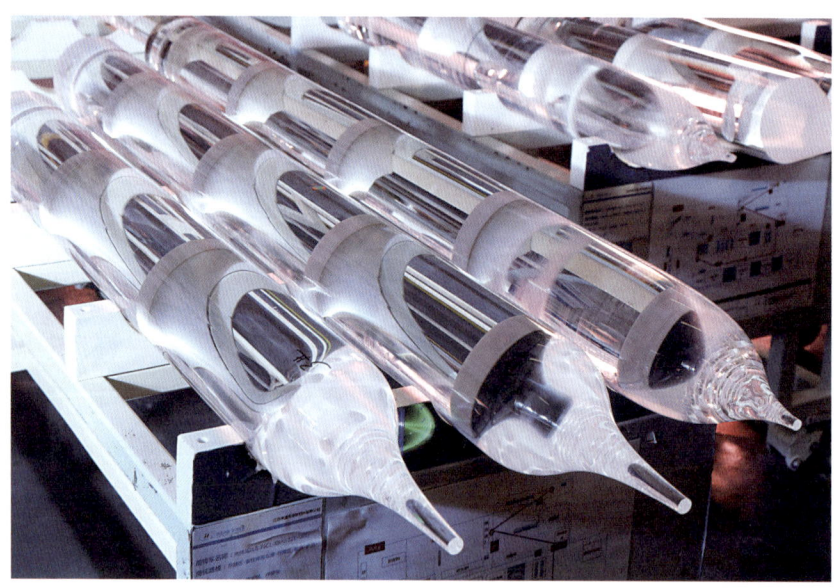

亨通集团自主研发生产的国内第一个最大直径达 200 mm 的光纤预制棒
(视觉江苏网供图)

4. 持续推进大众创业万众创新

深入实施"创业中国"苏南创新创业示范工程(全国首个获批的"创业中国"区域性示范工程),围绕创新型企业家培养、众创空间建设、创新型产业孵育、创新创业服务提升、创新创业资源整合、创新创业氛围营造等关键环节组织实施六大工程,打造江苏创新创业的标杆。加快众创空间建设步伐。出台《江苏省推进众创空间建设工作方案》,设立众创空间专项,支持引导行业领军企业、创业投资机构、社会组织等机构投资建设或管理运营众创空间等新型创业孵化载体。优化创新创业环境。大力推行营业执照、组织机构代码证、税务登记证"三证合一",建设江苏省创新创业"好创网"平台,建立2500人的创业导师队伍,推动形成大众创业、万众创新的生动局面。

二、建设先进制造业高地

改革开放以来,江苏一直把发展制造业作为重中之重,制造业始终在国民经济中占据关键地位。以制造业为主干的实体经济成为江苏经济的基础性力量。当前,江苏正瞄准世界先进水平,建设具有国际竞争力的先进制造业基地,推动制造大省向制造强省跨越。

(一) 改革开放以来江苏制造业发展演进历程

1. 制造业恢复和发展时期(1978—1991)

中华人民共和国成立以后,江苏经济基本以传统农业为主,工业和服务业发展相对缓慢,但传统的轻纺工业、化工、机器制造、建材等发展较快。改革开放初期,江苏已经形成了一定的现代产业基础。

1977年,江苏地区总产值为487.98亿元,其中工业产值为297.12亿元。江苏制造业分布较为分散,建立在社队经济基础上的制造业的产品以轻工业产品为主,较为贴近市场,这为日后乡镇企业的兴起奠定了基础。1979年11月,江苏省委工作会议对江苏经济进行了全面分析,认为轻工业的发展落后于重工业,大力发展与人民生活水平改善密切相关的轻工业成为时代的迫切愿望,提出要充分发挥江苏人力资源丰富、科学教育文化事业较发达、社队工业发展较快等优越条件,发展一些精密度较高、原材料用量较少、国内有广阔市场而容纳劳动力又较多的"劳动密集型"行业。这一思路及此后的政策推动,加之内生力量的作用,推动了江苏乡镇企业的崛起,带动了江苏制造业的快速发展。机械、电子、纺织、轻工、食品、建材成为江苏改革开放早期的六大支柱产业。自1988年9月起中国进入三年治理整顿阶段,全省制造业发展面临"三紧一变":资金紧缩、能源紧张、原材料紧缺、市场变化大,部分行业经济效益出现滑坡。江苏省委、省政府及时作出对策调整,经济增长速度回升,工业经济逐步复苏。1991年江苏制造业总产值升至711.5亿元,比上年增长23.81%;同年,地区三次产业比例为12.05∶70.88∶17.07,制造业在国民经济中处于绝对主导地位。

2. 制造业市场化转型阶段(1992—2000)

1992年党的十四大确立了社会主义市场经济的改革取向,江苏得改革开放风气之先,在全国率先开展了市场化改革,相应的,制造业发展也沿着市场化道路大踏步前进。在市场化改革与产业结构调整的同步推进中,江苏制造业的规模、质量与结构都在发生深刻变化。江苏积极推进国有企业改革,通过优化国有经济布局,使国有经济从一些竞争性行业逐步退出来,而强化其在石油、石化、电力等重要行业和关键领域的支配地位,充分发挥其支撑、引导和带动整个经济发展的积极作用。到2001年,大部分国有大中型骨干企业初步建立了现代企业制度。在这一时期,乡镇企业的体制基础也发生了深刻变化。江苏在20世纪90年代中后期开始推进乡镇企业改制,到21世纪初期基本完成改制,为地区经济的长期稳健发展奠定了重要的体制基础。1992—1994年江苏制造业发展再现一个小高潮,1992年江苏制造业总产值达到1115.14亿元,比上年增长154.45%,这是江苏制造业发展历史上增幅比较高的年份。1997—1999年,江苏连续三年在全省工业领域开展"工业结构调整促进年"活动,把工业结构调整作为振兴江苏经济的第三次机遇,有效地提高了工业经济的素质。机械、电子、化工、汽车成为江苏四大新兴支柱产业。

3. 制造业融入全球化发展阶段(2001—2010)

2001年,中国加入世界贸易组织,为中国提供了参与全球分工、融入世界市场的全新机遇,成为发挥制造业比较优势的绝佳机会。江苏抢抓机遇,以苏南为核心区,大力发展外向型经济,以加工制造为主要产业环节,嵌入全球分工体系,带动了制造业的强势增长,江苏制造成为中国参与全球分工的一张名片。2001年,江苏全年完成工业增加值4269.1亿元,其中机械、电子、化工、汽车为四大支柱产业,大中型工业增加值1383.6亿元,占工业增加值的32.41%。到2010年,江苏全年规模以上工业增加值达21223.8亿元,实现了较快的增长。这一时期,江苏制造业的增长主要依靠融入国际市场,出口导向型经济的扩张成为带动江苏制造业的重要力量。与此同时,江苏积极推动以制造业为主体的产业结构调整。2006年,江苏省第十一次党代会提出大力发展先进制造业特别是先进装备制造业,做大做强做精优势产业。2008年尽管发生了全球性的金融危机,但在江苏省委、省政府的高度重视和统一部署下,新材料、新能源、新医药、环保产业等成为全省各地产业结构调整的方向和培育的重点,成为江苏经济发展中的新亮点。

4. 制造业进入新常态发展阶段(2011—　)

受自身发展的阶段性演进规律影响,加之2008年国际金融危机的外部冲击,我国经济逐渐进入新常态,制造业从追求规模扩张转向推进转型升级,这一转变在江苏尤其典型。江苏省"十二五"规划纲要中提出要打造先进制造业基地。根据江苏对自身先进制造业发展水平的评价结果,2011—2013年,全省先进制造业占比分别为37.93%、38.71%、39.79%,呈现逐年提升态势,2014年占比已升至41.25%,首次超过四成,年均提升1.1个百分点。2015年,江苏省委、省政府在全国率先出台《中国制造2025江苏行动纲要》,设定了江苏制造业发展的总目标:到2025年建成国内领先、有国际影响力的制造强省。确定了集成电路及专用设备、网络通信设备、操作系统及工业软件等15个重点领域,并提出了8项主要任务。2016年,经国家制造强国建设领导小组同意,苏南5市(镇江、南京、常州、无锡和苏州)获批成为"中国制造2025"试点示范城市群。2017年3月,江苏召开全省制造业大会,提出江苏经济转型重点在制造业,难点在制造业,出路也在制造业,迫切需要在巩固提升制造业现有优势的基础上,瞄准未来方向和产业高端,对推进制造业创新、智能、绿色发展进行再强调、再动员、再部署。2018年,根据党的十九大关于培育若干世界级先进制造业集群的部署,江苏综合考虑产业影响力、集群化特征、发展基础与潜力,兼顾传统行业和战略性新兴产业,遴选出新型电力(新能源)装备、工程机械、物联网、前沿新材料、生物医药和新型医疗器械、纺织服装、集成电路、海工装备和高技术船舶、高端装备、节能环保、核心信息技术、汽车及零部件、新型显示等13个产业集群,作为重点培育对象,加快培育13个具有国际竞争力的世界级先进制造业集群。到2017年年底,13个产业集群规模总量达4.9万亿元,占全省规模以上工业的比重超过30%,新型电力(新能源)装备、工程机械、物联网、纺织服装、集成电路、海工装备和高技术船舶、节能环保、汽车及零部件等8个行业规模均位居全国首位。

(二) 江苏先进制造业发展现状

1. 江苏先进制造业整体实力

"十二五"以来,江苏先进制造业发展水平呈逐年提升态势。2017年,江苏全年规模以上工业中,医药制造业增加值比上年增长12.9%,专用设备制造业增加值增长15.1%,电气机械及器材制造业增加值增长11.7%,通用设备制造业增加值增长11.4%,计算机、通信和其他电子设备制造业增加值增长11.9%。代表智能制造、新型材料、新型交通运输设备和高端电子信息产品的新产品产量实现较快增长。2017年,江苏全年工业机器人产量比上年增长99.6%,3D打印设备增长77.8%,新能源汽车增长56.6%,服务器增长54.2%,光纤增长42.4%,智能手机增长26.4%,太阳能电池增长25.9%。

2. 制造业企业实力显著提高

中国企业家联合会和中国企业家协会编写的《2017中国500强企业发展报告》显示,在中国制造业企业500强中,江苏企业共有47家,在全国排名第三,仅次于浙江和山东;从营业收入情况来看,江苏企业营业收入达到21612.1亿元,在全国排名第五,仅次于北京、山东、浙江和广东。江苏恒力集团的年营业收入超过 2000 亿元,沙钢集团、悦达集团、协鑫集团、中天钢铁超过 1000 亿元,江苏千亿级制造业企业保持在 5 家。根据江苏省经信委公布的《2016 年度江苏省营业收入超百亿元工业企业(集团)名单》,江苏共有 125 家工业企业(集团)营业收入超过 100 亿元,其中江苏省电力公司、恒力集团、沙钢集团、悦达集团、中天钢铁位居前 5 位,营业收入均超过 1000 亿元。除了大企业以外,江苏制造业中小企业发展势头也同样不容小觑。

徐工集团生产的"世界第一吊"4000 吨级履带起重机(赵祥明摄,视觉江苏网供图)

(三) 江苏推动先进制造业发展的主要经验

1. 深化市场化改革,激发制造业发展内生活力

改革开放以来,江苏进行了较深层次、较大范围的市场化改革。

改革传统的计划经济体制,放松或放开市场准入管制,鼓励和促进市场公平有效的竞争,焕发了企业微观主体的活力,尤其是民营经济的进入与发展在许多行业形成了多种所有制在竞争中相互促进、共同发展的格局。据统计,截至 2017 年年底,全省规模以上民营工业企业占全省规模以上工业企业数的 77.2%,对全省规模以上工业增长的贡献率达 58%。根据江苏省经信委、省工商联按营业收入指标排定的 2016 年江苏省百强民营企业(集团)名单,2016 年,全省百强民企营业收入入围门槛为 107.2 亿元,比上年提高 14 亿元。入围企业年营业收入均超百亿元,以制造业和建筑业企业为主。

2. 鼓励外资投向先进制造业,促进制造业国际化发展

在《中国制造 2025 江苏行动纲要》中,江苏强调要提高利用外资水平。引导外资投向高新技术产业和先进制造业,加大力度吸引跨国公司在江苏设立地区总部和研发中心、营销中心、采购中心、物流中心等功能性机构,促进引资、引技与引智相结合。鼓励外资通过合资、参股、并购等方式参与省内企业改造和兼并重组,支持符合条件的企业境外上市。借鉴国家自贸区改革经验,积极探索对外商投资实行准入前国民待遇加负面清单管理模式,提升投资便利化水平,打造与国际接轨的营商环境。为巩固和增强在利用外资方面的优势,2017 年江苏正式出台《扩大对外开放积极利用外资若干政策的意见》,强调要提升制造业利用外资质量和效益。鼓励和引导外资投向高端制造、智能制造、绿色制造,积极打造先进制造产业链,利用外资改造提升传统产业,促进实体经济发展。

3. 推动金融支持先进制造业发展

2016 年 5 月,中国人民银行南京分行正式印发《江苏"金融支持制造业提质增效行动计划(2016—2020)"实施方案》,明确了江苏银

行业机构支持制造业转型发展的重点领域、总体目标和工作要求,为银行业机构做好制造业金融服务指明了方向。在此基础上,江苏省政府出台了《关于金融支持制造业发展的若干意见》,通过整合银行、证券、保险、创投、担保、小贷等资源,优化制造业转型升级的金融服务。在先进制造业方面,江苏不断完善科技金融组织体系、市场体系、扶持体系和服务体系,助力先进制造业创新发展。截至2017年年末,江苏全省制造业贷款余额1.6万亿元,同比增长3.9%,制造业融资占比与产业结构调整更趋吻合;全省主要金融机构对15个重点先进制造领域贷款余额3295亿元,同比增长18.1%,增速超过全部制造业贷款14.2个百分点。

三、发展战略性新兴产业

发展战略性新兴产业是抢抓全球科技和产业革命机遇、抢占未来发展制高点的重大举措,也是培育经济新动能、促进经济平稳增长的重要途径。近年来,江苏把发展战略性新兴产业放在突出位置,加强规划引导,强化政策落实,战略性新兴产业呈现出良好发展态势,产业竞争力不断增强,有力促进了江苏产业转型升级和经济发展方式转变。

(一) 江苏新兴产业发展历程

1. 四大新兴产业发展阶段(2006—2008)

2006年11月,江苏召开全省新型工业化会议,明确提出大力发展新能源、新医药、新材料、环保等新兴产业。12月,江苏发布《省政府关于加快推进新型工业化的意见》,提出培育壮大新能源、新医药、新材料和生物四大新兴产业。2007年,江苏新兴产业发展提速,光伏和风机制造产业链进一步完善,新材料、生物新产品开发活跃。光伏产业总产值达到260亿元,比上年翻一番。新材料产业实现产值3592亿元,在八大高新技术领域中列第二,仅次于电子及通讯设备制造业。生物医药产业实现销售总额670亿元,比上年增长56%。2008年在发生全球性金融危机的情况下,新能源、新材料、新医药和环保等新兴产业仍然保持了较高的增长速度,全年四大新兴产业实现销售收入同比增长40%左右。新兴产业成为江苏经济发展中的新亮点,为全省经济增长发挥了较好的支撑作用。

2. 六大新兴产业发展阶段(2009—2011)

2009年,在国务院发布10个产业调整和振兴规划后,江苏制定和实施电子信息、装备制造、石油化工等13个重点产业调整和振兴规划纲要,并研究制定了新能源(新能源汽车和智能电网)、新材料、生物技术和新医药、节能环保、软件和服务外包、物联网六大战略性新兴产业发展专项规划。同年,江苏重点培育和发展的六大新兴产业加速成长,年销售收入超过1.5万亿元,比上年增长26%,占全省工业主营业务收入的比重超过20%。六大产业中,在全国同行业中具有较强竞争力的企业超过60家,销售收入超过10亿元的企业50多家,拥有国家级高新技术产品的企业60多家。2010年,江苏省政府又出台《江苏省新兴产业倍增计划》,提出到2012年,六大新兴产业实现销售收入超3万亿元,年均增速超过30%,占规模以上工业销售收入的比重达30%,新兴产业领域企业研发投入占销售收入的比重超过3%。2011年,六大新兴产业销售收入2.61万亿元,占规模以上工业销售收入的比重为24.4%。新兴产业正在成为江苏经济新的增长极和产业升级新的动力源,在全国也具备了一定优势。

3. 十大战略性新兴产业发展阶段(2012—)

2011年12月,发布《江苏省"十二五"培育和发展战略性新兴产业规划》,针对国内外发展环境的变化,根据江苏经济基础、产业优势和未来发展趋势,提出要在"十二五"期间重点发展新能源、新材料、生物技术和新医药、节能环保、新一代信息技术和软件、物联网和云计算、高端装备制造、新能源汽车、智能电网和海洋工程装备等十大战略性新兴产业,使其成为引领国民经济发展的先导产业和支柱产业。2012年6月,《江苏省"十二五"战略性新兴产业推进方案》正式出台,详尽分析了十大战略性新兴产业发展现状,提出了"十二五"发展目标。9月,又出台《江苏省战略性新兴产业发展指南》,确定了十大战略性新兴产业中的40项重点领域。2014年,《江苏省战略性新兴产业重大工程实施方案》出台,提出到2016年,通过实施15项重大工程和28个重点专项,促进江苏产业创新能力大幅提升、国际分工地位稳步提高、引领带动作用显著增强,为全面完成"十二五"战略性新兴产业规划目标任务提供保障,为"十三五"发展提供支撑。2016年,又发布《江苏省"十三五"战略性新兴产业发展规划》,提出了"十三五"江苏新兴产业发展目标。

(二) 江苏发展战略性新兴产业的初步成果

1. 产业规模增长迅速

"十二五"期间,江苏制定了新兴产业"五年发展规划"和"十大推进方案",实施新型平板显示、新能源集成应用、关键材料升级换代等15项重大工程和28个重点专项。经过自主培育、政府引导、市场选择,探索出"1+X"新模式,即每个地方确定1个最拿手的新兴产业重点突破,再根据自身基础合理发展其他新兴产业,不贪大求全,避免同质化。特别是苏南国家自主创新示范区获批后,更有利于跨区域联动发展,实现资源最优配置。南京的软件和智能电网、苏州的纳米技术及其材料应用、无锡的物联网和云计算、常州的智能制造装备、南通的海洋工程装备、连云港的新医药、徐州的新能源、镇江的新材料,以及宜兴的水污染处理、昆山的光电产业,都形成了优势和特色。从总体规模来看,2010年江苏战略性新兴产业实现销售收入20647亿元;2016年销售收入达到4.89万亿元,约为2010年的2.4倍,占规模以上工业产值比重超过30%;2017年销售收入占规模以上工业产值比重达31%,比上年提高0.8个百分点。新材料、节能环

苏州纳米城

保、新能源等产业规模居全国第一,光伏产业占全国比重近50%。

2. 产业创新能力不断增强

知识技术密集是战略性新兴产业的特征,专利很大程度上反映了产业技术创新活力及质量。2011—2015年,江苏十大战略性新兴产业累计发明专利申请(公开)达到16.5万件,获得授权3.9万件,占全省同期发明专利申请和授权的比例分别为25.8%和38.6%。新能源、新材料、生物技术和新医药、节能环保、智能电网、高端装备制造等产业发明专利申请量位居全国前列。累计建成战略性新兴产业国家和省级以上创新平台超2300家,江苏省未来网络创新研究院牵头承担未来网络试验设施国家重大科技基础设施项目,实现了国家重大科技基础设施在江苏零的突破。

3. 产业集聚效应显著

截至2017年年底,江苏国家高新区总数达18家,位居全国第一,成为全国首个实现国家高新区设区市全覆盖的省份。江苏国家火炬特色产业基地数量全国第一,已实现省辖市全覆盖,涉及新能源、新材料、生物医药、信息技术、高端装备制造、节能环保等多个新兴产业领域。2014年获批的苏南国家自主创新示范区是我国首个以城市群为基本单位的国家自主创新示范区,由8个国家高新区和苏州工业园区组成,横跨南京、无锡、常州、苏州、镇江5个国家创新型试点城市。目前在纳米技术、医疗器械、智能装备等领域,启动建设首批3个省产业技术创新中心,加速培育产业创新核心引擎,打造产业技术创新增长极。产业集聚效应明显,国家和省级经济技术开发区、高新技术产业开发区、国家高技术产业基地、国家新型工业化示范基地等各类载体上集聚了60%以上的战略性新兴产业产值,形成了一批产值超千亿元的新兴产业集群,有力支撑了产业转型升级。

(三) 江苏发展战略性新兴产业的主要经验

1. 加强规划引导,超前进行战略部署

战略性新兴产业代表新一轮技术革命和产业变革的方向,对经济社会发展全局具有重要的带动引领作用。面对全球产业变革新趋势和自身发展需要,江苏深刻把握世界新一轮科技革命和产业变革历史机遇,按照构建现代产业体系的总要求,按照中央提出的突出先导性和支柱性、做实做强做大和打造集群的要求,先后制定了战略性新兴产业发展规划和十大推进方案等规划部署,力求在高端环节和核心技术上全力攻关突破,在重大工程项目和新产品培育上加强示范应用,在创新要素和区域布局上注重集聚集约,强化政策落实,深化体制改革,强化对战略性新兴产业发展的顶层设计,超前部署,打造具有全球影响力的战略性新兴产业高地。

2. 加大财政投入和金融支持

江苏省政府 2004 年起就设立了科技成果转化专项资金,资金规模从每年 3 亿元逐年增加到 10 亿元,专门用于支持科技成果转化以培育新兴产业。2008 年在受国际金融危机影响财政减收增支的情况下,江苏省政府还建立了 50 亿元再担保资金、20 亿元产业发展专项资金,以解决科技型中小企业发展和高新技术项目建设的资金困难。2010 年,江苏利用创业投资引导基金 30 多亿元支持六大新兴产业发展。《江苏省"十三五"战略性新兴产业发展规划》提出,继续设立并发挥好省级战略性新兴产业发展专项资金作用,成立江苏省战略性新兴产业发展投资基金,江苏省政府投资基金、新兴产业投资基金、工业和信息产业投资基金等战略性新兴产业重点领域符合条件的项目优先列入投资计划。

3. 注重培养新兴产业人才

从2006年起,江苏在全国率先设立"高层次创业创新人才引进计划",投入专项资金20亿元,引进各类高层次人才6000多名、创新团队840多个,其中相当一部分拥有自主知识产权成果。2010年,江苏重点面向战略性新兴产业发展需求,启动"科技创新团队"引进和建设计划,每年从引进的团队中确定8—10个"科技创新团队"予以重点资助。其中,具备世界先进水平的科技创新团队,将采取一次审定方式,连续三年给予每年1000万元的科技项目经费资助;达到国内顶尖水平的科技创新团队,连续三年给予每年500万元的科技项目经费资助。如属世界一流水平的重要杰出团队,将采取专项论证的方式,给予特别支持。资助的重点是符合江苏新兴产业发展需求,在高端发展领域已取得杰出成绩或具有显著创新潜力,主要从事产

江苏省电力公司电力科学研究院高级技师朱洪斌在他的
劳模创新工作室工作(江苏省总工会供图)

业技术研发并有望突破核心技术和实现产业技术跨越的优秀创新团队。2017年,江苏出台《关于聚力创新深化改革打造具有国际竞争力人才发展环境的意见》,共26条,从人才培养、引进、使用、保障机制和加强党管人才等五个方面入手,打造具有国际竞争力的人才发展环境。

四、大力发展服务业

江苏积极落实中央和省委、省政府关于服务业发展的决策部署,聚力创新,服务民生,大力发展现代服务业。在2015年首次实现产业结构"三二一"的转变之后,服务业已经成为江苏经济发展的重要支撑产业。

(一) 改革开放以来江苏服务业发展历程

1. 服务业起步阶段(1979—1991)

1979年11月,江苏省委根据江苏地理位置优越和交通运输条件好、经济虽较发达但内外贸易不适应的特点,提出要在生产发展的基础上,大力发展内外贸易。同年,江苏按照建立具有中国特色的社会主义商业体制的目标,在国营商业的经营体制和管理体制方面进行了初步改革,江苏商业、运输、邮电、金融业等服务业迅速扩张。在这一阶段,江苏服务业以传统服务业为主,批发和零售贸易餐饮业、运输邮电业、金融保险业是服务业中的主导业态。1991年,三者占江苏服务业的比重分别是30.3%、17.4%和16.8%。1979—1991年,服务业占地区生产总值的比重由17.88%提升到28.87%。

2. 服务业平稳发展阶段(1992—2001)

1992年6月16日,中共中央、国务院作出《关于加快发展第三产业的决定》,提出"加快改革开放步伐,集中精力把经济建设搞上去,按照国民经济和社会发展十年规划和第八个五年计划的要求,必须使第三产业有一个全面、快速的发展"。1992年9月19日,江苏省委、省政府发出《关于放手发展第三产业的实施意见》。其指导思想是:解放思想,转变观念,确立社会化、现代化大生产和社会主义市场经济的观念,充分认识第三产业的加快发展是生产力提高和社会进步的必然结果,第三产业的发展水平是衡量现代社会经济发达程度的重要标志。因此,这一阶段,江苏服务业全面发展,2001年江苏服务业实现增加值3522.02亿元,占地区生产总值比重达到37.03%;批发和零售贸易餐饮业、运输邮电业、金融保险业、房地产业是服务业的主要行业,四个行业占江苏服务业的比重分别为27.1%、18.3%、12.8%、11.2%。

3. 服务业加快发展阶段(2002—)

2002年,江苏省政府出台《关于加快发展服务业的意见》,明确了服务业的发展重点:连锁经营、现代物流业、信息服务业、旅游业、房地产业、金融业、中介服务业、社区服务业、会展业,积极拓宽服务业发展领域。2001—2005年,江苏服务业增加值年均增长12.7%,2005年江苏服务业增加值占地区生产总值的比重达到35.4%,服务业从业人员比重为34.2%。2005年6月,江苏省委、省政府先后发布了《关于加快发展现代服务业的若干政策》《关于加快发展现代服务业的实施纲要》等文件,为推动现代服务业发展提供了目标、方向、政策等支撑。2006—2010年,江苏服务业增加值年均增长14.4%,增速高于国民生产总值年均增速0.9个百分点,服务业增加值占地区生产总值的比重年均提高1个百分点。2010年,全省实现服务业增加值16731.4亿元,服务业增加值占地区生产总值的比重达

40.9%。2010年,江苏先后发布了《江苏省服务业提速计划》《省政府关于印发进一步加快发展现代服务业若干政策的通知》,对服务业发展提出了新的要求。2011年,《省委省政府关于进一步加快发展现代服务业的若干意见》《省政府办公厅关于加快发展家庭服务业的实施意见》《省政府办公厅转发省邮政管理局关于规范和加快发展快递服务业意见的通知》制定出台。2012年,《江苏省"十二五"服务业发展规划》《江苏省现代服务业"十百千"行动计划(2012—2015)》制定出台。2014年,江苏陆续制定了《省政府关于加快发展养老服务业完善养老服务体系的实施意见》《省政府关于加快健康服务业发展的实施意见》《省政府办公厅关于促进快递服务业健康发展的实施意见》《省政府关于加快发展现代保险服务业的实施意见》。2015年,江苏又制定了《省政府关于加快发展生产性服务业促进产业结构调整升级的实施意见》《加快科技服务业发展的实施方案》。2017年,《省政府办公厅关于提升社区物业服务水平促进现代物业服务业发展的指导意见》出台。这些政策措施的制定,显示了江苏省委、省政府对现代服务业发展的重视程度越来越高,指导也越来越全面。2015年,江苏服务业占地区生产总值的比重首次超过第二产业,产业结构实现了由"二三一"向"三二一"的标志性转变。

(二) 江苏服务业发展现状

1. 发展迅速,总量规模不断提升

2017年,江苏服务业增加值为43169.4亿元,总量上仅次于广东,高于上海、浙江和山东。从增速上来看,2017年江苏服务业同比增长8.2%,增速不仅显著高于全国平均水平,也高于上海,显示出江苏服务业强劲的发展势头。

2017年江苏、上海、浙江、山东、广东五省市服务业发展水平比较

地 区	增加值(亿元)	增速(%)	占GDP比重(%)
江苏	43169.40	8.2	50.3
上海	20783.47	7.5	80.0
浙江	27279.00	8.8	52.7
山东	34876.30	9.1	48.0
广东	47488.28	8.6	52.8
全国	427032.00	8.0	51.6

资料来源:全国及各省市2017年国民经济和社会发展统计公报。

2. 占GDP份额进一步上升

从服务业占GDP比重来看,江苏服务业在改革开放以后总体上呈现出不断上升的势头。2015年开始,服务业占GDP比重超过第二产业。2017年第三产业占GDP比重达到50.3%,高于第二产业5.3个百分点。

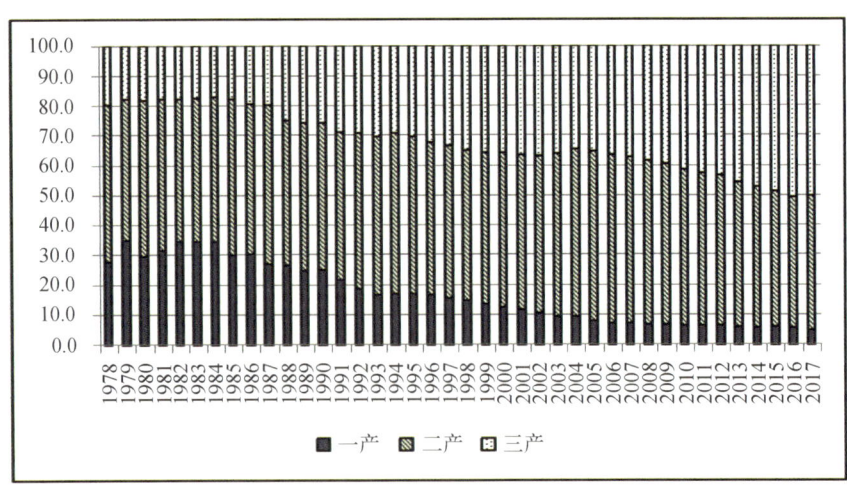

江苏产业结构变化图(%)
资料来源:根据历年《江苏省国民经济和社会发展统计公报》数据整理。

3. 内部结构不断改善

近年来服务业内部结构也在不断改善,信息传输、软件和信息技术服务业,文化、体育和娱乐业,租赁和商务服务业等行业,增速远高于服务业平均增速。除批发和零售业,交通运输、仓储和邮政业,住宿和餐饮业这几个传统服务业增速较为平稳以外,其他服务业增速均高于江苏服务业平均增速。从所占比重来看,批发和零售业仍然是服务业中第一大产业,其次是金融和房地产业,占服务业比重均在10%以上。

(三) 江苏推动服务业发展的主要经验

1. 通过实施重点工程推动服务业发展

"十二五"期间,江苏组织实施了现代服务业"十百千"行动计划、生产性服务业"双百"工程、互联网平台经济"百千万"工程三大行动,有效推动了全省服务业优先发展。"十百千"行动计划以省政府文件形式下发,提出围绕金融服务、现代物流、科技服务、软件和信息服务、创意设计、商贸会展、文化教育、节能和环境服务、旅游健康以及传统服务业转型升级十大重点产业领域,强化百个服务业重大项目示范带动作用,每年新增千亿元社会投资;推动百个省级现代服务业集聚区提档升级,每年新增千亿元营业收入;培育百家创新型服务业领军企业,户企年均利税达到千万元水平,促进服务业产业结构层次、集聚区发展水平、企业创新能力、城市服务功能和居民消费水平"五个提升"。到"十二五"末,"十百千"重大项目共完成投资总额3279.5亿元,年均1093.17亿元,超过计划的千亿元。同时,自2012年起,江苏省发改委启动"省服务业创新百企示范工程",按照《江苏省服务业创新百企示范工程实施方案》要求,经过层层筛选,首批21

家创新示范企业于2013年出炉。到"十二五"末,全省共有106家企业被评定为"江苏省服务业创新示范企业",行业涉及"十百千"行动计划的十大服务业重点行业,同时涵盖了包括机器人智能制造、电子商务、人力资源管理、木结构建筑节能、家电下乡、农机网上交易等新出现的业态和门类。集聚区方面,全省拥有125家省级现代服务业集聚区。

2. 通过改革试点为服务业发展创造良好的制度环境

2012年8月,江苏省政府办公厅转发《江苏省省级服务业综合改革总体方案》,全省各地积极响应,共有11个省辖市的19个县(市、区)或开发区报名,争取进入第一批试点单位。江苏省发改委为此专门制定了《省级服务业综合改革试点区域确定办法》,成立了专家咨询指导委员会,经过初步审查、专家评审、现场考察、综合平衡、审核批复等流程后确定入选名单。2013年3月,江苏省政府办公厅下达《关于开展首批省级服务业综合改革试点工作的通知》,明确张家港市、无锡市滨湖区、徐州市云龙区、常熟高新技术开发区、宿迁市湖滨新城和淮安现代商务集聚区为首批省级服务业综合改革试点单位,并于当年的促进现代服务业发展暨"十百千"行动推进大会上正式宣布。加上2010年由国家发改委确定的国家级服务业综合改革试点单位南京市,全省共有7个服务业综合改革试点单位。在试点期内,各试点单位均取得了较大成效。

3. 加强服务业发展资金支持力度

为促进和鼓励全省服务业的发展,江苏设立了省级服务业引导资金。早在2012年,省财政就安排各类各项引导资金15.56亿元,有力地支持了现代服务业发展。但如果仅仅是无偿补助,财政资金难以发挥更大效用。2015年起,江苏省发改委与省财政厅推动引导资金使用改革,将无偿使用改为设立服务业发展基金、提供贷款担保和重点补助相结合,放大了公共财政资金使用的乘数效应,带动了更大规模的社会资金投入服务业发展。苏州也不断创新政府引导资金使用方式,从单纯的补贴方式转向"拨改保""拨改投",形成服务业创投基金和担保基金,带动25倍的社会资金投入。

第四章
"三农"问题的江苏解答

务农重本,国之大纲。我国改革从农村起步,党中央、国务院不断推进农业体制改革深化,持续加强惠民富民政策力度,带领广大农民群众凝心聚力、奋发进取,农业现代化建设取得了巨大成绩。党的十八大以来,我国坚持协调推进农业现代化与新型城镇化,以推进农业供给侧结构性改革为主线,围绕农业增效、农民增收、农村增绿,加强科技创新引领,加快结构调整步伐,加大农村改革力度,提高农业综合效益和竞争力,农村全面小康建设迈出更大步伐,乡村振兴呈现新的发展面貌。江苏与全国同步,改革开放之路始于"三农"领域。40年来,江苏人民用勤劳和智慧积极探索对"三农"问题的江苏解答:在"三农"领域较早地全面实行以家庭承包为基础,统分结合的双层经营体制;积极开展农产品流通体制改革;率先发展极具特色的乡镇企业;较早地开展农村税费改革;大力推进统筹城乡发展;探索乡村地区绿色发展等一系列创新举措。江苏农村改革取得的重大突破和突出成就被社会各界所认可,一批改革创新的有益经验在全国产生了重大影响。展望未来,在习近平新时代中国特色社会主义思想的指引下,江苏将深入推进乡村振兴,继续攻坚"三农"难题,为高水平全面建成小康社会提供强有力支撑。

一、 从传统农业向农业现代化迈进

改革开放的 40 年,是江苏农业飞速发展的 40 年。在这 40 年里,江苏的农产品供给数量和结构都发生了根本性的变化,农业发展方式正从传统小农经济向市场化、高效化、规模化、机械化、生态化的现代农业发展方式转变。这些巨大成就与转变,与 40 年来江苏在农村土地制度、农业经营制度以及农业金融、科技等领域发生的重大变革息息相关。这些改革举措择机而施,适时破除了加诸农业发展的重重枷锁,解放了生产力,创造了江苏农业的辉煌。

(一) 江苏农业发展取得的主要成就

改革开放 40 年,江苏逐步实现从传统农业向现代农业的过渡:以"优质的粮油业、高效的园艺业、规模的畜牧业、特色的水产业、先进的加工业、活跃的流通业、多彩的休闲观光业"为重点的现代农业产业体系初步建立;以农户家庭经营为基础、合作与联合为纽带、社会化服务为支撑的立体式复合型新型农业经营体系加快形成;科教兴农作用日益凸显,2017 年江苏农业科技进步贡献率达到 67%,高于全国平均水平 9.5 个百分点,居全国各省份第一;高标准农田比重稳步提高,农田水利设施不断完善,农业机械化全程推进,农业智能化势头强劲,基础设施与物质装备水平迅速提升;农业地方性法规体系不断完善,农业依法行政深入推进,干部群众依法办事意识明显增强,农业法治建设和农业行政执法全面加强;农业标准化快速推进,农产品质量监管有力,农产品品牌效应初显,农产品质量安全水平稳步提升;农产品国际贸易稳步发展,农业利用外资结构优化,外向农业发展速度加快;农业废弃物资源化利用程度提高,农业资源环境保护日趋加强,生态农业建设协调发展。从1978年到2017年,江苏粮食总产由2400.65万吨增长到3539.8万吨,全省猪牛羊肉类产量由94.64万吨增长到335.4万吨,水产品总产量由39.76万吨增长到520.1万吨。由"以粮为纲"的单一结构转向"米袋子""菜篮子"协调发展,果蔬肉鱼类产品产量大幅增长,农业与林牧渔业产值比例由改革开放之初的4∶1降低至1∶1左右。

(二) 江苏农业发展的历史轨迹与主要做法

1. 破题与启动期(1978—1988)

在这一阶段,家庭联产承包责任制全面推行与完善,多种经营迅猛发展,流通体制改革开始破题。农村生产力得到极大的解放,农业结构开始由单一走向全面发展,多渠道流通体制开始形成。从1979年和1980年开始,江苏试点大宗作物联产计酬,淮阴地区最早搞起"包干到户";1981年泗洪县的做法得到《人民日报》肯定,1982年的中央一号文件全面肯定了包产到户、包干到户;1982年和1983年包产到户、包干到户在全省全面推开;到1984年,江苏农林牧渔业总产值达253.8亿元,比1978年增长1.4倍;粮食连续跨越2500万吨、3000万吨两个台阶,1984年达历史最高3353万吨;棉花产量也达到历史最高纪录,其他农产品产量显著增长。1986年起,为了进一步解决家庭联产承包责任制"分得过多,统得不够"的问题,全省开展了健全村级合作经济组织和加强服务体系建设工作,苏南等经济发达地区开展了"五有六统一"服务,即农业服务有健全的组织、有固定的人员、有配套的农机、有完善的设施、有规范的制度;以村为单位统一作物布局、统一留种供秧、统一机械作业、统一水浆管理、统一防病防虫、统一肥药供应;并针对承包土地过分零碎的情况,进行了"大稳定、小调整"工作,巩固和完善了家庭联产承包责任制。1987年,国务院批准了江苏申报的在苏南建立以土地适度规模经营为主题的农业现代化试验区,为进一步探索农业现代化的发展埋下伏笔。

与此同时,伴随着粮棉等主要农产品出现供过于求的现象,江苏在"绝不放松粮食生产,积极发展多种经营"的方针指导下,开始对农业结构开展合理的调整,由单一的种植业向农林牧副渔全面发展、工商运建服综合经营的方向转变。从1978年到1987年,林牧副渔总产值占大农业总产值的比重由19.6%上升到32.2%;经济作物的播种面积比重由1978年的10.6%上升到1989年的14.2%。多种经营不仅丰富了农产品的供应,也缓解了粮棉等大宗农产品的市场波动和自然灾害给农民带来的负面影响。在1985年中央一号文件改革农产品统购统派制度,实行合同定购和市场收购双轨制,并开放水产、果茶等农产品价格的精神指导下,江苏开始了农产品流通渠道的改革。在农产品流通领域,国营、集体、个体、私营、联营和其他类型的商业快速发展,出现了长途贩运"百万雄鸡下江南"的壮丽场景,也为农工商一体化、产供销一条龙的农业产业化经营打下了基础。

2. 调整与提高期(1988—1998)

这一时期,江苏的农产品购销体制进一步改革,产供销一条龙、贸工农一体化的产业链开始出现,农产品市场网络基本形成,全省农业产业化经营进入新的发展阶段。1992年江苏省委、省政府作出对主要农产品购销体制进行改革的重要决策;1993年开始,在苏南5市和南通取消夏粮定购任务,开放价格,在其余5市进行粮食放开试点,并实行减购压销,全省全部取消油料定购任务;1994年,全省全面放开粮油价格和经营,普遍推行购销合同制,定购计划内粮食执行全国统一收购价,计划外价格随行就市;1995年,确立"米袋子"省长负责制,明确定购任务,实行价外补贴。同期,国营商业和供销社改革进一步深化,农村集贸市场、批发市场迅速发展。到1995年年末,城乡集贸市场总数达4711个,其中农副产品批发市场322个,是1990年的3.6倍,至此农产品市场网络基本形成。

与此同时,上一阶段出现的农业产业化雏形,也在这一阶段通过产供销一条龙、贸工农一体化的产业链得到进一步发展。在政策指导方面,1995年在全省贸工农一体化经验交流会上,就提出了要逐步建成"稳定的种植业、发达的养殖业、一流的园艺业、先进的加工业、活跃的流通业";1997年在农业产业化经营会议上,江苏省委、省政府对农业产业化进行了全面部署,明确了发展思路、目标和政策。通过大力实施龙头带动战略,这一时期江苏的贸工农一体化经营组织出现了公司+农户、市场+农户、专业协会+农户等多种形式,推动了专业化、区域化生产,促进了农产品附加值的提高,增强了农户的市场竞争力。

3. 强农惠农的黄金发展期(1998—2008)

这一时期,"三农"问题开始引起党中央的高度重视,中央一号文件重新回归农业,提出了"工业反哺农业、城市支持农村",并提出对农业发展要"多予少取放活"的六字方针。在这样的政策背景下,江苏作为农业和农村改革的先行区,农村税费改革加快进行,土地制度和金融制度改革启动,高效农业加速发展,一大批强农惠农政策推动江苏的农业发展进入黄金时期。在所有的惠农强农政策中,最直接显效的当属农村税费改革和强农惠农政策支持。江苏的农村税费改革从2000年开始试点,2001年率先自费推开,2002年和2003年逐年降低"两工"和以资代劳,取消农业特产税,2004年降低农业税税率以及部分地市免征农业税,2005年比全国提前一年实现了全省免征农业税。全省农民的税费负担总额也从2000年的91.36亿元,下降到2001年的47.8亿元、2003年的38.9亿元,到2005年直接免除当年共计约32亿元的农业税总额,省财政对经济薄弱地区免除农业税的转移支付增加到23亿元。各项强农惠农政策的力度也不断加大,从2004年开始实行粮食直补、良种补贴、农机补贴、农资综合补贴等;省财政支持"三农"的资金年年增长,2006年为181亿元,2007年为230亿元,2008年增加到290亿元。这一系列的减负和支持政策极大地调动了农民进行农业生产的积极性,从2004年开始粮食连续四年增产,农民收入持续以两位数的速度增长。

与此同时,对农村土地制度和金融制度的调整与改革,也为农业现代化的进程奠基和蓄力。首先是土地制度。按照中央要求,1997年江苏开始了土地的二轮承包工作,在稳定土地承包关系、保障农民土地承包经营权益的同时,开始积极稳妥地推进多种形式的土地承包经营权流转,发展农业适度规模经营。对于林业产权制度,按不同的情况实行均包、均股、均利,极大地调动了农民和全社会种树造林的积极性。其次是金融制度。针对农村合作基金会资金运用不规范、政府干预严重、产权不明晰的问题进行全面整顿,到2000年,全省共有360个农村合作基金会并入农村信用社县联社,1200个清盘关闭。同时,率先进行农村信用合作社改革的试点,并加强农行、农发行以及其他金融机构的支农信贷。2004年开展政策性农业保险试点,2007年承保的水稻、小麦等种植面积占粮食作物播种面积的70%。

就农业的总体发展方式而言,江苏根据省情实际,开始探索走出一条高效、外向、生态的现代农业之路。坚持科技带动,提高农业科技含量,提高土地产出率。从 1997 年起,江苏大力实施农业品种、技术、知识三项更新工程,引进、开发和推广了一大批农业新品种、新技术。到 2007 年,全省农业科技贡献率已经达到 55%,高出全国 10 个百分点。同时,加强农田水利等基础设施建设,加强耕地保护,提高耕地质量,加大农业资源开发和土地整理力度,深入推进农业结构战略性调整,发展高效农业,发展适度规模经营,全省的农业综合生产能力和综合竞争能力大大提高。从 2004 年到 2007 年,江苏粮食总产量从 2829 万吨增加到 3130 万吨,亩均效益在 2000 元以上的种植面积占全省耕地总面积的 28.3%。

4. 向农业现代化全面迈进(2009—　)

近十年来,江苏加快土地流转,积极培育新型农业经营主体,加强在物质装备和科技研发方面的投入,强化农业生态环境的保护与治理,鼓励支持新业态的开发,全省农业现代化进程全面加速推进。农村土地承包经营权确权登记颁证按时完成。2009 年,按照农业部的统一部署,江苏选择海门市常乐镇颐生村开展农村土地承包经营权登记试点工作;此后根据农业部试点工作"提质扩面"的要求,逐步扩大试点范围;到 2017 年年底为止,全省确权颁证率为 95.1%,基本完成确权登记颁证整省推进试点任务。农村土地经营权流转有序进行。到 2017 年年底,全省承包地流转面积 3113 万亩,流转比例达 60%,比全国平均的 28.1% 高出一倍多。逐步构建起立体式复合型现代农业经营体系。2017 年年底,全省家庭农场 4.42 万家,数量在全国居于前列,其中各级示范家庭农场数量超过 7000 家;在工商部门注册的农民合作社总数达到 8 万个。此外,江苏一些地区还探索了土地股份合作社、集体农场等创新的集体经营模式,农业产业化龙头企业也蓬勃成长,成为带动农户、农民合作社参与市场竞争的重要载体和带动现代农业发展的骨干力量。

江苏着力加强高标准农田建设,完善农田水利设施,推进农业机械化,发展智慧农业。2009年,江苏就率先制定印发省级高标准农田建设标准;2010年以来,统筹推进高标准农田建设,并启动高标准农田上图入库;开展耕地质量提升行动,从土壤改良与培肥入手,重点开展土壤养分平衡、土壤有机质提升和土壤污染的防控等。截至2017年年底,全省建成高标准农田面积4000万亩以上,占耕地比重从2008年的35%提高到2017年的59%。在农田水利设施建设方面,以农村河道疏浚整治为抓手,着力构建农田引排河网水系;以灌区续建配套为重点,着力健全农田灌溉保障体系;以小型农田水利重点县为载体,着力打通农田田间灌排工程体系。2017年,全省有效灌溉面积为6197.82万亩。在农业机械化和智能化方面,水稻、小麦等主要农作物基本实现全程机械化,设施农业机械应用水平不断提

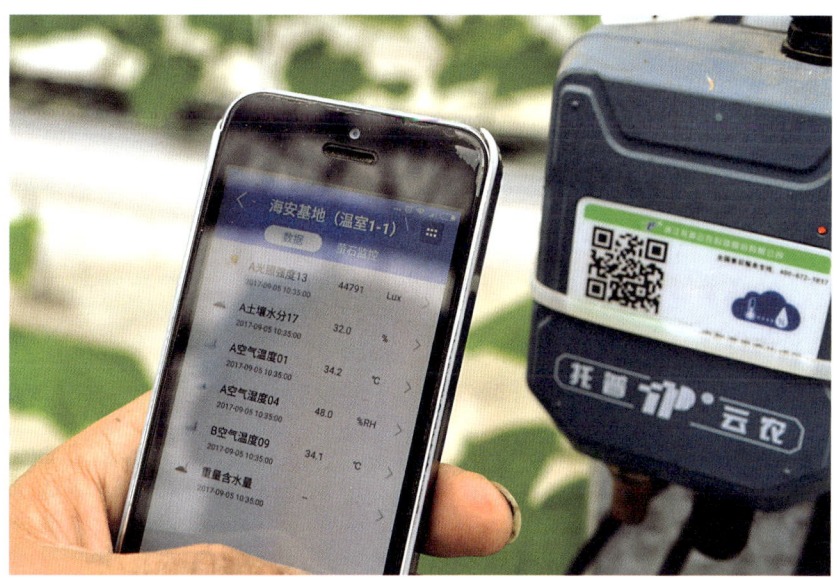

智慧农业智能监控系统(江苏省农委供图)

升,并在此基础上进一步推进农业由机械化、自动化向智能化生产方式转变。目前,江苏的智慧农业主要运用于畜禽水产养殖、设施园艺、大田种植、农产品质量监管和农业指挥调度等领域,具有较强的实用性和前瞻性。

农产品质量安全水平稳步提升。截至 2014 年年底,全省先后制(修)订农业地方标准 2034 项,无公害农产品、绿色食品、有机农产品和农产品地理标志产品有效数超过 8 万个。全面建立了省市县乡四级农产品质量安全监管体系,针对影响农产品质量安全的一些突出问题展开专项整治行动,监管工作保障水平进一步提升。

加强生态农业和绿色农业建设,促进现代农业与资源环境协调发展。"减量化",即实施化肥农药减量使用行动。全省化肥使用量 2013 年较 2005 年下降 4.1%,2015 年较 2010 年下降 13.2%。"再利用",即形成多途径消化利用农业废弃资源,主要包括畜禽粪便和稻麦秸秆。江苏积极落实国家环保部于 1999 年出台的《秸秆禁烧和综合利用管理办法》,于 2000 年在全省划定秸秆禁烧区,约占全省总面积的 37%;同时注重秸秆综合利用,于 2003 年出台《关于加快推进秸秆综合利用若干政策措施》,2017 年全省秸秆综合利用率达 92%。江苏已初步形成了以秸秆还田肥料化为主,能源化、饲料化、基料化等综合利用的新格局。

创意休闲农业、"互联网 +"农业等新兴业态不断呈现。经过二十余年发展,江苏休闲观光农业从自发经营到逐步规范,从分散经营到相对集中,从内涵单一到功能拓展,逐步成为现代农业的重要内容。近年来,全省以新农村建设、生态文明建设和美丽乡村建设等为重点,强化示范、规范管理、提升内质、培育品牌、扩大宣传,加快推进全省休闲农业持续健康发展。另一方面,"互联网+"已成为江苏发展现代农业的新引擎。2017年,全省农产品网络销售额达364亿元,新创建部省级农业农村信息化示范基地约225个。这些新模式、新业态的出现,使得产业链条更加完整、农业功能更加多样、业态更加丰富、利益联结更加紧密、产城融合更加协调,农业竞争力明显提高,农民收入持续增加,农村活力显著增强。

二、建设新时代美丽乡村

改革开放40年来,江苏农村经济社会发生了巨大的变化,一个更现代化、更和谐、更美丽、更具活力的美丽新乡村正在逐渐形成。

(一)江苏农村发展取得的主要成就

在农村实行家庭联产承包责任制的基础上,江苏大力发展以工业为主的非农产业,建设小城镇,农村日趋繁荣;加快改善村庄环境面貌和农村生产生活条件,以治理生活垃圾、生活污水、乱堆乱放、河塘整治等为重点大力推进村庄环境建设,形成生态宜居、特色鲜明、遗存丰富的乡村风貌。

1. 农村公共服务显著提升

截至"十二五"末,1200万农民饮水安全工程全面完成,村级综合服务中心全面建成,为农服务社已覆盖80%的村,农村三级卫生服务网络、公共文化服务基础设施网络、人口计生优质服务网络基本形成。实现新型农村合作医疗、新型农村养老保险、农村最低生活保障、被征地农民基本生活保障"四个全覆盖"。全省行政村基本实现通电、通公路、通班车、通自来水、通电话、通有线电视、通互联网"七通"。

镇村公交车开进农村

2. 农村生态环境指数显著提升

2006年以来,江苏实施了村庄环境整治,从农民最关注、需求最迫切的道路、排水、垃圾收运和环境卫生等方面实施建设整治,农村生态环境得到显著改善。到"十二五"末,全省90%的自然村完成环境整治任务,逾八成村庄实现垃圾收运处置。在公共服务满意度民意调查中,村庄环境整治满意率位居第一,达到88%。

3. 农村精神文明指数显著提高

文明村镇、文明社区、文明家庭创建活动广泛深入。到"十二五"末,每个镇都有设施条件较好的文化活动中心,50%以上的镇建成文明镇,农村文明户和五好家庭参创率达到95%以上。切实加强农村民主法治建设,进一步健全了村党组织领导的村民自治机制,农民群众对村务公开满意率达到95%。

（二）江苏农村发展的主要做法与时代特征

江苏农村改革40年的成效,主要得益于农村广大干群奋发进取、求真务实的努力工作,在不同时期探索了很多成功的做法。

1. 农村改革激发农村发展潜力(1978—1988)

这一时期的主要特征是在农业上推行家庭联产承包制为主的改革。1978年至1980年,江苏70%的生产队实行人民公社时期的"小段包工、定额计酬"的评工计分办法;1981年至1982年,80%的生产队实行联产到组,20%的生产队实行包工不包产;1983年,全省96%的生产队实行联产承包制。实行后效果十分明显,粮食大增产,平均每年增产280万吨;节约了劳动时间,每个农户都能发展家庭副业和多种经营,农民人均纯收入每年增加15%—20%。这一时期江苏乡镇企业也异军突起,引发了乡村社会经济面貌的巨大变化,打破了"城市搞工业、农村搞农业"的传统二元分工格局。1984年江苏乡镇工业产值226亿元,1989年达到1113.84亿元,首次突破千亿元大关。

2. 推动农村经济社会协同发展(1989—1998)

这十年,随着乡村企业产权制度改革和经济结构调整,农村工业经营管理机制趋向优化,激发了企业所有者、经营者再发展的积极性,工业化、城镇化进程进一步加快,由此更强化了工业反哺农业、城市带动乡村的力度和广度。农村二、三产业特别是乡镇企业的迅速发展,有力地带动了小城镇发展。至1995年年底,全省小城镇已发展到2000多个(不含县机关所在镇),其中建制镇823个,比1979年增加了767个,小城镇建成面积近17万公顷,是1979年的2倍多。

这一时期,农村精神文明建设掀起热潮。以苏南经济发展地区为重点的小康文化建设取得了引人注目的发展。1995年,江苏省委省政府、中宣部等先后在张家港召开"两个文明一起抓""全国精神文明建设"经验交流会,推动了全省"两个文明"协调发展,促进了部分经济发达地区不失时机地向现代化目标迈进。

3. 以城乡统筹思维抓好新农村建设(1999—2008)

这十年,社区股份合作成为农村集体经济发展的新形式,全省上下以新农村建设为抓手,推进农村社区规划调整,学校、医疗、广电、饮水、环保等公共服务逐步向农村延伸和覆盖。一是着力推进镇村布局调整。江苏积极实施农村"三个集中",即农田向适度规模经营和现代都市农业规划区集中,推动农村土地集约开发;乡镇工业向开发园区和工业集中区集中,推动农村产业集聚;农民向城镇和农村新型社区集中,推动农村人口集中。2008年开始大力推进城乡规划、产业布局、基础设施、公共服务、劳动就业"五个一体化"和工业向园区、人口向城镇、居住向社区、农业向规模"四集中"。二是探索农村社区股份合作化运作。2000年,武进区牟家村社区股份合作社成立,随后无锡、苏州、常州等少数地区也开始尝试改革。到2017年年底,全省已成立5731家社区股份合作社,其中村级3780家,组级1951家,多数集中在苏南地区,同时各地还在股权流通、建立资产经营公司、并村联组改革等方面进行了积极有益的探索。三是农村基础设施和社会事业建设极大加强。2003年开始,先后组织实施农村五件实事、农村新五件实事,切实加强农村基础设施和社会事业建设,改善农村生产生活条件。2007年年底,江苏提前三年实现交通运输部提出的"到2010年东部沿海地区所有建制村通农村公路"的奋斗目标,全省农村自来水普及率达96.9%;解决了全省18.03万贫困农户的草危房问题;新型农村合作医疗覆盖面达到95%,人均筹资标准达76元。四是探索推行农民换股、换保、换房"三置换"。苏州作为全省城乡一体化的试点地区,探索了"三置换"做法,即农户在自愿的基础上,将集体资产所有权、土地承包经营权、宅基地及住房置换成股份合作社股权、土地股份合作社股权和城镇住房,获得较好的反响。到2008年,吸引了全市95.6%的农户参与,其中90%以上农户拥有股份,股金总额接近160亿元;2009年收益分红27.6亿元,基本实现"户户有资本、家家有股东、村村有物业、年年有分红",为缩小城乡差距提供了坚实经济基础。

新世纪以来江苏农村实施实事工程一览

年 份	主 要 任 务
2003—2005	农村改水、草危房改造、乡村道路建设、新型合作医疗制度、减轻农民负担"五件实事"
2006—2008	道路通达、教育培训、农民健康、环境整治、文化建设"新五件实事"
2009—2011	农村人才工程、农民健康工程、为农服务工程、农村文化工程、农村环境工程、脱贫攻坚工程"六件实事"
2013—2015	农村饮水安全、教育培训、卫生健康、交通出行、环境整治、文化建设、社会保障、脱贫奔小康"八件实事"
2016—	农村饮水安全、农村危房改造、农村交通出行、农村卫生健康、农村环境整治、农村教育培训、农村社会保障、农村文化建设、农村信息服务、农村脱贫致富奔小康"十件实事"

4. 以"美丽乡村"为抓手改善农村宜居环境(2009—2017)

这十年,江苏以"美好城乡建设行动"为抓手,以统筹城乡规划建设为有效途径,以全面推进村庄环境整治、普遍改善乡村人居环境为切入点,现代农村建设发展取得了显著成效。2008年,国家提出实施农村环境综合整治"以奖促治"政策,江苏充分利用中央农村环保专项资金,带动地方财政和社会资金,大力改善农村基础设施建设,实现村村通路、通邮、通水、通网。2011年,江苏启动"美好城乡建设行动",三年累计投入26亿元,在21个县(市、区)、217个建制镇、3200个行政村开展连片整治工作,近1000万农民群众直接受益;新建农村村内道路近6万千米,改厕200万户,河塘清淤6000多万方,村庄绿化900多万平方米,脏乱差的状况得到明显改观。2014年开始,重点抓好"四个建设,两个推动",即建设农村生活污水处理设施及配套管网,建设农村生活垃圾收集转运设施,建设非规模化畜禽粪便综合利用设施,建设氮磷生态拦截工程;推动开展村庄绿化、立面出新、河道清淤、道路硬化等村庄环境综合整治工作,推动建立落实农村环境基础设施长效运行管理制度。

江苏美丽乡村(李阳东摄,南京市档案局供图)

未来一段时间,江苏省委、省政府将在村庄环境整治、"美丽乡村建设"等行动的基础上,加快乡村振兴步伐,进一步推进城乡基本公共服务标准化,城乡融合发展的态势将日趋明显,农村生活品质将更高,生活环境将更宜人。一是特色田园乡村建设助推乡村复兴。根据《江苏省特色田园乡村建设行动计划》,规划建设和重点培育100

个"生态优、村庄美、产业特、农民富、集体强、乡风好"的特色田园乡村试点,并以此带动全省各地的特色田园乡村建设。二是农村基层民主迈上新征程,有效地化解基层矛盾,维护群众利益,促进农村社会和谐与文明进步。三是城乡融合更紧密,围绕促进资源要素在城乡间合理流动和优化配置,加快建立城乡统筹发展机制,以工业化致富农民、以城镇化带动农村、以产业化提升农业,努力实现农村和城市的共同繁荣。

三、千方百计让农民口袋鼓起来

改革开放 40 年来,江苏省委、省政府坚决贯彻执行党中央关于农村经济改革的一系列方针政策。通过实行家庭联产承包责任制,鼓励扶持乡镇企业发展,加快农村剩余劳动力转移,调整农业农村产业结构,统筹城乡一体发展,实施脱贫攻坚战略等一系列政策措施,千方百计拓宽农民增收渠道,不断提高农民收入水平,持续优化农民收入结构,全面改善农民生活水平。2017 年,江苏农村居民人均可支配收入达到 19158 元,位居全国第 5 位,农民整体生活水平向小康社会大步迈进。

（一）江苏农民增收取得的主要成就

江苏省委、省政府历来高度重视促进农民增收工作,特别是 2011 年明确将农民收入倍增作为居民收入倍增计划的重中之重,制定全省收入倍增计划实施方案。在一系列富民政策举措的综合作用下,江苏农民收入初步形成以家庭经营性收入为基础、工资性收入为重点、财产性收入和转移性收入比重稳步提高的农民收入快速增长长效机制,全省农民收入呈持续较快增长的良好态势。

1. 农民收入持续较快增长

一是农民收入总量实现从百元向万元的突破。1978年,江苏农民人均纯收入仅为155元,到1992年达到1060.7元,实现了从百元向千元的突破。2011年江苏农民人均纯收入首次突破万元大关,达到10805元,实现了从千元向万元的突破。2017年江苏农村居民人均可支配收入达到19158元,高出全国平均水平5726元,是全国平均水平的1.43倍。二是城乡居民收入差距和区域收入差距进一步缩小。2017年,江苏农村居民人均可支配收入增幅高于城镇居民人均可支配收入增幅0.2个百分点,连续七年高于城镇居民收入增幅。三是农民人均纯收入提前一年达到省定全面小康目标。江苏农民人均纯收入在2009年达到8004元,提前一年达到2003年省定全面小康目标(省定标准为8000元);按照国家公认的原贫困县标准,农村居民年人均纯收入低于2500元的贫困人口,在2011年比原计划提前一年全部脱贫。

2. 农民收入结构渐趋优化

从农民工资性收入、经营性收入、财产性收入和转移性收入四项收入的变化看,农民收入内部结构渐趋优化。一是工资性收入是农民增收的重要来源。2001年江苏农民收入结构中,工资性收入首次超过家庭经营性收入,占比达到48.1%。2017年,全省农村常住居民人均工资性收入达9513元,占当年人均可支配收入的49.7%。2010年以来,工资性收入占全部收入的比重持续保持在50%左右,是农民收入中最重要的组成部分。二是家庭经营性收入是农民增收的重要基础。从2001年开始,江苏农民家庭经营性收入占农民收入的比重持续下降,近年来稳定在30%左右。三是财产性和转移性收入是农民收入增长的重要补充。农民人均财产性收入和转移性收入这两项占全部收入的比重不高,但其增长速度较快,近几年增幅始终保持在20%左右甚至更高。2014年农民收入统计指标体系调整后,农民人均转移性收入占农民人均可支配收入的比重提高到15.3%,比指标调整前提高6.7个百分点;2017年,全省农村常住居民人均转移净收入为3345元。

(二)江苏农民增收的轨迹与时代特征

为了便于展示江苏农民收入增长的成功经验,我们把农村改革发展40年划分为四个历史阶段,即1978—1988年、1989—1996年、1997—2008年、2009—2018年。这样能够准确评述江苏农民收入增长的轨迹和时代特征,认识和把握江苏农民收入未来发展方向。

1. 江苏农民收入进入快速稳定增长期,是解决温饱问题的关键时期(1978—1988)

改革开放后的第一个10年,是江苏农业农村经济发展的高峰期,是人均占有粮食最多的时期,是农民总收入快速稳定增长期,是乡镇企业快速发展期,是城乡收入差距最小的时期,是绝大部分农民解决温饱问题的关键时期。从改革开放发展时序和改革政策实施效果来看,第一个10年又可具体分为两个阶段。

(1)1978—1984年,农民收入极快增长阶段。这一阶段,江苏大力推行农村家庭联产承包制,农民的劳动积极性大增,农业农村经济和农民收入取得了辉煌的成绩。一是农产品供给从供给不足向满足温饱跨越。粮食总产量从240亿千克增长到335亿千克;人均粮食占有量首次突破千斤,达到545千克;粮食等重要农产品从长期短缺转变为丰年有余,1984年甚至出现了较大范围的农产品难卖问题。二是农民人均总收入实现快速增长,绝大部分农民初步解决温饱问题。6年间,全省农民人均纯收入从1978年的155元增加到1984年的447.9元,是改革开放40年来增长最快的时期。三是乡镇企业开始大量出现,农民开始出现非农就业。1978年,江苏乡镇工业吸纳农业剩余劳动力249.09万人,1984年吸纳435.46万人。1984年,农民人均非农收入所得62.4元,占人均纯收入的13.9%。

(2) 1985—1988年,农民收入稳定增长阶段。这一阶段,改革开放进入全面探索时期,前期农村改革释放的巨大动能逐步衰减,加之部分农业经营制度尚未完成市场化转变,江苏农业生产进入徘徊期。农村产业开始出现多种经营发展的态势,同时,农产品相对富余以及农村剩余劳动力的持续释放,又使得乡镇企业能够快速发展,这一时期农民收入总体依旧呈现上涨态势,但增速显著低于前一阶段。农民收入结构中,农业经营收入进入徘徊期,非农收入占比开始大幅提高,农民收入货币化程度进一步提升。1988年,以农业为主的农民家庭经营纯收入的比重由1984年的68.8%下降到63.1%。同期,农民在乡镇企业的收入开始大幅上升,年均增长27.6%,远高于同期农民人均纯收入的增速。农民总收入中,现金货币收入比重由1984年的65.8%提高到1988年的78.6%。

2. 江苏农民收入进入增长调整期,是从解决温饱向小康社会迈进的开创时期(1989—1996)

这一时期,受全国整体经济发展趋势的影响,江苏城市经济得到较快发展,而农村经济处于缓慢发展期。加之城乡二元结构明显,农业农村发展缺乏协调性,"三农"问题开始日益凸显。同期,农民收入整体进入增长调整期,在部分时段出现波动。

(1) 1989—1991年,农民实际收入水平出现下降。1989年前后,受农资价格上涨过快的影响,农民出现增产少增收甚至不增收的情况。这一时期,由于农副产品收购部门资金不足,存在打白条现象,农民现金收入占总收入比重从1988年的78.6%下降到73.5%,农民现金收入增速由1988年的26%下降到1990年的-5.2%。同期,1989年开始对乡镇企业进行大范围整顿,致使乡镇企业发展陷入僵局。这直接导致农民非农就业收入大幅下降。1991年江苏遭遇特大洪灾,除油料产量比1988年略有增加以外,全省粮食和棉花等主要农产品产量均低于1988年,加上抗灾自救过程中的复播、改种、补种等投入,实际农业生产成本大幅上升,直接造成当年农民人均纯收入下降4%。

(2) 1992—1996年,农民收入开始恢复性快速增长。宏观层面开始进行新一轮的价格改革,农产品收购价格大幅提高,农产品市场化程度更高,乡镇企业走出低谷,农村剩余劳动力大量转移,农业宏观调控体系开始建立,在这些有利因素下,江苏农民收入出现恢复性快速增长。1992—1996年短短5年间,江苏农民人均纯收入接连上了三个台阶,由1991年的920.7元,增加到1992年的1060.7元,实现了从百元向千元的跨越。1995年达到2456.9元,1996年达到3029.3元,实现了大步跨越。同时,农业收入和非农收入均呈现大幅上涨趋势,两者分别由1991年的498元和422.7元增加到1995年的1366.2元和1090.7元,双双实现了从百元向千元的跨越。

3. 江苏农民收入进入增长波动期,是实现小康社会的关键时期(1997—2008)

这一阶段,前期由于受宏观上的通货膨胀、紧缩、城市化过快发展以及城乡二元结构的影响,农民收入增长相对缓慢;后期,特别是党的十六大之后,农民收入增长又重新进入了快车道。

(1)1997—2003年,农民收入增长进入徘徊期。这一阶段,受多种不利因素影响,农民收入进入缓慢增长期。1998—2000年,江苏农民收入每年增长率均低于5%,与1996年农民收入增长23.3%相比,出现了大幅下滑。2000年农民人均纯收入仅为3595元,仅比1996年增长566元。但在这一阶段,农民收入结构发生了重大转变。2001年江苏农民收入结构中,工资性收入达到1819.8元,首次超过家庭经营性收入,占比达到48.1%。2003年这一数值变为2189元,占比达到51.6%。同期,由于农产品价格持续回落,农业生产资料价格回落远低于农产品价格,导致农业生产比较效益下降。2003年农民农业经营收入仅为1137元,占农民人均纯收入的比重由1996年的45.1%下降到27.7%,农民增收靠农业经营收入增长的状况已经转变。

(2)2004—2008年,农民收入重新进入快速增长期。江苏省委从2003年起加大了财政支农力度,2008年全省财政支农资金达到280亿元,不断完善农业支持保护体系。全省农业专业合作社大力发展,苏南等发达区域开始了农村集体产权制度改革。这些政策措施都使农民收入增长重新进入快车道,2004—2008年农民人均纯收入同比分别增长12.1%、11%、10.2%、12.9%和12.1%,实现了5年连续快速增长。农民收入结构中,除家庭经营性收入比例在持续下降,工资性收入、财产性收入和转移性收入的比例都在逐步提高。到2008年,农民人均纯收入中,工资性收入、家庭经营性收入、财产性收入和转移性收入的比重分别为52.9%、38.2%、3.4%和5.5%,农民收入新格局基本形成。

4. 江苏农民收入进入持续快速增长期,是全面建成高质量小康社会的决胜时期(2009—)

改革开放的第四个 10 年,是全面建成小康社会的决胜时期,但同时也是国内外发展环境发生深刻变化的 10 年。这一阶段,前期受 2008 年全球金融危机的影响,农民收入增长出现了短暂回落;后期,特别是党的十八大以来,各项惠农政策的实施,使农民收入进入了持续快速增长阶段。

(1) 2009—2011 年,农民收入增长出现短暂波动。这一阶段,国际环境发生了重大变化。2008 年的全球金融危机使得国际市场日益低迷,江苏开放型经济发展受到严峻挑战,经济增速出现波动。在此不利环境下,江苏省委、省政府制定了"保增长、调结构、促转型、惠民生"的重要部署。通过加大农业基础设施投资,加快高效现代农业发展,加速推进民生工程和社会事业项目,大力鼓励扶持民营经济发展,培育产业新增长点等一系列措施,确保了农民收入增长没有出现大的下滑。2011 年,江苏"十二五"规划纲要明确提出要实施收入倍增计划,并出台了相关政策措施,有力地促进了农民收入的增长。

(2) 2012 年至今,农民收入持续快速增长。江苏省委、省政府在扎实推进"两个率先"的基础上,结合"强富美高"新江苏的目标定位,聚力创新,聚焦富民。加快农业结构调整和产业化经营,构建现代农业体系;培育新型农业经营和服务主体,发展多种形式适度规模经营;大力发展高效设施农业、农村电子商务、乡村旅游和特色乡村经济,促进产业融合发展;支持农民自主创业、转移就业,鼓励外出务工农民返乡创业就业,培育新型职业农民;深化农村改革,推进农村集体产权制度、土地经营制度等多项农村改革试点;实施精准扶贫、富民强村计划,着力提高农业农村发展水平,千方百计拓展农民增收渠道,持续推动农民收入快速增长。2012年和2013年,江苏农民人均纯收入分别达到12202元和13598元,同比分别增长12.9%和11.4%;2014年农民收入统计口径调整之后,农村居民人均可支配收入增速依然保持在8%以上,并且连续6年超过城镇居民可支配收入增速,城乡收入差距持续缩小。

设施农业助农民冬季增收

党的十九大指出,中国特色社会主义进入新时代,全面建成小康社会已经到了决胜期。依据党中央关于第二个百年奋斗目标的部署,未来农民增收任重道远。为此,要在全面建成小康社会、实现第一个百年奋斗目标的基础上,乘势而上,瞄准方向,多措并举,推动农民增收机制的长效化。一是确保国民经济的稳定增长,这是构建农民增收长效机制的前提条件。二是实现工业反哺农业制度化,这是构建农民增收长效机制的制度保障。三是促进深化农村土地、集体资产等产权制度和经营机制改革,保证和扩大农民财产性收入,这是构建农民增收长效机制的重要方式。四是加快完善农村社会保障体系,增加农民转移性收入,这是构建农民增收长效机制的重要方向。五是鼓励和扶持新一代农民自主创业,鼓励农民返乡创业、就地创业、外出创业,以创业带动就业、以创业推动增收。

四、激活农业农村发展内生动力

深化农村改革,创新农业发展体制机制,充分激活农村各种生产要素,激发农民的创造热情,始终是江苏农业农村经济发展的不竭动力。党的十七届三中全会以来,江苏大力推进全面深化农村改革,紧紧围绕"为农村经济增活力,为农民增收添动力"的目标,以"确权、赋能、搞活"为主线,找准突破口,狠抓关键,细化措施,着力破除制约发展的体制机制障碍,全面激活和增强了农业农村发展的内生动力。

(一) 农业经营机制创新

改革开放之初,家庭联产承包责任制大大激发了农民劳动的积极性,使得江苏农业进入第一个飞速发展的时期。从 20 世纪 90 年代开始,随着工业化、城镇化快速推进,大量农村青壮年劳动力外出务工,传统的小规模分散经营方式已不能适应现代农业发展。如何进行经营机制的创新,以适应适度规模的现代农业发展需求,成为摆在江苏农业发展面前的一道难题。实际上,江苏从改革开放伊始就开始了农业适度规模经营的探索。1982 年,苏南一些乡村就已经出现多层次、多形式的粮食生产大户、家庭农场、村办乡办农场、粮农联合体等规模经营模式。1983年,昆山陆杨乡40个种粮大户率先创办家庭农场,开创了土地规模经营的先河。1987年,无锡、吴县、常熟3县(市)建立以土地适度规模经营为主题的江苏省农业现代化试验区,旨在通过有目标、有组织、有步骤的试验,取得苏南经济发达地区发展农业适度规模经营的有关规律性结论。1994年9月7日,江苏省委、省政府出台《关于发展农业适度规模经营若干问题的意见》,指出经过几年的发展主要形成五种规模经营类型:种粮大户或家庭农场,村办农场或种粮专业队,合作农场或粮农联合体,个人经营的农业企业,厂办农场或农业"车间"。2004年以来,中央连续下发一号文件,随着各项支农惠农政策的落实和资金扶持力度的加大,农民的种田积极性再次高涨,规模经营形式也不断创新,以专业大户、家庭农场、农民专业合作社、农业龙头企业为主的规模经营主体大量涌现。2013年中央一号文件提出扶持家庭农场发展后,江苏省委、省政府连续四年在省委一号文件上对发展家庭农场作出部署。坚持把发展家庭农场作为推动农业经营方式创新、破解"谁来种地"难题的重要举措,合作经营、集体经营、企业龙头带动经营等模式也蓬勃发展。当前,江苏已经形成了以农户家庭经营为基础、合作与联合为纽带、社会化服务为支撑的立体式复合型现代农业经营体系。与此同时,对适度规模经营的探索从未停止。近年来,徐州市铜山区探索土地流转经营主体准入制度和土地流转价格形成机制,形成了"股田制"、托管制等规模经营形式;扬州市江都区探索农业规模经营能力审查审核机制;如皋市开展村庄土地整理试点;南京市高淳区发展农民专业合作社和合作联社等,对不同地区和不同经济发展水平条件下的农业组织经营形式作了积极探索。

（二）农村土地承包制度改革

1983年下半年以后，伴随着家庭联产承包责任制的推开，江苏开始完善以承包合同为主要内容的各项农村土地承包措施，全省广大农民获得自己应有的一份耕地，并规定承包期为15年。1997年，经过15年的承包，第一轮承包期即将结束。各地在遵循"大稳定、小调整"的前提下，稳步有序地开展农村土地第二轮承包工作。截至2000年年底，全省80%的县完成农村土地第二轮承包延包工作。从2004年起，全省各地依法开展农村土地第二轮承包完善工作，以补（换）发农村土地承包经营权证为抓手，采取试点先行、逐步推开的办法，对农村土地第二轮承包工作进行"回头看"。至2008年年底，全省累计补（换）发农村土地承包经营权证850多万份，农村土地承包经营权证发放占总承包农户的比重达98.2%。自2009年起，江苏先后选择海门、高邮、高淳、铜山、昆山、兴化等6个县（市、区）作为农村土地承包经营权确权登记颁证全国试点单位，此后根据农业部试点工作"提质扩面"的要求，逐步扩大试点范围。2015年年初，江苏被确定为全国农村土地确权登记颁证整省推进试点省份。截至2017年年底，全省14303个应确权行政村中已有13599个村全面完成确权登记颁证工作，颁证率为95.08%，确权登记颁证面积4951万亩，基本完成农村土地承包经营权确权登记颁证工作。

与此同时，从土地承包制度推行初始，江苏不少乡镇企业比较发达的乡镇，就出现了农村土地承包经营流转的苗头，从事乡镇企业发展的企业主主动流转自己的承包地。1993年，随着中央允许农村土地依法有偿转让，江苏发达地区开始探索农村土地股份合作社，引导农民将自己的承包经营权入股，发展土地股份合作，增加自身的财产性收入。1995年,中央强调建立健全农村土地承包经营权流转机制,并对农村土地流转作了一些较为具体的规定,出租、转让、互换和股份合作等各种形式在江苏大地上遍地开花。2000年以后,江苏以农村土地承包经营权确权登记颁证工作为突破口,积极引导农村土地经营权有序流转,努力探索农村土地"三权分置"的有效实现形式,研究提出土地流转100—300亩的适度规模"江苏标准",全面推行"实物计租、货币兑现"的土地流转定价机制,持续实施省级农村土地规模流转补贴。目前,江苏全省承包地流转面积已超过3000万亩,流转率达60%,较好地支持了全省农业现代化发展步伐。

拿到权证真开心

(三)农村集体产权制度改革

党的十一届三中全会以来,江苏在原有的公社、大队两级分别建立了乡政府和村民委员会,多数地方逐步形成了不同形式的乡、村两级合作经济组织,负责发展农村集体经济。江苏省委、省政府在先行试点、取得初步经验的基础上,在1987年4月批转省委农工部《关于健全乡、村合作经济组织的意见》,以村为重点,从加强服务入手,开展合作经济组织的健全工作。1990年,江苏省委提出大力加强村合作经济组织建设。到1991年,全省3.59万个行政村中,有78%建立了村合作经济组织。20世纪90年代末,苏南等地以土地集体所有为纽带,以股份的形式将集体财产具体量化到社区每一名成员,同时参照股份制的治理结构建立统一经营、民主管理、按股分红的社区性农村集体经济组织。1999年,江苏省政府出台了《江苏省农村集体资产管理办法》,明确规定农村集体经营性资产依法自主决定经营方式,可以实行股份合作等方式经营。在总结苏南等地改革经验的基础上,2005年江苏省委、省政府下发《关于积极推进农村社区股份合作制改革的意见》,要求各地坚持"因地制宜、分类指导,民主决策、阳光操作,依法办事、维护稳定"的原则,积极推进集体资源资产化、资产资本化、资本股份化。2009年,江苏省人大出台《江苏省农民专业合作社条例》,将农村社区股份合作社纳入法规调整范围,赋予法人地位,经工商登记后可取得农民专业合作社法人营业执照,在法律层面确立了社区股份合作社的市场主体地位,农村社区股份合作制改革总体进入有法可依、依法规范的阶段。近年来,全省各地按照中央和江苏省委、省政府的部署,大力推进以社区股份合作制改革为主要形式的农村集体产权制度改革。同期,切实抓好苏州市吴中区全国农村集体资产股份权能改革试点和南京市浦口区等6个县(市、区)全国农村集体产权制度改革试点。目前,苏州市吴中区试点任务基本完成;南京市浦口区等6个县(市、区)试点任务进展顺利,预计2018年年底完成;全省范围内约40%的村(居)进行了农村社区股份合作制改革,实现了设区的市全覆盖,共量化资产近710亿元,分红总额超过100亿元。

(四) 探索建立城乡融合发展的体制机制

为突破城乡二元结构,江苏先期采取"以工补农""以工建农"的形式,协调农工利益关系,后又实施以城镇(开发区)为载体的城乡工业联动发展。进入新世纪,又开拓了以大中城市为主导、以县域经济为基础、以小城镇为纽带的城乡协调发展新路。2008年11月,江苏省委十一届五次全会明确提出,要把破除城乡二元结构作为今后一个时期农村改革的重点,作为全局改革的突破口,建立促进城乡经济社会发展一体化制度。此后,江苏陆续出台了一系列改革举措。在战略规划上,形成"工业化致富农民、城市化带动农村、产业化提升农业"的"三化"带"三农";在体制机制上,构建城乡发展规划、产业布局、基础设施、公共服务、就业社保、社会治理"六个一体化",促进城乡生产要素合理流动、公共资源均衡配置;在发展形态上,促进"工业向园区集中、人口向城镇集中、居住向社区集中"的"三集中";在农村改革中,全面实行脱贫攻坚工程、农村实事工程,"四位一体"整体推进农民专业合作组织、农业适度规模经营、高效农业与农业特色产业基地建设,建立健全农村社会保障体系,统筹城乡社会管理。以苏州为代表的城乡一体化改革试点工作具有鲜明的时代特征和江苏特色,并形成了城乡一体化的"苏州模式",对全国城乡统筹发展和城乡一体化工作产生了巨大影响。

(五) 完善农业支持保护制度

进入21世纪以来,中央和江苏先后出台了一系列强农惠农政策,取消农业税,实施粮食直补、良种补贴、农机具购置补贴、农资综合补贴。2007年以来,江苏根据本省实际,开始实施能繁母猪补贴、棉花良种补贴、油菜良种补贴、奶牛良种补贴"新四补"政策和农业保险政策,农业补贴范围不断扩大,补贴规模逐年增加,财政支农资金逐年递增。2010年前后,江苏开始探索更为合理的农业支持保护体系。一是逐步调整农业支持保护方向,提高农业支持保护的指向性、精准性和实效性。在对农民的总体支持力度不减小的前提下,将农业补贴增量资金向加快农业发展方式转变、农田基础设施建设、耕地综合生产能力提升、推进粮食适度规模经营、促进农业可持续发展等方面倾斜。二是加强对农业支持保护资金的整合使用和监管。2015年,江苏将农作物良种补贴、种粮直接补贴和农资综合补贴等三项补贴合并为"农业支持保护补贴",推进政策的优化整合,形成政策合力。三是积极推动各地改革试点工作,探索形式更为多样、内容更为全面的农业支持保护体系和制度。2010年,苏州率先探索生态补偿机制,通过设立耕地保护专项资金等生态补偿形式,加强了对基本农田、水源地和重要湿地、林地的保护。2014年,常州市武进区在现行农业保险的基础上,根据本市农产品特点,在优质水稻、翠冠梨两个农产品上开始探索开展农产品目标价格保险,先后推出翠冠梨价格指数和水稻收入保险两个险种,取得了良好的社会效益。2016年,苏州张家港和常熟分别推出水稻收入保险和生猪价格指数保险,并采取政府和保险公司"联办共保"、政府补贴农户保费的形式进行试点,实现了多方共赢,试验成果得到国家相关部委肯定。

第五章
区域经济社会的协调发展

中央历来高度重视区域协调发展问题。1956 年,毛泽东同志在《论十大关系》中论述了沿海工业与内地工业的关系,20 世纪 80 年代邓小平同志提出"两个大局"战略构想,世纪之交中央作出实施西部大开发战略的重大决策,党的十六大以来中央相继作出振兴东北地区等老工业基地、促进中部地区崛起和支持东部地区率先发展等重要部署,我国区域协调发展的战略和政策体系不断完善,内涵也不断丰富。十八大以来,以习近平同志为核心的党中央提出了推进"一带一路"建设、京津冀协同发展和长江经济带发展新的三大战略,在区域协调发展方面作出了一系列重要论述,采取了一系列重大创新性举措,掀开了区域协调发展的崭新篇章。由于受资源禀赋、区位条件、经济基础、开放程度、政策措施等因素的影响,江苏的区域经济存在着诸多发展不平衡、不充分的问题。虽然非均衡发展是经济发展的常态,但是如果发展差距过大就会引发一系列的矛盾与冲突,从而严重影响发展的永续性与稳定性。因此,为了控制经济发展失衡、贫困循环积累、区域贫富分化,江苏一直将区域协调发展作为重要的发展战略,有条不紊、持之以恒、因地制宜地推进。改革开放 40 年来,江苏在区域共同发展与城乡协调发展方面积极探索、勇于创新,取得了可喜的成绩,积累了丰富的经验,值得回顾、总结与升华。

一、提升区域交通可达性

为了提高区域之间的通达性,江苏在改革开放的40年中非常重视交通与信息基础设施的建设。目前,一个连接南北、横贯东西的立体式大交通格局与内畅外联、高速安全的现代信息网络正展现在江苏大地上,区域发展的距离屏障被不断攻克,基础设施建设的"乘数效应"也不断放大。

(一) 交通与信息设施建设的发展历程

改革开放40年,按照发展的程度与动力,江苏交通与信息设施建设可以划分为三个阶段。

1. 交通基础设施初具规模(1978—1992)

从1978年起,我国政府逐步缩小指令性计划范围,推进市场化进程。基于1984年国务院提出的"贷款修路、收费还贷"指示,江苏着手在基础设施领域引入市场竞争机制,将基本建设资金由财政预算内拨款改为银行贷款;对自筹项目实行指导性计划管理;全面推行投资包干责任制。在经济体制改革和投融资体制改革的双重推动下,江苏的交通基础设施建设步伐明显加快。这一时期,江苏以解决城市出入口道路和干线公路卡脖子路段问题为重点,对所有省辖市的出入口道路进行改造,疏通了一批干线公路卡口段,接通了国省道断头路,新建了全国第一条一级公路——宁六公路。为了缓解津浦铁路的煤运压力,实施北煤南运、南水北调工程,江苏按照二级航道标准对苏北运河进行了综合性整治。

2. 交通设施建设蓬勃发展(1992—2000)

进入"八五"以后,我国的融资体制发生了巨大的变革,融资渠道更加宽广,融资形式更加多样。依托多元化的投融资方式,江苏的交通基础设施建设进入构筑高等级的现代化公路主骨架、水运主通道、港站主枢纽的快速发展阶段。策应上海浦东开发开放,江苏建设了沪宁高速公路江苏段、宁连与宁通一级公路、南京禄口国际机场、苏南运河四级航道、江阴长江公路大桥等重点工程,不仅实现了高速公路零的突破,而且在工程质量上获得飞跃。20世纪90年代,江苏开始启动信息基础设施建设,逐步建成以埋式光缆为主、数字微波和卫星为辅的,大容量、高速率的立体传输网,覆盖了全省所有市、县和乡镇,形成南、中、北三个骨干环网。

3. 交通设施与信息设施并举发展(2000—)

进入21世纪,江苏交通基础设施建设投资额连年攀升,交通工程质量始终保持全国领先水平。润扬大桥被交通部授予"全国交通建设项目典范"荣誉称号,宁杭高速公路江苏段被列为全国公路建设质量示范工程,苏通大桥、泰州大桥成为我国由桥梁大国向桥梁技术强国转变的标志性工程。建成的京沪、陇海、沿海、沿江"两纵两

润扬大桥(周泽华摄)

横"国家级综合运输通道,过境交通需求旺盛,客货运出行需求得到充分满足。信息化建设全方位地展开,各项应用推广随之跟进。长途光缆线路总长度、广播综合人口覆盖率、电视综合人口覆盖率、移动电话用户、互联网用户等指标都位居全国前列。"政府上网""企业上网"工程取得突出成效,针对工业化信息化"两化融合"的要求,在机械、冶金、石油化工、轻工、纺织、建材、交通运输等传统产业中,信息技术得到普遍应用。进入21世纪,江苏还以省辖市为龙头,深入推进"数字城市""智慧城市"建设,加强城市之间、城乡之间物资流、资金流和信息流的交融,以城市信息化为突破口带动整个区域信息化的进程。

(二) 交通与信息设施建设的丰硕成果

经过改革开放40年的努力,目前,江苏已然形成公、铁、水、空、管等各种运输方式齐全的交通体系和硬件与软件并重的信息系统。(1) 综合交通网络基本形成。截至2017年年底,公路总里程15.8万千米。其中,高速公路里程4692千米,公路密度居全国各省第二位;高速公路实现县级节点全覆盖。铁路营业里程2770.9千米,铁路正线延展长度4735.9千米,沪宁杭形成"一小时高铁圈";铁路在建规模位居全国前列。内河航道总里程2.4万千米,约占全国的1/5。(2) 运输服务水平大幅提升。2017年,江苏完成规模以上港口货物吞吐量25.7亿吨,居全国前列;万吨级以上泊位数480个,亿吨大港数7个;9个运输机场布局全面落地,实现地面交通90分钟车程覆盖全部市县。(3) 信息设施与应用成绩斐然。电子商务加快发展,网上消费蓬勃兴起,"互联网+"行动、大数据战略、信息安全建设、物联网建设等稳步推进;"智慧江苏"建设有效地促进了信息化与经济社会的融合发展。

江苏历年交通与信息设施发展情况

年 份	旅客周转量（亿人千米）	铁路客运总量（万人）	公路客运总量（万人）	民航客运量（万人）	邮电业务总量（亿元）	长途光缆线路长度（千米）	电话普及率（部/百人）
1978	105.29	2752	18694	—	—	—	—
1980	140.15	3364	26463	—	—	—	—
1985	273.76	4819	45751	—	—	—	—
1990	324.94	4788	41850	—	—	—	—
1991	342.12	4932	43764	—	—	—	—
1992	515.08	5035	48748	—	—	—	—
1993	520.86	5533	53331	5	—	—	—
1994	541.09	5471	54930	26	—	—	—
1995	630.56	5185	78947	48	72.24	2959	7.54
1996	647.73	4502	86801	68	96.03	3188	—
1997	657.93	4433	88826	84	132.52	6316	—
1998	680.02	4451	92215	94	167.81	6828	18.72
1999	725.66	4824	95564	108	221.19	7420	20.94
2000	776.25	4891	101713	126	323.45	7622	26.68
2001	874.63	5029	105105	149	292.32	10034	32.96
2002	924.31	5297	110139	170	338.08	13823	42.60

续表

年份	旅客周转量（亿人千米）	铁路客运总量（万人）	公路客运总量（万人）	民航客运量（万人）	邮电业务总量（亿元）	长途光缆线路长度（千米）	电话普及率（部/百人）
2003	978.03	5104	118046	165	435.57	20458	55.10
2004	1109.19	5997	122218	210	557.36	23912	64.60
2005	1222.03	6658	138287	222	728.08	25699	75.05
2006	1366.95	7293	153824	280	997.26	26635	80.77
2007	1596.06	7658	179206	350	1282.85	29293	85.76
2008	1766.00	8846	199008	351	1584.13	31277	89.10
2009	1423.33	9167	191001	408	1812.40	32137	98.80
2010	1604.00	9711	215850	476	2194.60	33034	109.00
2011	1777.80	10598	235673	555	974.30	33318	115.08
2012	1949.80	11757	255358	662	1120.37	32820	125.00
2013	1451.14	13435	135555	728	1252.18	35864	128.87
2014	1550.64	15374	137270	809	1680.80	36249	128.52
2015	1566.40	16116	134553	882	2280.60	38841	128.50
2016	1591.93	17814	113493	1025	3431.23	38973	124.21
2017	1659.40	19786	104566	1169	2948.60	43000	129.01

资料来源：根据历年《江苏统计年鉴》、2017年《江苏省国民经济和社会发展统计公报》数据整理。

（三）交通与信息设施建设的实践经验

改革开放40年，江苏的交通与信息设施建设取得长足的进步，积累了可供推广与继承的经验和做法。

1. 坚持适度超前原则

交通基础设施是经济社会发展的必备条件，其完备性决定了区域发展的能量与后劲。永久性基础设施一旦建成，改建成本极高，特别是桥梁、隧道等构造物，而要解决此类问题，只有适度超前才是最为经济的。因此，江苏秉承长期性、前瞻性、持续性的原则，在时间与技术上对基础设施建设进行提早安排，依据国民经济和社会发展的需要制订科学合理的建设规划，使之先于其他生产性项目的建设，并且确保每年投资适当增长。难能可贵的是，江苏很好地把握了"适度"的原则，并不无限扩大建设规模，也不消极地"量力而行"，而是通过高起点规划、高水平设计、高质量建设，将有限的资金用于重点设施项目上，最大程度地发挥了基础设施对于经济增长的拉动效应。

2. 推进地域协调发展

为了增强区域有机联系与城乡有序互动，江苏的基础设施建设一直以整体性与协同性为准绳，以补齐短板、互联互通为导向，努力消弭地域之间的"设施差距"及"数字鸿沟"。大力支持苏北地区发展，使得苏北的高速快速铁路、综合客运枢纽建设成效显著，为苏北经济的跨越式发展提供了保障。为了解决城乡之间基础设施供给不平衡的问题，江苏坚持"城乡一体"的原则，大力实施"村村通"工程，在2007年提前实现所有建制村通等级公路目标之后，2010年又基本实现县到镇通二级、镇到镇通三级公路，并同步向农村规划集中居住点延伸。遵循"以人为本"的发展理念，加强江苏重点帮扶县、苏北重点片区、革命老区的交通与信息设施建设，推进基本公共服务向经济薄弱地区延伸。

3. 率先实施"大交通"管理

为了提升交通运输运营管理的科学化水平,江苏加强机构优化和职能整合,在全国率先建立省级"大交通"管理体系,以推进基础设施和运载工具的高效运转与有序配合。2006年,江苏省铁路建设办公室整建制并入省交通厅;2007年,在省交通厅增挂省航空产业发展办公室牌子,形成公铁水空齐抓共管的、与现代交通运输体系相适应的综合管理格局。2009年机构改革后,江苏省交通厅新增了组织编制全省综合运输体系规划、指导城市客运管理及出租汽车行业管理工作、组织拟订并监督实施交通物流业规划等职责,统筹全省"大交通"发展的职能进一步加强。同时,江苏还积极探索优化城乡客运、交通物流的部门联动机制,推动建立区域交通协调机制,合力推动交通事业的发展。

4. 重视创新驱动发展

立足江苏的产业基础与民生需求,江苏在推进交通基础设施建设时,不断进行着体制创新、科技创新、政策创新、服务创新、管理创新,以实现交通设施建设的现代化。江苏注重交通运输向上下游关联产业链延伸,强化市场主体,探索交通运输业与制造业、旅游业、电子商务的跨界融合发展,以及与产业、城市的协调联动发展。顺应信息化的发展,江苏加强互联网技术与综合交通的融合,探索利用大数据技术提升交通规划层次、运输服务精度、行业治理能力。积极推进"智慧交通"工程,探索共享汽车、共享出行等新型交通方式,在新能源汽车、城市交通拥堵治理、地下停车场建设等方面积累经验。

(四)交通与信息设施建设的未来展望

未来,江苏将构建安全畅通、集约高效、便捷公平、智慧绿色的综合交通运输体系与现代信息网络体系,为增强经济空间联系、引导城镇空间重塑、推动区域协调发展发挥先行引领作用。(1)补齐基础设施短板。加快推进"三纵四横"高铁网建设,构建沿江两岸高铁环线,优化过江通道,实现沿江两岸的"拥江融合"。(2)降低交通物流成本。以多式联运、集约发展为导向,构建运输成本更低、运输效率更高、辐射范围更大的供应链系统。优化港口功能布局,完善千吨级航道网络,加快开辟近远洋航线,推动港、航、运协同发展。(3)加强公众出行服务。以公交优先、畅通便捷为导向,为人民群众提供更有获得感、幸福感、安全感的出行服务。将公交化发展理念从城市交通领域拓展到城际、城乡交通领域,加强"四好农村路"建设。(4)加强信息设施建设。以灵活调度、智能适配为导向,构建高速、移动、安全、泛在的新一代信息基础设施,深入推进"三网融合",促进信息网络技术广泛运用,形成万物互联、人机交互、天地一体的网络空间。

高铁列车飞驰在大胜关大桥(吴彬摄)

二、构筑科学合理城镇体系

城镇体系(urban system)是指一定地域内不同功能、不同规模的城镇相互依存而形成的城镇组织结构系统。改革开放40年江苏城镇发展的轨迹,不仅体现为人口和非农业活动向城市集中和强化、城市景观地域推进和蔓延、城市文明在乡村传播和扩散的城镇化过程,而且呈现为各类规模等级的城镇明确自身定位、培育独特功能、进行有序分工的城镇体系构筑过程。

(一)城镇体系建设的发展历程

1949年中华人民共和国成立时,江苏的城市化率(城镇人口占总人口的比例)为12.4%,到1978年仅为13.7%,近30年中城市化几乎处于停滞状态。改革开放以后,城乡关系改善、城乡互动增多,江苏的城市化发展与城镇体系建设才得以真正推进,其发展历程按照动力来源可以划分为四个阶段。

1. 乡镇企业带动的小城镇发展阶段(1978—1984)

1982年,江苏召开第二次全省城市工作会议(1965年曾召开第一次全省城市工作会议),明确提出"以城市为中心,以农村为基础,以小城镇为纽带"的发展方针。由于江苏农村一直存在"地少人多"的矛盾,为了改变贫困的生活状况,苏南等地的农民利用劳动力资源丰富的优势,适应"短缺经济"的需要,以集体经济为载体,以加工工业为主导,开始发展乡镇企业。乡镇企业的发展实现了农村剩余劳动力的就地转移,依托乡镇企业发展起来的小城镇是城市化的增量部分,在一定程度上减轻了农村剩余劳动力对于大城市的冲击,符合中国所推进的"渐进型"改革的路线要求。可以说,在江苏的改革开放中,乡镇企业不仅开创了富有中国特色的农业现代化道路,而且开创了具有中国特色的农村城市化道路。

2. 城市体制改革推动的城市化阶段(1984—1992)

1984年,国务院颁布了新的比以前要低的设镇标准,并且推行"整乡设镇"和"镇管村"的管理体制。1986年,国务院公布新的设市标准,将设市的非农业人口标准由原来的10万人降低为6万人,全面推行"整县设市"和"市带县"的体制,这些措施促进了新城市的涌现。20世纪90年代,乡镇企业遭遇发展"瓶颈",而小城镇城市化模式的内在局限性也逐渐暴露,江苏的城镇化重点开始向城市转移。城市开征城市土地税,土地实施有偿使用制度,不能承受城市中心区的高地价或在城市中污染扰民的工业、仓库纷纷开始向城市外围搬迁,城市进入"退二进三"的土地使用性质空间大调整阶段。通过功能分区,城市的空间结构得以优化,江苏大城市的郊区化历程也由此展开,并且延续至今。

3. 民营经济、开发区推动的城市化阶段(1992—2000)

这一时期,江苏城镇体系建设的投资主体不仅有自上型的政府投资和自下型的乡村基层社区集体,还有外资。凭借着优惠的政策条件与廉价的劳动力市场,江苏成为外资进入的集中地,外资参与的企业(外商直接投资企业、股份合作企业、股份制企业)在工业总产值中的比重从1998年的46%增加到2002年的70%。大量的外资投入促进了资源密集型、技术密集型产业的发展,为江苏城市化提供了强劲的产业动力。江苏吸引外资的空间载体是各类开发区,主要有经济技术开发区、高新技术开发区、工业园区、保税区、旅游度假区等。2000年年底,江苏全省共有国家级开发区11家、省级开发区69家,开发区从最初的产业园区逐步发展为城市新区,成为吸纳外来人口和承接旧城疏散人口的重要空间载体。在 20 世纪 80 年代,江苏城镇人口比重一直低于全国平均值,直到 1998 年,江苏城市化率首次超过全国平均水平。1997 年,江苏乡村人口由增长转为下降,以此为转折点,江苏城市化进程由加速增长转变为高速增长。

4. 全方位、多层次协调发展的城市化阶段(2000—　)

2000 年,江苏省委确立城市化战略,明确了"城市现代化、农村城镇化、城乡一体化"的总思路,提出了"大力推进特大城市和大城市建设,积极合理发展中小城市,择优培育重点中心镇,全面提高城镇发展质量"的城镇体系发展方针。2005 年,江苏召开了第四次全省城市工作会议,确立了"城乡统筹、集约发展、规划引导、改善环境、保持特色"的发展方针。2006 年,江苏省第十一次党代会提出走具有江苏特色的城市化道路。2005 年,江苏城镇人口比重超过 50%,达到 50.5%,这是江苏城市化出现的重大转折,它标志着江苏初步进入城市社会。近年来,"做大、做强、做优、做美"中心城市成为江苏人民的共识,大城市与生俱来的集聚效应、规模效应、循环积累效应逐渐释放,大城市在城市体系中的主导作用不断增强。以大中城市为主导的城市化集约发展,推动南京、苏州、无锡、徐州、常州等城市迅速成长为大型城市或特大城市。2017 年,苏州、南京、无锡成为江苏三个 GDP 过万亿元的城市。江苏的城镇体系建设在多轮力量、齐头并进的驱动下,按照统筹城乡、布局合理、节约土地、功能完善、以大带小的原则积极推进,城市的体系结构、竞争能力、对外开放、生态环境取得突破性进展。

(二) 城镇体系建设的巨大成就

改革开放 40 年,江苏城市化得到长足的发展:城镇人口总量不断提高,城镇人口比例大幅增长。2017年,江苏城市化率达到68.8%,全省2/3以上的人口居住在城镇中,城市化正在从加速期向成熟期演进。就城镇规模而言,江苏已经拥有特大城市、大城市、中等城市、小城市、小城镇的等级序列完整、分工有序、特色鲜明的城镇体系。在江苏的沿沪宁线、沿江、沿海等经济水平较高的地区,城镇密集区日益增多,已形成具有板块特征的城市群与城市带,而中心城市在人口产业不断集聚、规模体量不断扩展、经济实力不断加强的同时,也出现了郊区城市化的现象,开始形成多核心的城镇分布格局。

江苏历年城市化率及市、镇、乡村人口构成

年份	总人口数（万人）	城镇人口数（万人）	城市化率（%）	市占人口比例（%）	镇占人口比例（%）	乡村占人口比例（%）
1978	5834.32	800.77	13.7	9.8	3.9	86.3
1980	5938.19	901.78	15.2	10.7	4.5	84.8
1990	6766.90	1458.94	21.6	15.4	6.1	78.5
1991	6843.70	1587.74	23.2	17.0	6.2	76.8
1992	6911.20	1643.72	23.8	17.1	6.7	76.2
1993	6967.27	1673.58	24.0	17.2	6.8	76.0
1994	7020.54	1733.01	24.7	17.9	6.8	75.3
1995	7066.02	1929.09	27.3	18.8	8.5	72.7
1996	7110.16	1942.50	27.3	18.7	8.6	72.7
1997	7147.86	2133.64	29.9	20.5	9.4	70.1
1998	7182.46	2262.47	31.5	21.4	10.1	68.5
1999	7213.13	2520.09	34.9	23.4	11.6	65.1
2000	7327.24	3040.81	41.5	25.5	16.0	58.5
2001	7354.92	3133.20	42.6	26.2	16.4	57.4
2002	7380.97	3299.29	44.7	27.4	17.3	55.3
2003	7405.82	3463.70	46.8	28.7	18.1	53.2

续表

年份	总人口数（万人）	城镇人口数（万人）	城市化率（%）	市占人口比例（%）	镇占人口比例（%）	乡村占人口比例（%）
2004	7432.50	3580.98	48.2	28.9	19.3	51.8
2005	7474.50	3774.62	50.5	30.4	20.1	49.5
2006	7549.50	3918.19	51.9	31.3	20.6	48.1
2007	7624.50	4056.23	53.2	32.0	21.2	46.8
2008	7762.48	4215.17	54.3	32.7	21.6	45.7
2009	7810.27	4342.51	55.6	33.5	22.1	44.4
2010	7869.34	4767.63	60.6	38.3	22.3	39.4
2011	7898.80	4889.36	61.9	39.2	22.7	38.1
2012	7919.98	4990.09	63.0	39.9	23.1	37.0
2013	7939.49	5090.01	64.1	40.6	23.5	35.9
2014	7960.06	5190.76	65.2	40.9	24.3	34.8
2015	7976.30	5305.83	66.5	41.2	25.3	33.5
2016	7998.60	5416.65	67.7	41.7	26.0	32.3
2017	8029.30	5520.95	68.8	—	—	31.2

资料来源：根据历年《江苏统计年鉴》、2017年《江苏省国民经济和社会发展统计公报》数据整理。

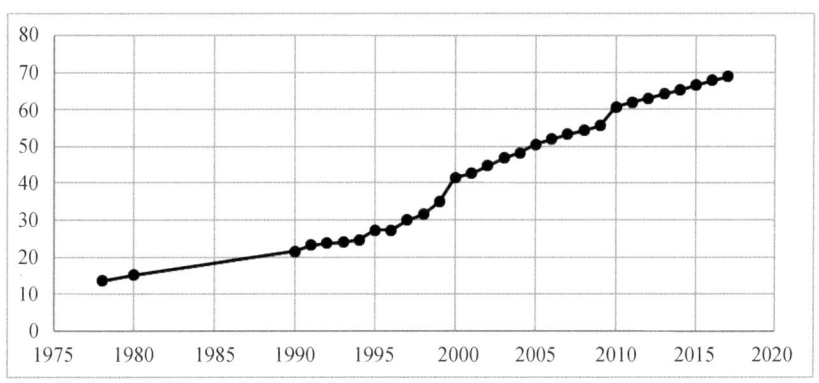

江苏历年城市化率的变化轨迹（%）

资料来源：根据历年《江苏统计年鉴》、2017年《江苏省国民经济和社会发展统计公报》数据整理。

（三）城镇体系建设的典型模式

改革开放40年，江苏遵循大中小城市协调发展、各城市合理分工定位、充分利用交通网络轴线等原则，有效地实现了城镇体系建设的科学性。

1. 点—轴—面开发模式

城市的发展要素总是会首先考虑在条件好的"优区位"布局，形成"点"状分布，然后，再以交通线、信息网、河道为发展通道，由点带轴，以轴带面，形成高密度、网格化的城市群落。为了提升经济空间的组织能力，江苏将"点—轴—面"开发模式付诸城镇体系建设实践：先后推出沿沪宁线开发轴、沿东陇海线开发轴、沿江开发轴、沿海开发轴、长江以北沿大运河及沿灌河开发轴、沿宁杭线发展轴等。目前，沿沪宁线地区城镇布局密集，城镇合作紧密，已成为以高新技术产业为主导的城市密集带，而苏南国家自主创新示范区已呈现"面"状开发态势。东陇海线上的徐州老工业基地的振兴与连云港的枢纽大港建设成绩斐然，对于沿线城市的带动能力也在不断增强。沿江开发轴以装备制造、冶金、化工、物流为基础性产业，随着扬子江城市群的建设，城镇的协作与分工也将更加深化。沿海开发轴以运输通道为纽带，以临近的深水海港为节点，正在形成港口、产业、城镇三位一体联动开发格局。宁杭发展轴以核心城市南京和杭州的竞合发展为动力，正在带动沿线中小城市的产业升级、延伸融合和集聚发展。长江以北的沿运河线将连接徐州、宿迁、淮安、扬州、泰州五市的发展，彰显运河文化、推进南北融合，改变江苏现有区域发展"东西"互动有余而"南北"联动不足的局面。

2. 都市圈协作模式

都市圈是以特大城市或大城市为核心，突破行政区划束缚，通过相邻城市之间高效的经济互动与紧密的治理协作而形成的城市空间共同体。为了构筑共赢型的城市关系,在 21 世纪初,江苏就提出构建"苏锡常"、"宁镇扬"、徐州三个都市圈,并且在全国率先出台都市圈发展规划,以突破行政区划对规划思维的固有束缚。2013 年 6 月,在苏中发展会议上,江苏又提出推进"锡常泰""苏通"经济圈建设,使其成为苏中发展的起搏器。江苏的都市圈建设以整合城镇群体优势为宗旨,在市场共建、产业协同、设施共享、人才交流等方面都制定了一系列行之有效的政策,通过灵活的合作方式推进城市共同体的发展。

3. 产城融合模式

近 30 年来,江苏的开发区建设可谓突飞猛进,其中大部分园区带动了城市的向外扩张,但是也有部分园区功能单一,沦为"空城"与"睡城"。为了治理这种"产城割裂"的弊病,江苏坚持将新区建设

苏州古城

和旧城改造同步推进,遵循"以产促城、以城兴产、产城一体"的原则,通过产业园区和城市发展的优势互补与共生演化,使产业区逐渐成长为混合型城市功能区。为了使得城市外围的产业园区能够成为城市的有机组成部分,江苏探索推进城区和外围的整体规划与广域开发,统筹基础设施建设,强化空间联动效应,使城市组团之间的"要素流"畅通无阻。以产业与城镇融合为方向,按照"以先进制造业集聚人、现代服务业留住人"的思路,加快建设载体平台,招引龙头型企业,规避盲目城市化带来的空城现象。

4. 城镇体系建设的未来展望

2017年,江苏全省GDP首破8万亿元,结构动力持续优化,稳中向好,质效齐升。在此背景下,江苏的城镇体系建设也将更加追求质量和内涵,建设重点将放在构建高效的经济运行系统、公平的社会保障系统、健全的行政管理系统、丰富的城市文化系统、完备的基础设施系统、优质的生态环境系统上。《江苏省城镇体系规划(2015—2030年)》提出,至2030年,江苏城镇化水平将达80%左右,城镇人口约7200万人,形成2个特大城市、15个大城市、12个中等城市、28个小城市和540个镇的城市等级规模体系。

改革开放以来,江苏城镇体系建设在很大程度上是依靠资金、土地、劳动力的大量投入而实现的,然而城市要永葆活力与生机,单纯依靠物质的投入是无法持续的。新时代,江苏城镇体系建设将选择创新驱动模式,着力提高城市原始创新、集成创新和引进消化吸收再创新的能力,努力构筑创新型城市、学习型城市、活力型城市。在改革之初,江苏城市化道路是发展小城镇;进入21世纪,江苏城市化的重点是发展大城市。其实不同规模的城市只是功能不同,大城市是龙头,中小城市是骨干,小城镇是基础,在城镇体系中并无优劣之分。目前,江苏正在进入结构转换型和人口转移型的城市化发展阶段,为此,江苏将更加致力于各种规模城市的协调发展,优化城镇体系:一方面,提升大城市和特大城市的品质,疏解中心城区非核心功能,防止房价高企、交通拥堵、环境污染等"大城病",强化南京、徐州、苏锡常都市圈的辐射力;另一方面,积极培育中小城市,在沿海地区布局新的区域性中心城市,依托沿东陇海线、沿运河、沿宁杭线等地区培育区域次中心城市,促进优势区位城镇的集中发展,建设一批具有江苏风貌的特色小镇,最终形成以城市群为主体形态、大中小城市和小城镇协调发展的城镇发展新格局。

三、率先打破城乡二元结构

改革开放之后,江苏的城乡关系有了很大的改善,城市与乡村再也不是相对隔离、自我循环的,而是产业关联和经济依存的。目前,通过生产力的梯度转移和优势互补来获取协调发展与一体化发展,已经成为城乡关系的主流。

(一)城乡协调发展的历史进程

改革开放以来,江苏率先突破"城市—工业、农村—农业"的传统发展模式,贯彻"工业反哺农业、城市支持农村"的大政方针,积极探索以城带乡、城乡联动的发展格局。

1. 乡镇企业推动小城镇发展

改革开放初期,城乡集贸市场开禁,江苏城乡之间的物资和人员交流逐步增多。从1984年开始,农民可以自理口粮到小城镇落户务工经商,一批有经营头脑的持农村户口的商贩来到城市,成为城市的暂住人口。城乡二元分割的局面开始改变,束缚农民移动的户籍制度开始松动。20世纪80年代,以实行农村家庭联产承包责任制为代表的农村体制改革轰轰烈烈地展开,江苏的乡镇企业异军突起。乡镇工业总产值占江苏农村总产值的比重从1978年的34%跃升为1983年的51.7%,成为农村经济的主体。乡镇企业的崛起带动了小城镇的发展,农民通过自身努力,依循地缘关系,在小城镇进行就地转移,小城镇不仅有效地改善了城乡的空间布局,而且推进了城乡的经济合作、文化交流,对于城乡统筹发展的贡献巨大。

2. "整乡设镇"推动县域经济发展

1984年,我国撤销人民公社,恢复乡作为县以下的乡村基层行政单位,同年,国务院制定了新的建镇标准,放宽了条件,批准政府驻地非农业人口在2000人以上或占全乡总人口的10%,工商业比较集中的地区都可设镇,并实行了镇管村的体制。1983年年初,国务院批准在江苏全省范围内实行市领导县体制,发挥大中小城市之间的联动效应,加速乡镇企业发展,激活农村市场经济,促进县域经济的成长和壮大。这一举措在苏南催生了一批全国的"百强县",截至2016年年底,全国有21个县(市)的地区生产总值突破了千亿元级大关,其中江苏数量最多,占据8席。

3. 率先提出城乡一体化的建设体系

党的十六大提出"统筹城乡经济社会发展",十七大强调形成"城乡经济社会发展一体化新格局"。江苏在2002年提出:统筹城乡经济社会发展,构建城乡一体化发展体制机制,加快破除城乡二元结构,缩小城乡发展差距。江苏的城乡一体化体现在城乡规划、产业发展、基础设施、公共服务、就业社保、社会治理的"六个一体化",并且在农村改革上实现"四位一体"整体推进农民专业合作组织、农业适度规模经营、高效农业、农业特色产业基地建设。

4. 新型城镇化推动"人的城镇化"

随着城乡制度性约束的减少,城市化进程中的"不完全"城市化现象开始出现,体现为大量农村劳动力涌向城市,却无法在户籍身份、社会保障、生活条件、医疗教育、社会关系等诸多层面拥有"市民"身份。为此,党的十八大提出以人为核心的新型城镇化战略,而江苏在全省13个设区市全面实施居住证制度,明确流动人口持有居住证能享受的公共服务项目,建立以居住证为载体的基本公共服务供给机制。同时,实行省辖市范围内本地居民户口通迁制度,以"稳定就业"或"可靠收入来源""合法固定住所"作为基本条件的居住证发放制度等。

(二) 城乡互动关系的现状评价

城乡互动融合是针对城乡分割而言的,旨在改变"重城轻乡""城乡分治",解除城乡之间分割的壁垒。改革开放40年中,江苏不断推进城乡之间生产要素的合理流动与优化组合,希望通过生产力在城市与乡村之间的科学配置,达到城乡经济和社会生活紧密结合与协调发展的目标。40年中,江苏历年城乡居民收入都有大幅提升,表示消费结构中食品消费占比的恩格尔系数也呈现下降态势,说明城乡居民的生活水平有了很大程度的改善。江苏城乡居民收入的差距在进入21世纪后有所扩大,但是依然为全国差距较小的省份之一,而且近年来城乡收入差距也开始呈现收敛趋势。总之,经过改革开放40年的努力,重工轻农的"城市偏向"的发展路线发生了根本性扭转,社会主义新农村建设成效斐然,乡村振兴战略正在有条不紊地实施。

(三) 推进城乡一体化的发展经验

改革开放40年中,江苏充分尊重城乡发展的经济规律,优化城乡空间布局、塑造城乡特色风貌、完善城乡公共服务、创新城乡管理体制,推动了城乡关系从"分割"到"共存"再到"共荣"的转变。

1. 科学的规划思想保证了城乡关系的理性

江苏在推进城乡一体化的进程中,一直以科学规划为引领,坚持"先规划后建设",注重规划理念的创新,较好地实现了发展的整体性与持续性。进入21世纪,江苏力图按照片区化、整体化的规划理念,高水平编制试点镇村规划,强化规划管控,加强规划实施全过程监管。建立健全新型城镇化和城乡发展一体化工作领导机制,统筹研究和制定相关政策,协调解决城镇化发展中的重大问题。推进城乡一体化规划与土地利用规划、交通规划等专项规划的衔接协调,加强部门间政策制定和实施的统筹配合,引导人口、土地、就业、社保、资金、住房、生态等方面的政策和举措形成合力,将规划落到实处。

2. 充足的发展动力推动了城市化的进程

在改革开放40年中,江苏的城乡关系之所以不断地改善与优化,主要得益于江苏经济所提供的充足的城市化动力。20世纪80年代,江苏乡镇企业如火如荼地展开,乡镇企业帮助农民实现了"离土不离乡"的就地转移,不仅缓解了农村人多地少的矛盾,而且为小城镇的发展提供了财力与人气。20世纪90年代,以外向型经济为支柱的开发区建设促进了城市产业结构的升级,拓展了老城镇的发

江苏历年城乡居民收入及恩格尔系数

年份	城镇居民家庭人均可支配收入		农村居民家庭人均纯收入		城镇居民家庭恩格尔系数（%）	农村居民家庭恩格尔系数（%）	城乡居民收入比（以农民收入为1）
	绝对数（元）	实际增长指数（1978=100）	绝对数（元）	实际增长指数（1978=100）			
1978	288	100.0	155	100.0	55.1	62.3	1.86
1980	433	141.4	218	150.1	55.1	58.0	1.99
1981	448	142.8	258	176.1	55.9	56.9	1.74
1982	484	152.9	309	208.9	58.2	55.5	1.57
1983	498	156.2	357	241.1	58.6	55.3	1.40
1984	626	188.5	448	291.7	56.3	53.0	1.40
1985	766	210.4	493	293.2	52.5	52.1	1.55
1986	910	235.1	561	312.8	51.2	49.5	1.62
1987	1005	234.8	627	324.4	52.0	48.4	1.60
1988	1218	232.2	797	340.0	50.8	46.1	1.53
1989	1372	225.5	876	315.1	53.9	50.2	1.57
1990	1464	232.6	884	335.0	55.5	52.3	1.66

续表

年份	城镇居民家庭人均可支配收入		农村居民家庭人均纯收入		城镇居民家庭恩格尔系数（%）	农村居民家庭恩格尔系数（%）	城乡居民收入比（以农民收入为1）
	绝对数（元）	实际增长指数（1978=100）	绝对数（元）	实际增长指数（1978=100）			
1991	1623	239.5	921	315.6	55.7	56.1	1.76
1992	2138	290.0	1061	348.1	53.9	54.7	2.02
1993	2774	316.9	1267	358.5	49.4	50.2	2.19
1994	3779	344.7	1832	380.0	50.1	54.8	2.06
1995	4634	363.7	2457	416.1	51.9	54.8	1.89
1996	5186	367.3	3029	468.6	51.0	51.2	1.71
1997	5765	403.1	3270	489.2	47.7	48.9	1.76
1998	6018	420.8	3377	511.2	45.1	47.8	1.78
1999	6538	463.7	3495	538.3	44.1	44.7	1.87
2000	6800	482.3	3595	557.1	41.1	43.5	1.89
2001	7375	522.5	3785	579.4	39.7	42.6	1.95
2002	8178	588.8	3996	613.6	40.4	40.0	2.05
2003	9263	661.0	4239	645.5	38.3	41.4	2.18

续表

年份	城镇居民家庭人均可支配收入		农村居民家庭人均纯收入		城镇居民家庭恩格尔系数（%）	农村居民家庭恩格尔系数（%）	城乡居民收入比（以农民收入为1）
	绝对数（元）	实际增长指数（1978=100）	绝对数（元）	实际增长指数（1978=100）			
2004	10482	721.3	4754	692.0	40.0	44.2	2.20
2005	12319	831.1	5276	750.1	37.2	44.0	2.33
2006	14084	935.2	5813	813.1	36.0	41.8	2.42
2007	16378	1044.7	6561	875.7	36.7	41.6	2.50
2008	18680	1133.5	7357	930.0	37.9	41.3	2.54
2009	20552	1252.5	8004	1017.4	36.3	39.2	2.57
2010	22944	1350.2	9118	1111.0	36.5	38.1	2.52
2011	26341	1474.4	10805	1243.2	36.1	38.5	2.44
2012	29677	1620.4	12202	1368.4	35.4	37.4	2.43
2013	32538	1735.4	13598	1487.5	34.7	36.3	2.39

注：从2013年开始，国家统计局对长期分开进行的城镇住户调查和农村住户调查实施一体化改革。按照城乡常住人口现状，统一调查方法、统一调查过程、统一数据处理和统一数据发布，建立了城乡一体化住户收支调查制度，并在全国统一实施，因而，按照统一指标的此表年限只到2013年。

资料来源：根据历年《江苏统计年鉴》整理。

展空间,优化了城市的投资环境。以开发区为载体减轻了乡镇企业"处处冒烟"导致的土地利用不经济问题,开发区引进的外资、带动的制造业也成为城市化发展的新一轮动力。进入21世纪,江苏的城市化动力机制更加多元化,科技创新、信息化、新兴服务业都有力地推动了城市化进程。由于每一个历史阶段都有与之对应的城市化动力,城乡之间的互动与交流才得以源源不断地推进。

3. 合理的空间集中保证了城乡用地的效率

在城乡用地问题上,江苏谨遵"管住总量、严控增量、盘活存量、提高质量"的要求,创新土地管理制度,实行最严格的耕地保护制度和最严格的节约集约用地制度,优化土地利用结构,提高土地利用效率。为了实现土地资源利用的集约化,江苏切实提出了"三集中"的空间布局原则,即工业向园区集中、人口向城镇集中、居住向小区集中,不仅极大地提高了土地的利用率,而且有利于环境保护和污染治理,有效地遏制了农村环境污染的扩散。近年来,城市的外向扩张态势汹涌,江苏又提出强化主体功能区规划定位和开发强度标准设定的双约束,严格控制新增建设用地规模,使得城乡土地得到更合理和更高效的配置与利用。

4. 均质的公共服务缩小了城乡福利的差距

在城乡一体化进程中,江苏选择以基础设施建设为龙头,着力优化城镇交通体系以及供排水、污水处理、垃圾无害化处理等市政设施建设,推进公交村村通等工程建设,加强城镇公共服务的供给,补齐城乡发展短板。江苏持续推进城乡综合改革,建立起城乡统一管理的户籍制度和外来人口居住证制度,开展城乡建设用地增减挂钩试点,率先建立被征地农民生活保障制度。积极推进终身教育、就业服务、社会保障、医疗卫生、住房保障、社会养老等基本公共服务供给的城乡一体化,率先推广"一委一居一站一办"新型社区管理模式,提升城乡的治理水平。

(四) 城乡协调发展的未来展望

由于农业劳动生产率仅相当于工业的1/4,因而农业一直是弱势产业。就目前而言,江苏的城乡居民收入差距仍然较大,农民增收的长效机制尚待加强,城乡要素平等交换和公共资源均衡配置依然存在着制度性障碍。党的十九大提出了"乡村振兴战略",认为走向现代化强国必须有强大、富裕、美丽的乡村。江苏省委十三届三次全会指出:贯彻实施区域协调发展战略和乡村振兴战略,构建城乡高质量协调发展新格局。在未来的发展中,江苏将更加重视农村发展的巨大潜力,形成和谐相融的现代城乡形态。新时期,江苏将把特色小镇建设作为城乡融合发展的着力点,着眼于"五个新"——探索特色小镇制度新供给,建立政府与市场新关系,统筹生产、生活、生态新布局,打造特色小镇发展新平台,推动产、城、人、文互促互融新发展——来培育创建一批宜业宜居宜游的小镇。总之,江苏的城乡一体化不是要让城市"合并"农村,而是要让农村"融入"城市,广大农村既能保持优美的田园风光和鱼米之乡的特色,又能享受到高度发达的现代文明。

四、从行政分割到功能区划

空间战略布局是区域发展的总体纲领。江苏在发展过程中,一直试图通过空间战略布局的调整,加强分工协作,来打破行政区划所带来的发展壁垒,不断形成新的经济共同体,实现整体功能的优化,促进区域融合发展。

（一）江苏空间结构的演变过程

空间结构是经济发展水平、交通条件、发展战略、空间治理方式等多种因素综合作用的结果，在不同阶段有着不同的表现。空间结构一旦形成，又会进一步影响区域经济发展的进程。

1. 低水平空间均衡阶段，区域空间结构呈点状分布

1978—1990年，江苏城市化水平从13.7%提高到21.6%，年均增加0.66个百分点，城市化进程较为缓慢。同时，由于市场化程度较低，交通基础设施欠发达，区域之间联系较少，资源要素的流动性较差，区域空间形态呈现出点状的孤立发展状态，是一种较低层次的空间均衡。

2. 交通干线引领阶段，形成轴向发展的经济带

交通作为人口流、物质流、资金流、技术流等的空间载体，是区域经济联系的纽带和城市群空间建构的重要载体。20世纪90年代以来，苏南地区基础设施进一步改善，沿江、沪宁铁路、沪宁高速公路、锡澄高速公路、沿江公路等加强了地区间联系，中心城市的经济能量也开始沿重要的交通线路作梯度推移，逐渐形成沪宁经济带。与此同时，江苏省政府相继提出了"徐连经济带"的概念以及沿江、沿海、沿东陇海线、沿运河的"四沿"发展战略，并根据发展阶段的不同不断赋予"四沿"战略新的内涵，以期充分发挥交通干线对产业集聚的引领作用，逐渐完善"井"字形的空间结构。

3. 中心城市极化阶段，都市圈形态的空间结构显现

1998—2009年，江苏城市化水平从31.5%提高到55.6%，年均增长2.2个百分点，进入城市化快速发展阶段。其间，伴随市场化进程的加快和高速公路网络的完善，各城市之间的要素联系日益增强，

城市的发展突破了单个城市的局限,向区域化方向发展,不仅中心城市的规模不断扩大,围绕中心城市外围的一些县市规模也不断扩大,在空间上呈现连片分布。为了更好地调整城乡空间结构,江苏率先开始尝试以中心城市为依托推进区域经济发展,编制了南京、苏锡常、徐州三大都市圈规划,在国内引起很大反响。在政府的推动和协调下,这些已经具有一体化发展倾向的区域不断突破行政区划的限制,在更大的空间进行资源的优化配置,形成了单中心或多中心的都市圈空间结构。

4. 点—轴—面共存的网络化阶段,城镇群成为空间发展的主体形态

2010年,江苏城市化水平首次超过60%,开始进入城市化成熟阶段,更加重视提升城市群和城市化质量。苏南作为江苏经济最发达的地区,城市化水平已经超过70%,伴随工业化、现代化的推进,生产力水平进一步提高。与此同时,高速铁路的迅速发展不仅带来了区域可达性的显著提高,也强化了原有都市圈内部和都市圈之间的联系。而互联网和新一代信息技术的兴起使得基于技术依赖和服务依赖的虚拟分工、跨界分工逐渐成为区域产业分工的重要形式,推动区域向多中心趋势发展。江苏的区域空间结构也开始向由若干等级不同的轴线和多层次的增长中心所组成的网络型模式转变。

(二) 江苏空间整合的主要方式

1. 通过行政区划调整进行空间整合

行政区划调整是进行空间整合最直接的方式,并因为成本少、见效快成为地方政府广泛采用的一种手段。改革开放以来,江苏在行政区划上也经历了诸多的调整,涉及地市级的区划调整有两次,而

市、县、乡、镇等行政区划的调整则是一直在进行。1983年,江苏在全国率先撤销了地区建制,形成了11个省辖市的格局。1996年,江苏增设泰州和宿迁2个省辖地级市,13个省辖市的格局正式形成,并延续至今。在此期间,江苏还进行了撤县设市调整,共设立了30多个县级市。21世纪以来,江苏的县区调整主要表现为撤县(县级市)设区。2001年至2016年期间,江苏先后撤并了三十多个县(市、区)。通过调整,江苏县和乡镇的数量大幅减少,行政区划格局进一步优化,对推进新型城镇化建设、促进大中小城市和小城镇协调发展起到了积极作用。

2. 通过产业园区建设进行生产力布局调整

20世纪80年代江苏开启了以开发区为主要载体发展外向型经济的新模式,从而带来了江苏工业布局由乡镇向工业园区转移的相应调整。经过三十多年的发展,截至2017年年底,江苏共有省级以上各类开发区131家,其中国家级经济技术开发区26家,国家级高新技术产业开发区18家。开发区以不到全省2%的土地面积,创造了全省1/2的地区生产总值和一般公共预算收入,完成了全省4/5的进出口总额,吸纳了全省3/4的实际使用外资,不仅成为江苏经济发展的增长极和外商投资的密集区,也成为新兴产业的集聚区和迅速崛起的新城区。在南北合作中,以共建园区为载体,推动产业梯度转移,不仅优化了生产力布局,也在联动发展中促进了区域融合。

3. 通过一体化发展培育经济共同体

江苏部分地区因为地域相邻、经济互补、文化相通,成为全国较早开展一体化实践的区域。江苏各级政府也一直非常重视区域一体化治理,在省内积极推进资源融通、市场互通、信息共享、交通互联、产业互补、环境共保,在区域政策供给上,也逐步跳出"对口支援、挂钩扶贫"的制度框架,探索多种形式、多元主体的一体化治理模式。经过多年的发展,江苏形成了都市圈、城市群、城市组团等多种类型的空间一体化形态,促进了资源要素的自由流动和优化配置。在大力推进省内一体化治理的同时,江苏还积极推动与参加长三角一体化建设,参加长三角市长联席会议、沪苏浙经济合作与发展座谈会、长三角城市经济协调会、各职能部门的行政首长联席会议,为长三角的一体化发展做出了重要贡献。

4. 通过主体功能区优化国土空间开发格局

空间整合不仅要考虑经济合理布局的要求,更要充分考虑各地区的资源环境承载能力。通过深入实施主体功能区战略,建立环境资源综合管理、统筹协调机制,建立健全区域生态补偿机制,可以规范开发秩序,控制开发强度,调整空间结构。江苏按照国家发展要求开展了一系列主体功能区划工作,在2014年印发的《江苏省主体功能区规划》中将主体功能分为开发建设功能、农业生产功能和生态服务功能,并综合运用指数评价法和主导因素法,对省辖市城区和县(市、区)确定主体功能。主体功能区模式在江苏的推广与实施,使得江苏能够"区别对待、分类指导"区域发展,"有的放矢、因地制宜"地进行开发,从而有效地促进了区域协调发展与科学发展。

(三) 江苏空间整合的未来展望

多重国家战略的密集叠加为江苏调整空间战略布局、重塑区域经济地理提供了新的历史机遇,也要求江苏将省内空间整合与全国区域发展新的战略布局紧密结合,在更高平台上加强区域合作,拓展区域发展空间,优化区域发展布局,提高区域协调发展水平。随着加快建设沿沪宁线、沿江、沿海、沿东陇海线经济带,推进宁镇扬、锡常泰、(沪)苏通融合发展,推动淮海经济区和淮河生态经济带规划建设,江苏将构建更加科学合理的生产力布局。同时,新型城镇化和城乡发展一体化以及主体功能区建设的深入推进,也将从空间上统筹城市和乡村,加强主体功能约束,促进经济社会发展与人口资源环境相协调。这些都要求江苏打破地方保护主义和区域市场分割,充分发挥不同区域的比较优势,加强分工协作,通过跨企业、跨产业、跨区域的结构重组,充分释放资源要素的流动性,促进生产相对集中,在提高城市群一体化水平的同时,推动行政区经济向功能区经济转变,构筑区域协调发展新格局。

五、以南北合作促区域协调

南北合作一直以来都是江苏加快苏北振兴的重要手段。从单向扶贫到项目合作,从"四项转移"到共建园区,从南北挂钩到"城市联盟",江苏一直在不断探索和创新南北合作的方式,深化南北合作的内涵,并取得了显著的效果,促进了区域协调发展水平的全面提升。

(一)江苏南北合作的发展历程

根据江苏南北合作的方式及其发展成效,可以将南北合作的过程分为三个阶段。

1. 单向援助,区域差距不断扩大阶段(1979—1993)

改革开放初期,苏南抓住经济体制改革的机遇,以发展乡镇经济为突破口实现了经济的第一次跨越式发展,也拉开了与苏北之间的发展差距。在这一背景下江苏高度重视区域差距问题,并于1984年的江苏省第七次党代会上首次提出"积极提高苏南,加快发展苏北"的战略方针,由此正式拉开了南北合作的序幕。在这一方针的指导下,省级层面动用大量人力、物力和财力,支持苏北落后地区的发展,支持方式主要是派驻扶贫工作队、财政转移支付、改善基础设施等。在行政力量的推动下,尽管苏中、苏北的经济增长速度有所加快,但与苏南相比仍有较大的差距。1979—1993年,苏南年均经济增长率为13.7%,分别比苏中、苏北快2.5个和4个百分点。由于单纯依靠输血式扶贫的南北合作方式取得的成效不大,区域差距不断扩大。

2. 多项并举,极化效应有所缓解阶段(1994—2007)

1994年12月,江苏省第九次党代会提出"区域共同发展"战略,并将其列为全省三大发展战略之一。其后,出台了《江苏省扶贫攻坚计划》《关于加快徐连经济带建设的若干意见》等一系列政策,积极实施苏北星火产业带建设、徐连经济带建设、"海上苏东"工程、淮北致富工程、南北合作产业转移示范工程等战略举措。2001年,江苏省政府提出"提升苏南发展水平,促进苏中快速崛起,发挥苏北后发优势"的发展战略方针。之后,江苏通过沿江开发、沿东陇海产业带开发等战略部署调整生产力布局,加大对苏中、苏北的支持,制定加快苏北振兴的10条政策措施,推出南北挂钩共建苏北开发区战略,全面部署新一轮沿海开发。在这一阶段,苏南、苏中、苏北年均经济增长率分别为13.8%、12.9%和12.8%,与1979年至1993年相比,分别提高0.1个、1.7个和3.1个百分点,区域经济增长基本均衡。

3. 良性互动,区域协调发展水平全面提升阶段(2008—)

"十一五"中后期以来,国内外经济发展环境发生深刻变化,区域经济社会发展进入一个新的阶段。2010年,江苏省委、省政府把"区域共同发展"战略深化为"区域协调发展"战略。2011年,江苏省第十二次党代会强调:支持苏南转型升级,支持苏中加快崛起,支持苏北全面振兴,深入实施《沿海开发五年推进计划》,使江苏沿海地区尽快成为我国东部重要的经济增长极。2013年,江苏制定实施苏南现代化建设示范区实施意见和推进计划,出台支持苏北建设全面小康的28条政策意见、推动苏中融合发展特色发展的意见等。三大区域在发展空间、城乡关系、产业与内在机制等方面初步形成了良性互动新格局,协调发展成效明显。

(二) 江苏南北合作的显著成效

通过多年来全方位、多层次、制度化的帮扶与合作,苏北地区综合实力明显增强,产业结构调整步伐加快,改革开放深入推进,城乡面貌显著变化,人民生活持续改善,全面小康建设取得了重要阶段性进展。

1. 苏中苏北经济增长速度超过苏南

统计数据显示,"十一五"期间,苏中、苏北经济增长速度明显加快,并且首次超过苏南的发展速度,年均增长速度高达19.0%和20.5%,分别高出苏南2.1个和3.6个百分点;"十二五"以来,由于江苏进入转型升级阶段,各区域经济增长速度明显放缓,但苏中、苏北的发展速度仍然快于苏南的发展速度。从2008年开始,苏北地区主要经济指标的增幅连续10年高于全国和全省平均水平,对全省经济的贡献率稳步提升。

不同时期江苏南中北三大区域国内生产总值增长速度(%)

区 域	1979—2000年	2001—2005年	2006—2010年	2011—2016年	2017年
苏南	13.4	20.3	16.9	8.6	7.5
苏中	11.5	16.2	19.0	10.9	7.9
苏北	10.6	13.4	20.5	11.1	8.4

资料来源:根据历年《江苏统计年鉴》数据整理。

2. 苏中苏北产业结构不断优化

从各区域第三产业的变化速度看,苏中增长最快,三产比重由2010年的37.5%提高到2017年的47.2%,提高了9.7个百分点,已经与二产比重十分接近;苏南的三产增长与苏中相当接近,由2010年的43.7%提高到2017年的52.9%,提高了9.2个百分点;苏北的产业结构调整稳步推进,2016年首次实现了"三二一"的产业结构转型。

不同时期江苏南中北三大区域国内生产总值构成比较(%)

区 域	2010年			2017年		
	一产	二产	三产	一产	二产	三产
苏南	2.3	54.0	43.7	1.8	45.3	52.9
苏中	7.5	55.1	37.5	5.2	47.6	47.2
苏北	13.7	47.7	38.6	10.4	44.3	45.4

资料来源:根据历年《江苏统计年鉴》数据整理。

3. 苏中苏北对外开放程度不断提高

在江苏省委、省政府的支持下,苏北通过借鉴苏南经验,承接产业转移,不断提高对外开放程度。"十一五"以来,苏中、苏北外向型经济取得长足发展,在多个年份增长速度超过苏南。2006年至2010年期间,苏中、苏北进出口总额年均增长速度分别高出苏南11.7个和9.3个百分点;2011年至2016年期间,在苏南进出口总额为负增长的情况下,苏中、苏北仍然实现了1.6个和3.0个百分点的增长,全省外向型经济发展的非均衡性得到一定程度的改善。2017年,全省进出口总额均实现快速增长。

不同时期江苏南中北三大区域进出口增长速度比较(%)

区域	进出口总额				出口总额			
	2001—2005年均增长	2006—2010年均增长	2011—2016年均增长	2017年	2001—2005年均增长	2006—2010年均增长	2011—2016年均增长	2017年
苏南	47.2	12.1	-1.7	15.9	45.7	13.0	-0.1	19.0
苏中	27.6	23.8	1.6	15.1	30.3	22.0	2.4	26.0
苏北	32.9	21.4	3.0	18.7	27.8	21.1	4.8	23.2

资料来源:根据历年《江苏统计年鉴》数据整理。

4. 南北城乡居民生活水平持续改善

在城镇化进程加快推进、地方财力不断增强的同时,江苏南北城乡居民收入都有大幅提高,城乡收入差距不断缩小。2006—2016年,苏中、苏北城镇居民人均可支配收入增长速度仍不及苏南,分别低于苏南0.14个和1.89个百分点,但2017年开始超过苏南。农民人均纯收入方面,2006—2016年,苏中、苏北的年平均增长速度分别超过苏南0.37个和0.7个百分点;2017年,全省增幅均放缓,但苏中、苏北增幅仍高于苏南。2006年苏南、苏中、苏北城乡居民收入比分别为2.12、2.24和2.49,到2016年则下降到2.03、2.05和1.89。

不同时期江苏南中北三大区域城乡居民收入与储蓄增长速度比较(%)

区域	城镇居民人均可支配收入				农民人均纯收入			
	2006—2010年均增长	2011—2016年均增长	2006—2016年增长	2017年	2006—2010年均增长	2011—2016年均增长	2006—2016年增长	2017年
苏南	12.42	11.97	11.12	8.5	12.09	10.12	11.60	8.6
苏中	11.84	11.81	10.98	8.9	12.95	9.96	11.97	9.2
苏北	7.95	11.55	9.23	8.7	13.02	10.31	12.30	9.3

资料来源:根据历年《江苏统计年鉴》数据整理。

(三) 江苏南北合作的经验总结

1. 行政推动,政策扶持

在促进区域协调发展的过程中,来自政府层面(尤其是省级政府)的行政推动和政策扶持始终起着至关重要的作用。江苏通过实施"差异化"的政策措施,特别是倾斜性财税与金融支持政策,充分调动各类市场主体扶持苏北的积极性。在行政力量的大力推动下,江苏一方面建立了产业、财政、科技、劳动力"四项转移"制度和苏南各市县、省级机关、科研院所、大专院校、部省属大型企业与苏北经济薄弱县"五位一体"的挂钩帮扶体制;另一方面,在省级层面建立了较为健全的苏北发展工作制度,如苏北发展工作组织领导体系和工作网络、苏北发展协调小组年会制度、苏北发展工作目标管理制度等,从而为南北合作的有效运行提供了制度和组织上的双重保证。

2. 因地制宜,分类指导

鉴于江苏三大区域在发展水平和层次上存在明显差距,江苏省委、省政府在推动南北合作中始终坚持因地制宜、分类指导的原则,从各区域的实际出发,提出不同的发展要求,实行差别化的调控与政府援助政策。从1984年提出"积极提高苏南,加快发展苏北"到2005年提出"提升苏南发展水平,促进苏中快速崛起,发挥苏北后发优势",江苏区域协调发展重大方针中始终都包含着分类指导的思想,不仅分类指导的内涵与时俱进,分类指导的力度也一再加强。为充分发挥苏北优势,江苏根据苏北5市的特点,出台了"一市一策"的针对性帮扶政策。在帮扶过程中江苏更加注重扶持政策的激励效应,更加注重增强发展动力,更加注重基础设施建设。

3. 增强互动,合作共建

在实行区域协调发展战略的过程中,江苏逐渐意识到南北合作不能仅局限于简单的输血式帮扶,只有增强互动,优势互补,在扬长避短中谋求共赢,才能形成区域协调发展的长效机制。通过多年的实践探索,江苏南北互动增强,合作方式层出不穷、多种多样、不断创新,有科技合作、教育合作、干部合作、劳务合作、农业生产基地合作

苏州宿迁南北共建园区

等;合作层次从低层次、单一化加速向高层次、多元化迈进,从初期的地级市层次合作,逐步深化到县市级层次,并继续扩大到乡镇村层面的基层合作;合作内涵不断提升,通过南北共建开发区,江苏将苏南的资金、技术、管理、信息等优势与苏北的土地、劳动力、环境承载力等优势进行深入融合,既有利于苏北"筑巢引凤",加快工业化进程,又有利于苏南"腾笼换鸟",加快产业升级。

4. 不断创新,提升内涵

为了促进区域协调发展,一方面,江苏在南北合作上不断开拓新的思路,通过政策创新多层次、全方位地引导苏南、苏中、苏北区域发展协调互动,每一次转变都是一种全新的尝试和突破。另一方面,江苏能够根据经济发展阶段的变化与时俱进地深化区域共同发展的内涵,将区域共同发展战略上升为区域协调发展战略,相应的战略目标从经济总量提升转向区域经济、社会、环境的整体协调与优化;区域合作从粗放式、低层次上升为精细式、高层次,表现为由过去单纯的对口支援、挂钩扶贫转变为经济、技术、文化、组织制度的全面融合,把政策的倾斜转化为能力的培养;推动主体也从政府管理者为主向政府与企业经营者共同努力转变。区域发展战略的实施更加追求在空间布局、设施建设、城乡关系、产业分工等方面创造良性互动的新格局。

(四) 江苏南北合作的未来展望

按照党的十八届五中全会明确的未来区域协调发展的四大任务和江苏全面小康建设的要求,江苏还需要从多方面入手推进多形式、多内涵、多元化的南北交流与合作,以实现更高层次的协调发展,主要包括:探索以制度创新为核心的改革创新之路,在财税体制改革、投融资体制改革等方面加大改革力度,为苏中、苏北发展拓宽体制空间;进一步厘清政府与市场的关系,加快推动政府职能转变和行政体制改革,打破行政区划边界壁垒,推动全省市场一体化的实现;将江苏三大区域发展与全国区域发展新的战略布局紧密结合,在更高平台上加强区域合作,拓展区域发展空间,优化区域发展布局;加速公共服务网覆盖全省建设,实现区域内及区域间公共服务均等化;加快淘汰落后产能,采用资源节约和环境友好技术,促进地区间和区域内资源高效集约利用,在南北合作中更加注重生态环境保护,避免重复建设和污染等。

第六章
美丽江苏的绿色追求

  习近平总书记在党的十九大报告中强调指出,我国的现代化是人与自然和谐共生的现代化,既要创造更多物质财富和精神财富以满足人民日益增长的美好生活需要,也要提供更多优质生态产品以满足人民日益增长的优美生态环境需要。习近平总书记对江苏生态文明建设格外关心,寄予厚望。2013年参加全国人代会江苏代表团审议时就提出"深化产业结构调整、积极稳妥推进城镇化、扎实推进生态文明建设"三项重点任务,希望江苏在"率先""带头""先行"内涵中将生态文明建设作为一个标杆;2014年视察江苏时他明确将"环境美"作为建设"强富美高"新江苏的重要内涵和重大任务;2017年12月他强调江苏要贯彻新发展理念,坚定不移走生产发展、生活富裕、生态良好的文明发展道路。江苏省委十三届三次全会把"生态环境高质量"作为"六个高质量"之一,提出要下大力气补齐拉长生态环境突出短板,把江苏建设得更加令人向往。进入新时代,江苏人民必将铸造并谱写江苏生态文明建设向纵深推进、绿色发展底色渐浓的美丽江苏新篇章。

一、生态意识从自发到自觉

生态意识是新兴的现代文明形态,意味着人类与自然的关系已由传统的对立关系发生转变。生态意识不仅包括公民对于生态文明知识的认知和主观看法,更是深层次意义上公民对自身在生态文明与生态发展中承担社会角色和社会责任、共享生态权力以及对人与自然和谐发展社会中基本规范所持有的观点和认知。

(一) 充分激发群众环保热情

改革开放以来,江苏在重塑经济社会发展生态观的进程中,尤其注重发挥人民群众的力量,调动人民群众在促进人与自然和谐发展中能够发挥的积极性和主动性。始终将坚持生态意识为导向的大局意识,坚持人与自然和谐发展的共生意识,坚持生态优先、绿色发展的发展意识,融入美丽江苏建设的历史进程。

1. 生态意识逐步树立

早在2006年,江苏省委、省政府就决定实施环保优先战略,坚定不移地把环保优先作为江苏经济社会发展的重要战略,促进了江苏从重经济增长轻环境保护转变为保护环境与经济增长统筹协调,从环境保护滞后于经济发展转变为环境保护与经济发展同步推进,从主要用行政办法解决环境问题转变为综合运用法律、经济、技术和必要的行政办法解决环境问题。随即,江苏省委、省政府开始实施"环保十优先"战略,其中就提出了"强调加强环境宣传教育,不断提高全民环保意识"的优先战略,指出要把提高全民环保意识作为一项长期任务来抓,要针对不同对象、不同时机、不同地方、不同媒介做好不同形式的宣传教育工作。在环保宣传力度提升的条件下,江苏公众的环保意识不断增强,为环境保护提供了广泛的社会基础。

2. 环境教育实践丰富

江苏充分利用党校、行政学院及各类技术管理干部培训机制,并结合职业和行业特点,把保护环境教育内容纳入教育计划大纲,提高各级领导的环保意识和综合决策水平。2011年,江苏确立了点、线、面"三结合"的宣传教育思路,通过找准基点,把握轴线,全面提升,努力形成"立体式"的环保宣传教育空间,逐步实现渗透引导的环境教育氛围。充分利用寒暑假加强对中小学生的环保教育。2015年,江苏省级生态环保体验中心建成开放,被环保部、教育部命名为"全国中小学环境教育社会实践基地"。2016年,江苏新闻广播组织开展了"环保课堂"活动,使之成为寓教于乐、传播环保的重要教育平台。2017年,江苏提出,在"十三五"期间,把建设环境教育基地(场馆)作为重点工程项目,要求在各设区市力争建设一座1000平方米以上的生态教育场馆。

扬州市汶河小学学生接受环保教育(庄文斌摄)

3. 环境宣传辐射广泛

党的十八大以来,江苏抓住地铁客流量大、人多密集的特点,2014年在南京率先开通"环保"号地铁列车,在地铁车厢张贴绿色生活、绿色出行知识,利用地铁电视屏幕滚动宣传生态文明理念。2015年,无锡、徐州、连云港、盐城、镇江、宿迁等地也相继开通"环保"号地铁、公交,产生了较好的社会影响。2016年9月,南京地铁10号线绿博园站打造全国首个环保主题车站,该环保车站占地面积近4000平方米,站内开设的"环保小课堂"成为又一个常年开展环境宣传教育的固定场所。2016年"六五"环境日当天,通过派送信函、报纸、杂志等发送宣传资料21万多份,把环境宣传深入到镇(乡)、村一级,使邮递员成为环保义务宣传员。此外,江苏打造"两网两微一客户端"自媒体宣传平台,建设"江苏环保网""江苏环保公众网""江苏环保政务微信""江苏环保政务微博",借助主流媒体《新华日报》打造交汇点新闻客户端"绿政"频道,创建"带着微博看环保"等品牌活动,定期现场直播环境整治活动。

(二)持续打好污染治理攻坚战

2016年年末,江苏正式启动"两减六治三提升"专项行动,即"263"专项行动计划。"两减"即减少煤炭消费总量和减少落后化工产能;"六治"是重点治理太湖水环境、生活垃圾、黑臭水体、畜禽养殖污染、挥发性有机物污染和环境隐患;"三提升"是指提升生态保护水平、提升环境经济政策调控水平、提升环境监管执法水平,为生态文明建设提供坚实保障。

1. 突发环境治理事件减少

江苏省委、省政府加强对环保工作的组织领导,重大突发环境事件明显减少。政府环境治理水平逐步提升。2011年至2016年间,江苏突发环境事件整体呈现明显的下降态势。2011年,突发环境事件次数为27次。特别重大与重大环境事件均呈现零发生。较大环境事件发生1次,一般环境事件发生26次。2013年,江苏突发环境事件次数较多,但特别重大以及重大环境事件仍呈现零发生。2013年至2016年期间,江苏突发环境事件次数呈快速下降态势。

江苏突发环境事件等级及次数(次)

年　份	2011	2012	2013	2014	2015	2016
突发环境事件次数	27	77	125	70	27	13
特别重大环境事件	0	0	0	0	0	0
重大环境事件	0	0	0	0	0	0
较大环境事件	1	0	1	5	1	0
一般环境事件	26	77	124	65	26	13
未定级环境事件	0	0	0	0	0	0

资料来源:根据《中国统计年鉴》相关年份江苏数据整理得到。

2. 环保机制保障有力

近年来,江苏注重环境保护领域的立法工作。2008年,江苏省委、省政府制定《江苏省固体废物污染环境防治条例》《江苏省排放水污染物许可证管理办法》。2016年,江苏省"263"专项行动计划按照红线面积不减少、生态功能不降低的原则,将苏北生态保护网建设与海洋保护区、沿海重要湿地和自然保护区建设纳入环保立法体系。除环保立法工作以外,江苏积极动员社会力量参与环境保护。截至2017年,江苏省环保联合会共发展单位会员189家、个人会员25名,大力开展宣传教育、社会监督、环境维权、环保培训、国际合作等方面工作,组织各类环保公益活动,得到社会各界的广泛好评,为江苏环境保护事业做出了积极贡献。

3. 全民行动共建美丽江苏

环境保护与污染治理需要全社会的参与和监督。在江苏省委、省政府的强有力领导下,社会各界积极配合响应,逐步形成环保监督主体多元化、环保人才队伍层次化、环保文化氛围特色化的全民行动参与格局。

(1) 监督主体多元化。2011年伊始,江苏持续发动有社会责任感的企业,逐步建立起"政府—企业—社会"多元环保参与体系。从2014年起,江苏连续四年开展"绿益江苏"环保公益小额资助,成功资助80多个环保监督、宣传教育、实践调研等项目。2016年,出台《江苏省环境保护公众参与办法》,引导公众依法、有序、理性参与环境保护工作。2017年4月,江苏省环保宣教中心与苏果超市签订了战略合作协议,将每年6月的第一周设为"苏果·环保宣传周",共同打造苏果超市绿色示范门店,建立完善绿色化的管理体系,培育绿色零售业的标杆。

(2) 人才队伍层次化。江苏创新环保工作思路,在融合资源上求突破,按照宣教搭台、社会资源"唱戏"的思路,多方互动,不搞主配角,不唱独角戏,发出"绿色伙伴行动计划"倡议,激发社会和公众参与环保监督管理的主动性,逐步建立起一支层次鲜明、保障有力、梯队完整的环保人才队伍。江苏自2010年开展实施场外融合互动、培育共建共享的绿色氛围以来,每年向全社会招募"环境守护者""民间河长""蓝天卫士"以及"环境观察员"。通过确立统一行动口号、统一形象标识、开展业务培训,发动"环境守护者"观察环境状况、监督环境治理、开展环保宣传、参与环保公益。开发"环境守护者"举报投诉平台,对举报环保问题的群众实行一次性奖励,并将群众举报问题作为环境整治专项行动曝光的依据。每年组织优秀"环境守护者"及优秀"守护案例"评选活动。

（3）环境文化特色化。江苏逐步培育并形成具有地方特点的环境文化,让生态文明理念深入人心。2016年,江苏开展"生态文明建设宣传一条街"活动,目前已经建成50多个,形成了南京市鼓楼区、江阴市、宜兴市等地各具特色、颇有影响的环境宣传集聚效应。2017年,策划"点亮绿色中国,全民一起行动"网上接力活动,以"人与自然,相联相生"为主题,突出政府、企业、公民等不同角色在环境保护中承担的义务和责任。同时,利用互联网和新科技等手段,向社会发布环保信息。任何一个人,只要关注家乡环境状况,无论在天涯海角,只要按键就可以许下环保承诺。这一活动的全球关注度达103万多人次。

二、统筹山水林田湖保护修复

山水林田湖是大自然赋予人类的宝贵资源。苏北的湿地资源、滩涂资源,由京杭大运河、淮河、沂河、沭河、泗河、灌河等河流以及洪泽湖、高邮湖、骆马湖、白马湖等大中型湖泊所构成的自然水网,与苏南和苏中地区的平原、滩涂、湿地、低山丘陵等形态多样的地貌,交错分布、交相辉映,形成了江苏特有的生态类型多样、人居环境优良的山水林田湖自然风貌。2017年,出台并实施《江苏省生态河湖行动计划（2017—2020年）》,重点突出水历史、水文化的传承弘扬,深入挖掘水文化遗产的人文价值,着力彰显江苏水文化特色和水文化自信。

（一）生态林网建设

多年来,江苏各地积极响应、广泛参与,迅速掀起了以造林绿化为主要内容的绿色江苏建设热潮,取得了令人瞩目的成绩,为促进经济社会发展做出了重大贡献。江苏通过多年植树造林,全面恢复丘陵岗地森林植被,初步打造了宜居森林环境,取得了森林资源成倍增长、森林质量显著提升、森林覆盖率显著提高、森林生态状况得到有效改善的佳绩。

1. 森林面积与森林覆盖率显著提高

2011年至2016年,江苏森林面积与森林覆盖率均保持稳定水平。2011年以来,江苏林业快速发展,生态林网建设明显提速。2016年,江苏森林面积156万公顷,活立木总蓄积量9609万立方米,全省林木覆盖率达到22.8%。

2. 人工造林面积显著提升

江苏树立培育"优质高效、景观优美、树种丰富、功能强大、结构稳定"的健康森林总体的思路,突出"质量提升、科技创新"重点,狠抓"精心设计、严格整地、疏通水系"三个环节,注重"绿化美化文化三化结合、绿地林地湿地三地同建、经济效益生态效益景观效益三效兼顾、自然美田园美林草美三美叠加"四项原则,实施"杨树更新、绿美乡村、生态屏障、彩色森林和森林经营"五大林业工程。2011年至2016年,江苏人工造林面积呈现逐年扩大的趋势。2016年,人工造林总面积达到88.7万公顷。其中,用材林、经济林、防护林、特种用途林的当年造林面积分别达到11.8万、9万、67.7万和0.1万公顷。

江苏森林面积与森林覆盖率情况(万公顷)

年　份	2011	2012	2013	2014	2015	2016
造林总面积	64.42	65.26	82.6	83.70	86.26	88.7
当年人工造林面积	64.42	64.93	82.6	82.90	73.23	88.7
新封山育林面积	—	0.33	—	0.86	13.02	—
用材林当年造林面积	13.22	7.85	19.1	12.00	15.87	11.8
经济林当年造林面积	13.61	11.45	19.4	15.70	7.48	9.0
防护林当年造林面积	37.56	43.92	42.5	55.90	62.23	67.7
特种用途林当年造林面积	0.02	2.04	0.1	0.20	0.56	0.1

资料来源:根据《中国统计年鉴》相关年份江苏数据整理。

沿海林场

3. 林业投资规模提升

江苏林业投资规模逐年提高。2011年,江苏林业总投资为95.38亿元。其中,生态建设与保护完成投资80.72亿元,林业支撑与保障完成投资3.97亿元,林业产业发展完成投资2.95亿元,其他涉及林业的相关投资额达到7.75亿元。2013年,江苏林业总投资额首次超过100亿元,达到125.57亿元。从结构上看,江苏林业投资中生态建设与保护投资是构成林业投资的重要部分,而林业产业发展投资和林业支撑与保障投资均比2011年有显著提高。2016年,江苏林业总投资额略有下降,达到104.94亿元。生态建设与保护投资额有所下降,但林业产业发展的投资额达到历史高位的26.89亿元。

江苏林业投资规模(亿元)

年 份	2011	2012	2013	2014	2015	2016
林业总投资	95.38	92.87	125.57	149.31	125.39	104.94
生态建设与保护本年完成投资	80.72	74.85	97.40	101.19	87.82	70.49
林业支撑与保障本年完成投资	3.97	7.58	8.91	21.76	8.02	7.07
林业产业发展本年完成投资	2.95	7.90	17.36	24.24	28.29	26.89
其他投资本年完成投资	7.75	0.91	0.80	0.69	1.11	0.49

资料来源:根据《中国统计年鉴》相关年份江苏数据整理。

(二)自然保护区和生态示范区建设

经过多年努力,江苏山水林田湖通过保护和修复维持了良性的生态循环,省域内生态廊道和生物多样性保护网络初步建成,森林、河流、湿地、海洋等自然生态系统的稳定性和生态服务功能明显增强。沿海土地、滩涂、岸线等资源保护得到加强。陆域自然保护区面积、海洋保护区面积、耕地保有量持续增加。

1. 自然保护区稳步发展

2011年至2016年,江苏自然保护区数量维持在30个以上。省级及以下自然保护区面积保持在53万公顷以上,国家级自然保护区面积保持在30万公顷左右,全域自然保护区面积占辖区面积比重保持在3.8%以上。截至2017年,江苏拥有盐城湿地珍禽国家级自然保护区、大丰麋鹿国家级自然保护区、泗洪洪泽湖湿地3个国家级自然保护区。同时,拥有龙池山、泉山、云台山等10个省级森林生态、湿地与野生动物自然保护区。包括骆马湖湿地、高邮湖在内的市县级自然保护区总数合计达17个。

盐城大丰麋鹿国家级自然保护区(孙华金摄)

2. 生态经济区积极推进

江苏坚持规划先行,打造生态核心区;秉承生态优先、绿色发展理念;着力产业结构优化提升,兼顾生态涵养与新经济发展;立足资源禀赋优势,彰显区域发展特色;优化发展路径与模式,吸引优质资源与高端要素;挖掘富民潜力,拓展富民增收渠道。2016年,江苏实施《江淮生态大走廊建设规划》，并于同年将该规划列入国家规划。江淮生态大走廊涉及扬州的高邮市、邗江区、广陵区、江都区、宝应县5个县（市、区）42个乡镇，计划总投资250亿元，覆盖面积1800平方千米。江苏将江淮生态大走廊建设列为扬州呼应国家淮河入江水道整治工程、国家长江经济带战略，保障"南水北调""清水北送"的头号战略工程。

3. 生态治理体制机制创新

生态经济区建设是江苏秉承生态优先、绿色发展理念，融合生态保护与经济增长的关系，促进人与自然和谐发展的创新发展战略，也成为江苏生态治理体制机制的创新点。生态文明体制改革总体方案以及党的十九大有关决定均提出要重视生态环境治理进程中的体制机制改革以及制度完善。江苏积极响应国家号召，在生态治理体制机制创新领域不断取得突破。2017年，江苏提出"1+3"主体功能区战略构想，建设包括泰州里下河在内的江淮生态经济区。该区域是江苏地理位置上较为中心的区域，是扬子江城市群、沿海经济带、徐州淮海经济区中心城市的共同腹地和后花园。江苏在体制机制创新上，努力打破以行政区划来配置资源的传统模式，发挥"1+1>2"的效应，在全省范围内形成一个开放融合、协同发展的大生态系统。

4. 生态环境质量逐年提升

近年来，江苏生态景观变化不大，生物丰度指数、植被覆盖指数均无太大的变化；水网密度指数由于当年水资源量的小幅增加而略有上升；土地退化指数无明显变化；污染物排放的减少使江苏生态环境质量指数逐年上升。2013年，江苏生态景观格局保持稳定，林地、草地和水域面积无明显变化。2017年，全省生态环境质量指数提升至66.8，各设区市生态环境质量指数处于61.1至70.4之间，生态环境状况均处于良好状态。

江苏生态环境质量指数及状态

年　份	2011	2013	2015	2017
生态环境质量指数	66.4	64.9	66.6	66.8
生态环境状态	良好	良好	良好	良好

资料来源：根据江苏省环境保护厅网站公布数据整理。

三、加强生态环境治理

生态保护与环境治理是建设美丽江苏的必由之路。2003年，江苏省委、省政府出台《关于加强生态环境保护与建设的意见》，将环境质量综合指数作为重要指标纳入小康社会考核指标体系。2006年，江苏先后制定《江苏省沿江地区生态环境保护规划》《江苏省循环经济建设规划》《江苏生态省建设规划纲要》等一系列环保政策措施，生态环境恶化态势得到遏制，一些重要领域的生态状况逐步改善。

（一）水环境治理与水生态建设

水，孕育了江苏的悠久文明，催生了江苏的繁华兴盛。2006年以来，江苏累计实施重点水污染减排工程6627项，积极实施并扎实推进淮河、太湖和长江等重点流域水环境综合治理，深化环境管理，严厉打击环境违法行为，水污染治理能力与水环境质量明显提升。

1. 城市污水处理能力提升

江苏城市污水处理能力显著提升，人均污水处理量明显提高。2010年，江苏城市建有污水处理厂163座，比2005年增加58座；污水日处理能力比2005年增加777.1立方米。江苏将污水处理厂建设延伸到各个乡镇,包括因地制宜采用相关工艺,保证每一个县级市拥有一个污水处理厂。2012年至2016年,江苏城市污水处理能力逐年提升。2016年,城市污水日处理量达到1742.9万立方米,人均城市污水日处理能力达到0.313立方米/人。

江苏城市污水处理能力

年份	2012	2013	2014	2015	2016
城市污水日处理能力(万立方米)	1564.5	1606.5	1622.4	1673.2	1742.9
人均城市污水日处理能力(立方米/人)	0.334	0.318	0.314	0.316	0.313

资料来源:根据《中国统计年鉴》相关年份江苏数据计算。

2. 重点污染物排放下降

在经济持续高速增长的大背景下,江苏单位GDP污水污染物排放总量呈现逐年下降趋势。2011年江苏单位GDP废水排放总量为12070.26吨/亿元。2012年下降至11066.05吨/亿元。2012年至2016年间,江苏单位GDP废水排放量逐年下降,2016年,该指标仅为7967.92吨/亿元,同比2011年降幅超过65%。

江苏单位GDP废水中氨氮磷排放情况(吨/亿元)

年份	2011	2012	2013	2014	2015	2016
废水排放总量	12070.26	11066.05	9946.87	9236.03	8861.02	7967.92
化学需氧量排放量	2.54	2.21	1.92	1.69	1.50	0.96
氨氮排放量	0.32	0.28	0.25	0.22	0.20	0.13
总氮排放量	0.36	0.32	0.29	0.27	0.25	0.22
总磷排放量	0.04	0.03	0.03	0.03	0.03	0.01

注:单位GDP排放用年度排放指标与当期GDP的比重表示。
资料来源:根据《江苏统计年鉴》相关年份数据计算。

江苏污水排放中,重点污染物排放水平呈逐年下降趋势,各类重金属污染物排放同样呈现逐年下降的态势。2011 年,单位 GDP 废水中石油类排放量为 32.149 千克/亿元,挥发酚排放量为 1.29 千克/亿元,铅排放量为 0.073 千克/亿元,汞排放量为 0.002 千克/亿元,总铬排放量为 0.251 千克/亿元,砷排放量为 0.016 千克/亿元,六价铬排放量为 0.11 千克/亿元。2016 年,各类重金属污染物排放量明显下降。其中,石油类排放量为 7.231 千克/亿元,挥发酚排放量为 0.292 千克/亿元,铅排放量为 0.01 千克/亿元,汞、总铬、砷排放量均明显下降。2017 年,推进主要水污染物总量减排,全省化学需氧量、氨氮、总氮、总磷排放量同比削减 3.17%、3.43%、2.78%、2.69%,均完成年度减排任务。

江苏单位 GDP 废水中各类金属污染物排放情况(千克/亿元)

年 份	2011	2012	2013	2014	2015	2016
石油类排放量	32.149	22.297	22.082	17.823	13.715	7.231
挥发酚排放量	1.290	0.964	0.679	0.689	0.449	0.292
铅排放量	0.073	0.043	0.019	0.018	0.016	0.010
汞排放量	0.002	0.002	0.0003	0.0001	0.0002	0
镉排放量	0.003	0.001	0.0005	0.0004	0.0004	0.0002
总铬排放量	0.251	0.210	0.148	0.149	0.141	0.085
砷排放量	0.016	0.011	0.004	0.005	0.004	0.001
六价铬排放量	0.110	0.084	0.067	0.055	0.052	0.025

注:单位 GDP 排放用年度排放指标与当期 GDP 的比重表示。
资料来源:根据《江苏统计年鉴》相关年份数据计算。

3. 加强重点流域防控

江苏水环境质量总体改善,特别是重点流域治污国家考核成绩连续多年考评为优。2017 年,太湖流域湖体总体水质处于Ⅳ类(不计总氮),与2016年相比,高锰酸盐指数稳定在Ⅱ类,总氮浓度下降5.2%;15条主要入湖河流水质优Ⅲ类比例为73.3%,全部消除劣Ⅴ类,列入省政府目标考核的太湖流域137个重点断面水质达标率为88.3%,较2016年上升5.2个百分点;41条入江支流的45个控制断面中,水质优Ⅲ类比例为68.9%,劣Ⅴ类比例为6.7%,与2016年相比,优Ⅲ类比例上升12.1个百分点,劣Ⅴ类比例下降4.7个百分点。淮河流域主要支流水质Ⅲ类比例为64.8%,劣Ⅴ类比例为6%,与2016年相比,优Ⅲ类比例上升1.5个百分点,劣Ⅴ类下降2.1个百分点。南水北调江苏段15个控制断面,水质全部达到要求。在2017年江苏新建设的10个生态保护项目中,有9项涉及重点流域的水生态保护与水污染治理。

(二) 大气环境治理与建设

2010年,江苏启动蓝天工程建设,出台《关于实施蓝天工程改善大气环境的意见》和《江苏省蓝天工程职责分工和任务分解方案》。2015年,通过《江苏省大气污染防治条例》,正式将大气污染防治列入地方立法目录,将大气污染防治上升到法律层面,制定大气污染防治规划,保障资金投入,采取防治措施,严格控制和有计划削减重点大气污染物排放总量,实现大气环境质量改善目标。

1. 大气治理水平提升

从大气治理成效看,2017年,全省环境空气质量达标率为68%。PM2.5平均浓度为49微克/立方米,同比2016年下降3.9%,PM10、SO_2和CO浓度均有不同程度下降,O_3和NO_2浓度有所上升。2017年,江苏共发生7次大范围污染天气过程,按照省政府发布的《江苏省重污染天气应急预案》,发布蓝色预警7次,其中2次升级为黄色预警;重度污染天数比例为1.2%,严重污染天数比例为0.1%,与2016年相比,重度及以上污染天数比例下降14.3%。

2. 废气排放明显下降

江苏废气排放中主要污染物排放量逐年下降。2011年,江苏单位GDP的废气排放中二氧化硫排放量为21.46吨/亿元,氮氧化物排放量为31.27吨/亿元,烟(粉)尘排放量为10.74吨/亿元。2012年,江苏废气中主要污染物排放量均出现明显下降。其中,单位GDP的废气排放中二氧化硫排放量下降至18.35吨/亿元,氮氧化物排放量为27.37吨/亿元,烟(粉)尘排放量为8.2吨/亿元。2016年,废气中主要污染物排放量进一步下降。单位GDP的废气排放中二氧化硫排放量下降至7.37吨/亿元,只相当于2011年的34%;而氮氧化物排放量则下降至12.02吨/亿元,只相当于2011年的38%;烟(粉)尘排放量为6.1吨/亿元,只占到2011年烟(粉)尘排放量的57%。2017年,全省环境空气质量达标率为68%,主要污染物中颗粒物、二氧化硫和一氧化碳浓度同比有所下降。PM2.5年均浓度较2013年下降32.9%,超额完成国家"大气十条"中"较2013年下降20%"的目标要求。

江苏单位GDP废气排放情况(吨/亿元)

年 份	2011	2012	2013	2014	2015	2016
二氧化硫排放量	21.46	18.35	15.76	13.90	11.91	7.37
氮氧化物排放量	31.27	27.37	22.39	18.94	15.23	12.02
烟(粉)尘排放量	10.74	8.20	8.37	11.73	9.33	6.10

注:单位GDP排放用年度排放指标与当期GDP的比重表示。
资料来源:根据《江苏统计年鉴》相关年份数据整理。

(三) 土壤污染治理与建设

土壤是社会经济可持续发展的物质基础。为切实加强江苏土壤污染防治,根据《国务院关于印发土壤污染防治行动计划的通知》,结合江苏实际,江苏省政府在2017年年初印发《江苏省土壤污染防治工作方案》,提出以改善土壤环境质量为核心,以摸清土壤污染底数为基础,以保障农产品质量和人居环境安全为出发点,坚持预防为主、保护优先、风险管控,严防新增土壤污染,逐步减少存量,形成政府主导、企业担责、市场驱动、公众参与、社会监督的土壤污染防治体系,促进土壤资源永续利用,为建设"强富美高"新江苏提供坚实保障。到2020年,全省土壤环境质量总体保持稳定,农用地和建设用地土壤环境安全得到基本保障,土壤环境风险得到基本管控,全省受污染耕地安全利用率达到90%以上,污染地块安全利用率达到90%以上;到2030年,全省土壤环境质量稳中向好,农用地和建设用地土壤环境安全得到有效保障,土壤环境风险得到全面管控。到21世纪中叶,全省土壤环境质量全面改善,生态系统实现良性循环,全省受污染耕地安全利用率达到95%以上,污染地块安全利用率达到95%以上。

(四) 污染治理投入力度

改革开放以来,江苏持续增加在环境污染领域的投资水平,涉及污染治理的环保项目投资明显增多。2017年,江苏集中开工5个污染治理工程,分别是雾霾治理煤电节能减排升级改造、重点行业挥发性有机物(VOCs)污染治理、徐州资源枯竭型城市采煤塌陷地修复工程、无锡市土壤修复整治、徐州老工业区污染土地修复整治,不断在污染治理领域增加投资,增开项目。

1. 污染治理项目投资增多

2011年,江苏工业污染治理完成投资额为31.01亿元。其中,废水治理项目完成投资12.55亿元,废气治理项目完成投资13.45亿元,固体废物治理项目完成投资1.39亿元,噪声治理项目完成投资0.14亿元,其他治理项目完成额3.48亿元。年度工业污染治理项目竣工660项。2011年至2016年,江苏不断加大废水和废气污染治理项目的投资额度,废水和废气治理逐渐成为江苏工业污染治理项目投资的主体部分。

整治后的徐州潘安湖湿地(高刚摄)

江苏工业污染治理项目投资情况

年 份	2011	2013	2014	2015	2016
工业污染治理完成投资(亿元)	31.01	59.38	48.51	62.17	74.78
治理废水项目完成投资(亿元)	12.55	10.25	7.59	10.88	15.85
治理废气项目完成投资(亿元)	13.45	45.62	38.34	40.08	46.92
治理固体废物项目完成投资(亿元)	1.39	1.65	0.04	0.37	0.37
治理噪声项目完成投资(亿元)	0.14	0.05	0.06	0.11	0.07
治理其他项目完成投资(亿元)	3.48	1.81	2.48	10.72	11.56
工业污染治理本年竣工项目数(项)	660				

资料来源:根据《中国统计年鉴》相关年份江苏数据整理。

2. 创新生态环保融资模式

江苏创新污染治理投资的项目主体,利用现代投融资平台积极构建政企合作的生态环保项目投资主体。2017年,结合省委、省政府的"263"专项行动部署,江苏省政府投资基金联合中国华融资产管理股份有限公司发起设立江苏省生态环保发展基金,用于江苏危化品搬迁、水环境治理、生态修复保护的投融资及参与有关的PPP项目。生态环保发展基金主要以沿江地区为重点,兼顾太湖地区、沿海地区、苏北地区的生态治理和环境保护,总规模达800亿元。采取"母基金+子基金"的模式进行运作。综合运用股权投资、夹层投资、债权投资、PPP合作、政府购买服务等投资方式,重点支持节能、环保、资源循环利用、新能源和资源节约集约化利用水平高的成长型、科技型企业发展。

(五) 节能减排成效显著

江苏各地积极开展节能减排工作,投入技术改革,以技术为基础,以政策、制度为保障。苏北城市以政策、制度、资金投入为主要措施,力求经济发展与节能减排同步进行。苏中地区大力开展烟气脱硫工程,对化工企业进行专项整治。苏南通过推广技术,加大节能减排产品研发,提高能源利用效率,从资金、管理、监督等方面加强节能减排力度。2013年,国务院办公厅正式公布《2014—2015年节能减排低碳发展行动方案》。2017年,出台《江苏省"十三五"节能减排综合实施方案》,提出到2020年,江苏能源消费总量必须控制在33715亿吨标准煤以内。其中,非化石能源消费占11%,"减煤"3200万吨;单位GDP能耗比2015年下降17%。

1. 单位GDP能耗下降

江苏单位GDP能耗显著下降,能源利用效率明显提升。2015

年,单位 GDP 能耗下降至 0.5 吨标准煤/万元,同比 2014 年减少 6.7%;单位工业增加值能耗为 0.97 吨标准煤/万元,同比 2014 年减少 7.8%;单位 GDP 电耗 990 千瓦小时/万元,同比 2014 年减少 6%。与此同时,江苏单位 GDP 能耗下降速度逐年提高,单位 GDP 能耗与单位工业增加值能耗下降幅度明显。2015 年二者只相当于 2006 年的约 60%;而单位 GDP 电耗的下降幅度较慢,但也呈现明显下降态势。

江苏单位 GDP 能耗情况

年 份	2006	2008	2009	2011	2015
单位地区生产总值能耗(等价值)(吨标准煤/万元)	0.89	0.80	0.76	0.60	0.50
单位地区生产总值能耗(等价值)同比增长(%)	-3.50	-5.90	-5.20	-3.50	-6.70
单位工业增加值能耗(吨标准煤/万元)	1.57	1.27	1.11	1.05	0.97
单位工业增加值能耗(等价值)同比增长(%)	-7.3	-10.4	-10.2	-5.4	-7.8
单位地区生产总值电耗(等价值)(千瓦小时/万元)	1221	1149	1064	1054	990
单位地区生产总值电耗(等价值)同比增长(%)	1.9	-5.9	-5.5	-0.1	-6.0

资料来源:根据《中国统计年鉴》相关年份江苏数据整理。

2. 能源消费结构日趋合理

江苏能源消费结构中煤炭、柴油和燃料油的消费占比呈逐年下降的趋势,汽油消费占比则出现稳步提升,能源消费结构日趋合理。天然气与电力等清洁能源消费占比逐年提高。1997 年,江苏能源消费结构中煤炭消费占比高达 75.15%,是能源消费的主体;而电力的消费占比仅为6.88%,天然气消费为0。2015年,江苏能源消费结构中煤炭消费占比下降至64.86%,电力与天然气消费占比分别提升至12.19%和0.39%。2015年,原油消费占比仅为9.11%。与此同时,燃料油和柴油的消费占比从1997年的1.32%和2.15%,下降至2015年的0.34%和1.95%。

江苏各类能源占总能源消费的比重(%)

年份	1997	2000	2003	2006	2009	2012	2015
煤炭	75.15	71.44	69.99	69.72	68.32	68.51	64.86
焦炭	3.05	3.13	2.89	6.98	7.23	7.82	8.55
原油	9.80	11.21	11.06	8.71	8.66	7.27	9.11
汽油	1.51	1.53	2.19	1.70	1.91	2.31	2.39
煤油	0.15	0.32	0.10	0.07	0.07	0.13	0.20
柴油	2.15	2.81	2.67	2.22	2.13	1.98	1.95
燃料油	1.32	1.65	1.40	0.76	0.71	0.39	0.34
天然气	0	0	0	0.12	0.21	0.28	0.39
电力	6.88	7.91	9.71	9.72	10.78	11.30	12.19

资料来源:根据《中国统计年鉴》相关年份江苏数据计算。

3. 清洁能源供给逐年上升

江苏加大清洁能源供给结构调整,逐步提升城市天然气供给比重,支持清洁能源供给。城市能源供给中天然气供给比重快速提高。液化石油气与人工煤气供给比重显著下降。2016年,江苏城市居民能源供给结构发生重大调整,城市天然气成为主要的能源供给对象。2016年,城市天然气供气总量为96.25亿立方米,供给人口达到2505.63万人;人工煤气和液化石油气的供给比重显著下降,人工煤气供气总量为0,液化石油气供气总量仅为51.56万吨,涉及人口622.26万人。

江苏城市各类能源供给情况

年　份	2003	2006	2009	2012	2016
城市天然气供气总量(亿立方米)	0.17	15.59	34.35	69.18	96.25
城市天然气用气人口(万人)	9.89	574.89	1029.60	1743.63	2505.63
城市人工煤气供气总量(亿立方米)	80.24	142.00	172.89	0.49	0
城市人工煤气用气人口(万人)	405.79	177.05	135.46	27.50	0
城市液化石油气供气总量(万吨)	135.77	104.23	86.57	73.58	51.56
城市液化石油气用气人口(万人)	1673.49	1408.75	1248.06	1006.52	622.26

资料来源:根据《中国统计年鉴》相关年份江苏数据整理。

四、构建生态型生产生活方式

生态保护与污染治理的最终目的是更好地实现人与自然和谐共生,核心是破解经济社会发展与环境之间的内在矛盾,落脚点是高质量完成发展的根本目标。在"强富美高"新江苏发展战略思路的指引下,江苏逐渐摸索出一条"生态优先,绿色发展"的新路子。

(一) 绿色转型与产业结构升级

2013年,江苏明确提出要加快培育发展绿色产业,使之成为新一轮经济发展的增长点和新的支柱产业。2017年,江苏出台《苏北苏中地区生态保护网建设实施方案》,选取苏北"三湖"上游、清水廊道两侧和部分自然禀赋较好的地区作为生态保护引领区进行整体保护,建立具有地方特色的绿色产业体系。

1. 坚决淘汰落后产能

自2007年以来,江苏化工生产企业已经经过三轮专项环保整治。2017年,江苏重点在钢铁、水泥、船舶等严重过剩行业产能化解上,在印染、铅蓄电池、纺织等传统行业提档升级上,在光伏等新兴产业重组改造上,继续加大力度推进落后产能、低端产能、低效产能的淘汰和过剩产能的压减工作。与此同时,江苏针对重点污染企业的监测力度逐年加大。一方面,开展企业自测的企业数量从2014年的944家增加至2018年的1232家。另一方面,针对重金属污染和危险废物污染类企业的监测数量增加明显。江苏持续政策发力,坚决取缔、淘汰落后产能,针对重点污染物企业的专项治理毫不手软,始终保持对落后产能的零容忍以及对污染企业监管的高压态势。

江苏重点监测污染企业数量及监测类别(个)

年 份		2014	2015	2016	2017	2018
实际考核		944	1167	1232	1232	1232
全部停产或名单重复		49	95	90	112	110
应开展监测		895	1072	1142	1120	1122
监测类别	气国控|水国控	33	20	19	18	18
	水国控|危险废物	1	7	16	16	16
	气国控|水国控|危险废物		1	5	1	5
	气国控|危险废物		1	3	3	3
	危险废物|重金属国控		1	5	5	5
	危险废物|污水厂国控		1	1	4	4

资料来源:根据江苏省环保厅"江苏省重点监控企业自行监测信息发布平台"相关年份数据整理。

2. 大力倡导循环经济

2003年,江苏省委十届五次全会提出,要树立循环型经济的发展理念,推行清洁生产,努力建设一个青山常在、绿水长流、清新怡人的"绿色江苏"。2005年与2008年,江苏连续编制两轮《江苏省循环经济建设规划》,明确提出要彻底转变传统的粗放型经济增长方式,在全江苏构建"循环型社会"。2012年,出台《江苏省"十二五"环境保护和生态建设规划》,重点抓好包括深入开展污染减排、持续改善环境质量、切实维护环境安全、大力改变农村环境面貌、全面推进生态建设、不断加强环保能力建设在内的六项重点工作。2015年,《江苏省循环经济促进条例(草案)》鼓励建筑废弃物资源化利用,要求各级政府完善餐厨废弃物收运体系,鼓励和推广利用餐厨废弃物提取油脂、制备沼气等技术。2008年至2015年,江苏农村沼气利用总量呈现显著增长的趋势。2008年江苏沼气池产气总量为1.4亿立方米,2015年迅速增长至3.2亿立方米,为2008年的2倍以上。与沼气产气总量快速增长相对应的是,江苏农村大中型沼气池个数明显增加,2008年大中型沼气池个数为2080个,2015年增加至14495个,为2008年的近7倍。此外,针对生活污水处理的净化沼气池个数也明显增加。

3. 稳步推进绿色工业

江苏不断出台政策法规,稳步推进发展绿色工业。2010年,出台《江苏省节能环保产业发展专项规划纲要(2009—2012年)》,提出重点发展节能装备、水污染防治装备、大气污染防治装备、固体废弃物处理和资源综合利用装备、环境监测仪器、环保材料和药剂六大产品集群。2013年,出台《江苏省政府关于加快发展节能环保产业的实施意见》,明确要求到2015年,江苏节能环保产业要实现主营业务收入8500亿元,年均增长20%以上;重点攻克一批关键共性技术,节能、环保设备和产品总体技术保持国内领先,部分节能装备以及水处理、大气治理装备达到或接近国际先进水平。2016年,国家发改委、环保部和工信部联合发布《清洁生产评价指标体系制(修)订计划(第二批)》。截至2015年年底,江苏省拥有上市环保企业9家,数量位于全国首位。从企业类别来看,江苏注册的大气污染治理企业最多,共4家,占本省上市环保企业总数的44%。

未来,江苏将统筹区域协调发展,塑造生态工业发展新优势。一方面,借力江苏沿海发展、江淮生态大走廊建设等区域发展战略布局,加快发展特色生态产业,打造各具特色的战略性新兴产业集群,推动产业向价值链高端攀升。同时,加快生态工业园区创建,推进生态集约化发展。另一方面,强化绿色品牌建设,提升生态发展示范效应。重点在汽车、机械、大型成套装备等行业选择代表性强、行业影响力大、经营实力雄厚、管理水平高的龙头企业,建立以资源节约、环境友好为导向的采购、生产、营销、回收及物流体系,推动上下游企业共同提升资源利用效率,带动上下游企业一起实现绿色发展。此外,江苏将充分利用"互联网+"等新一代信息技术,增强生态工业绿色化、清洁化、循环化发展的科技支撑。运用互联网、物联网、节能低碳等先进适用技术、工艺和装备改造提升传统产业能源利用效率,实现能源高效低碳化利用,推动传统产业迈向中高端。

4. 积极发展绿色农业

21世纪初,江苏省委提出"三集中"(工业向园区集中、土地向规模经营集中、农民向社区集中)要求,加速农村经济和社会健康发展,也推动了农业生态环境保护和治理工作的有效开展。2004年,江苏省委、省政府印发《江苏生态省建设规划纲要》,明确到2020年基本建成生态省,经济增长质量、资源利用效率、人民生活水平明显提高,生态环境质量明显改善,可持续发展能力明显增强,区域发展趋于平衡。近年来,江苏围绕"减量化,再利用"进行的农业生态环境保护和治理实践等方面取得显著成效。单位有效灌溉面积化肥施用折纯量明显下降,2008 年为 0.893 吨/公顷,到 2016 年则下降至 0.771 吨/公顷,相较于 2008 年下降 13.7%。与此同时,单位有效灌溉面积复合肥施用折纯量也整体呈现下降趋势,2014 年为 0.031 吨/公顷,2016 年则下降至 0.025 吨/公顷,相当于 2010 年的水平。从单位灌溉面积的各类化肥施用折纯量情况看,氮磷钾化肥施用折纯量均在 2008 年之后出现明显下降。2016 年,三类化肥单位面积施用折纯量分别下降至 0.39、0.101 和 0.047 吨/公顷。

江苏单位有效灌溉面积化肥及塑料薄膜利用情况(吨/公顷)

年 份	2008	2012	2014	2015	2016
化肥施用折纯量	0.893	0.842	0.832	0.810	0.771
氮肥施用折纯量	0.473	0.431	0.421	0.410	0.390
磷肥施用折纯量	0.126	0.117	0.111	0.107	0.101
钾肥施用折纯量	0.053	0.051	0.050	0.049	0.047
塑料薄膜使用量	0.241	0.243	0.249	0.244	0.233
复合肥施用折纯量	0.022	0.029	0.031	0.029	0.025

注:单位面积各类化肥与塑料薄膜使用量用年度各指标与当期有效灌溉面积的比值表示。
资料来源:根据《中国统计年鉴》相关年份江苏数据计算。

(二)完善绿色生活发展体系

江苏在推进绿色生活方式、绿色生活发展体系构建领域进行了大量探索与实践。一方面,广泛开展创建全国生态示范区活动。通过创建生态示范区,发展生态经济。另一方面,积极创建园林城市。引导有条件的镇、村创建环境优美乡镇和生态村。同时,积极开展生态市建设试点。截至2017年年末,江苏已建成国家卫生城市22个、国家环保模范城市21个、国家园林城市12个、绿化模范城市18个、国家生态市县45个。2017年,江苏省环保厅携手兴业银行南京分行共同打造的省内首家绿色主题银行正式运营。

1. 绿色出行

实行公交优先,加强轨道交通建设,实施新能源汽车推广计划,鼓励绿色出行。通过鼓励用公共交通代替私家车出行,减少汽车尾气排放,降低空气污染,以减轻环境压力。同时,制定便于公共交通工具运行的细则,比如划定公交专用线等,保障公共交通工具的便捷运行。做好各种公共交通方式之间的对接。

2. 绿色消费

积极倡导推广绿色消费。推动形成节约适度、绿色低碳、文明健康的生活方式和消费模式,形成全社会共同参与的良好风尚。践行简约生活的理念。一方面,拒绝浪费和过度消费,尽量不用或少用一次性用品(如一次性筷子、一次性餐盒、一次性纸巾等),减少食物浪费,特别是宴饮过程中的食物浪费,推行"光盘行动";减少购买和使用奢侈品;不用或少用野生动物皮毛制成的衣服饰品。另一方面,选择节能型器具。推行新能源型汽车、新能源型器具、节能型家电和节水型器具的研发、生产,并鼓励使用。培养全民节水、节电、节能新风尚。

3. 绿色居住

绿色居住主要包括建筑节能和环境综合整治。江苏将全面开展建筑节能试点工作。以绿色循环低碳理念指导城乡建设,新建民用建筑全面执行节能标准,健全既有建筑节能改造机制。同时,积极整治环境污染,鼓励居民少产生垃圾,实施垃圾综合利用项目和回收体系建设,推进生活垃圾收集处理、就地减量和资源化利用,强化对垃圾处理设施运行的环境监管。严惩乱燃放烟花爆竹和燃烧秸秆的行为。减少香烟消耗量。

4. 绿色办公

减少办公过程中的资源消耗和污染物排放,营造节能减排、循环利用的办公环境。尽量自然采光,鼓励使用节电型照明产品,关闭不使用的电子设备的电源。公共建筑严格执行夏季空调和冬季取暖室内温度最低与最高标准。未来,江苏将尽量减少一次性纸杯、电梯、饮水机的使用。减少一次性办公耗材用量,进一步推行"无纸化办公"、视频会议等电子政务,提倡节约使用、重复利用纸张、文具等办公用品。

(三) 改善城乡人居环境

2000年,江苏实施《中国跨世纪绿色工程规划》,加大对主要污染物排放的治理。2001年,江苏贯彻落实国务院《全国生态环境保护纲要》《全国生态环境建设规划》,坚持污染物防治与生态保护并重,大力推进环境优美城镇建设。2004年,江苏出台《关于落实科学发展观促进可持续发展的意见》,明确建设生态省、发展循环经济,促进生态环境保护以及城乡人居环境改善。近年来,江苏持续加大在改善城乡人居环境方面的投入力度,城乡生态面貌显著改善,逐步形成"宜居、宜游、宜业"的绿色新江苏。

1. 城市绿地与园林绿化面积持续增加

在2006年至2016年十年左右的时间里,江苏城市绿化与园林绿化水平始终保持逐年提升的态势。2016年,城市绿地面积为28.19万公顷,同比2006年增加84.4%;公园绿地面积增加至4.65

万公顷,同比2006年增加79.5%;城市公园总数由2006年的492个增加至1074个;公园面积高达2.91万公顷,超过2006年的1倍以上。城市建成区绿化覆盖率为42.9%,同比2006年增加2.9%;人均公园绿地面积为14.79平方米/人,相当于2006年的1.5倍以上。

江苏城市绿地与公园绿化情况

年份	2006	2008	2010	2012	2014	2016
城市绿地面积(万公顷)	15.29	19.55	22.76	24.70	26.55	28.19
公园绿地面积(万公顷)	2.59	3.06	3.36	3.81	4.29	4.65
公园数(个)	492	628	584	783	883	1074
公园面积(万公顷)	1.06	1.30	1.24	1.65	2.19	2.91
建成区绿化覆盖率(%)	41.70	42.60	42.10	42.20	42.60	42.90
人均公园绿地面积(平方米/人)	9.60	13.11	13.29	13.63	14.41	14.79

资料来源:根据《中国统计年鉴》相关年份江苏数据整理。

2. 城市垃圾处理能力逐年提升

江苏城市环境污染治理与城市垃圾处理水平显著提升,城市人居环境得到显著改善。2011年,江苏城市生活垃圾清运量为1119.8万吨,无害化垃圾处理厂为51座,生活垃圾焚烧无害化处理厂为21座,生活垃圾无害化处理能力为42170吨/日,生活垃圾无害化处理率为93.8%。2011年至2016年,江苏城市垃圾处理能力显著提升。2016年,江苏城市生活垃圾清运量为1562.3万吨,无害化垃圾处理厂为61座,生活垃圾焚烧无害化处理厂为30座,生活垃圾无害化处理能力为55403吨/日,生活垃圾无害化处理率为99.9%。2017年,全省新增生活垃圾无害化处理能力6900吨/日、餐厨废弃物无害化处理能力640吨/日、建筑垃圾资源化利用能力145万吨/年。

垃圾发电(宋峤摄)

3. 县乡市政设施日益完备

近年来,江苏在加强城市绿化与生态宜居环境建设的同时,不断加大对乡村区域市政设施以及村庄生态面貌的治理力度。2005年,江苏省委、省政府指导省直六部门共同印发《关于开展农村人居环境建设和环境综合整治试点工作的通知》,开展"六清六建"活动,在全省培育1000个农村环境综合整治示范村。2007年,出台《江苏省"十一五"期间社会主义新农村建设"十大工程"评价体系》(苏发〔2007〕9号),明确将"农村清洁工程"纳入县乡考核要求。同年,江苏省环保厅制定《江苏省农村地表水环境质量考核暂行办法》,扎实推进以"六清六建"和"三清一绿"为主要内容的"农村清洁工程"。2016年,江苏省委出台《关于落实新发展理念,深入实施农业现代化工程,建设"强富美高"新农村的意见》,积极推动农村人居环境整治。遵循乡村自身发展规律,体现农村特点,注重乡土味道,保留乡村风貌,建设农民幸福生活美好家园。2017年,江苏省委、省政府印发《江苏省特色田园乡村建设行动计划》,规划在"十三五"时期建设和培育100个特色田园乡村试点,以此带动全省各地的特色田园乡村建设。2014年,江苏县级市污水处理率为81.69%,污水处理厂集中处理率为77.17%,人均公园绿地面积为11.72平方米/人,建成区绿化覆盖率为40.83%,生活垃圾无害化处理率为83.67%。到2016年,污水处理率提高至84.63%,污水处理厂集中处理率提高至80.59%,人均公园绿地面积增加至12.22平方米/人,建成区绿化覆盖率增加至41.23%,生活垃圾无害化处理率达到100%。

江苏县级市市政环境设施情况

指 标	污水处理率(%)	污水处理厂集中处理率(%)	人均公园绿地面积(平方米/人)	建成区绿化覆盖率(%)	建成区绿地率(%)	生活垃圾处理率(%)	生活垃圾无害化处理率(%)
2014年	81.69	77.17	11.72	40.83	37.91	98.72	83.67
2015年	82.38	78.27	11.99	41.11	38.31	100	96.84
2016年	84.63	80.59	12.22	41.23	38.72	100	100

资料来源:根据中经网相关年份江苏数据整理。

4. 农村改厕与自来水普及率明显提高

乡村卫生环境以及饮用水治理是江苏改善乡村人居环境的重要一环,江苏陆续出台多项政策法规进行专项规范指导。2012年,江苏按照统筹城乡发展的要求,积极推进农村环境综合整治,组织实施"三清工程"(清洁家园、清洁田园、清洁水源)、"一池三改"(建沼气池、改圈、改厕、改厨)等工作。在上述政策指导与规范下,2015年,农村卫生厕所普及率提升至96.9%,接近100%的普及率。累计使用卫生厕所的家庭户数达到1522.4万户,自来水累计受益人口增长至6089.6万人。2017年,全省开展监测的106个县级及以上城市集中式饮水水源地达标(达到或优于Ⅲ类标准)水量占取水总量的99.93%。全年各次监测均达标的水源地有102个,占96.2%。

江苏农村卫生厕所普及与自来水受益情况

年 份	2009	2011	2013	2015
卫生厕所普及率(%)	76.7	87.4	93.1	96.9
累计使用卫生厕所户数(万户)	1204.3	1372.7	1462.6	1522.4
自来水累计受益人口(万人)	5331.1	5850.7	5845.1	6089.6

资料来源:根据《中国农村统计年鉴》相关年份江苏数据整理。

2017年,习近平总书记在党的十九大报告中提出乡村振兴战略,其中,生态宜居是乡村振兴的关键。江苏将以绿色可持续为发展导向,加快建设生态循环农业,加强农业环境突出问题治理,积极发展新模式,凸显农业生态功能,推进国家农业可持续发展试验示范区创建,使其成为农业绿色发展的试点先行区,促进资源利用高效、生态系统稳定、产地环境良好,夯实美丽乡村的生态基础。

第七章
特色鲜明的全面开放

江苏是全国对外开放的前沿阵地,开放型经济是江苏发展的鲜明特色。党的十一届三中全会以来,江苏紧密围绕党中央、国务院大政方针和省委决策部署,坚持经济国际化战略不动摇,坚持统筹利用两个市场、两种资源,主动适应经济发展不同阶段的变化,依托自身比较优势,以园区为战略平台,积极融入国家开放大格局和经济全球化进程,开辟富有特色优势的开放型经济发展道路。40年来,江苏开放型经济取得了骄人的成绩,利用外资和对外贸易连续十多年稳居全国第 1 位和第 2 位,对外投资发展迅猛。开放型经济为江苏整个改革发展做出了重大贡献,是经济发展与转型升级的重要推动力量。

一、打造开放型经济主攻手

改革开放以来,江苏开放型经济的建设与发展始终走在全国的前列,是中国对外开放的前沿阵地和主攻手。江苏探索和推进开放型经济的过程按照驱动力的不同可以划分为三个阶段。

（一）快速发展的起步阶段（1979—2000）

这一阶段，江苏全面贯彻党中央社会主义初级阶段的基本路线，经济发展受生产要素驱动，以廉价充足的劳动力资源为优势积极主动招商引资，以发展劳动密集型加工制造业为主要对外开放内容，建立起较为可观的外向型经济规模。在起步的前半段（1979—1992），江苏主要以单纯的出口创汇、弥补资金不足、拉动经济增长等为分散和短期目标；随着工业化的推进，在利用外资和出口形成规模化的后半段（1993—2000），则逐步明确了以推动技术进步和产业升级、强化江苏经济社会现代化发展为总体目标和长远目标。1978年江苏进出口额仅为4.27亿美元，2000年达到456.38亿美元，对外贸易进出口总额增长超过100倍；利用外资成绩卓著，截至2000年累计利用外资协议额达到910.89亿美元，其中实际利用外资492.96亿美元，仅次于广东，居全国第二位；对外经济技术合作发展迅猛，截至2000年累计对外承包工程和对外劳务合作合同金额超过50亿美元。1998年全省已经拥有国家级开发区11个，省级开发区68个，市、县开发区数百个，各级开发区遍布全省各地，形成了全面对外开放的格局。从投入方面看，1990年到2000年江苏全社会固定资产合计约1.8万亿元，同期实际利用外资约占全省固定资产投资的1/4，外资已经成为江苏资本的主要来源之一。从产出方面看，2000年全省已开业投产的约1.8万家外商投资企业总产值近2000亿元，约占全省工业总产值的1/4；吸纳就业人数超过200万人，约占全省职工总数的1/5；外贸出口额占全省GDP的1/5。

（二）速度和质量并重的成长阶段（2001—2013）

2001年，中国加入世界贸易组织（WTO）。江苏抓住开放机遇，适时调整开放战略,开创了开放型经济发展新局面。这一阶段,投资逐步取代了资源和劳动力要素,成为江苏开放型经济发展的主要驱动力,智力要素的重要性日益凸显,同时,加入世界贸易组织加快了我国扩大对外开放的进程及与国际接轨的制度建设进程。江苏外资外贸突飞猛进,确立并巩固了全国领先地位。2001年,江苏外贸进出口总额为513.55亿美元,外贸依存度(进出口总额占GDP的比重)达到近50%;到2003年全省外贸突破千亿美元,年均增幅达65.9%,成为全国外贸第二大省,此后十年年均增幅为36%。2003年至今,江苏始终居全国直接利用外资榜首(仅除2015年外)。从开放内容看,在加入世贸组织后的新一轮对外开放中,服务业的开放是个重点。江苏抓住了这一机遇,主动逐步对外资开放金融、保险、旅游、电信、咨询等人才密集型、智力密集型、知识密集型的服务市场。南京市商业银行在全国开了与外商合资的先河。江苏创造条件,欢迎外资以收购和兼并等方式进入江苏市场,利用外资进行国有经济的改组改造和产业结构升级,努力提升江苏企业的国际竞争力。

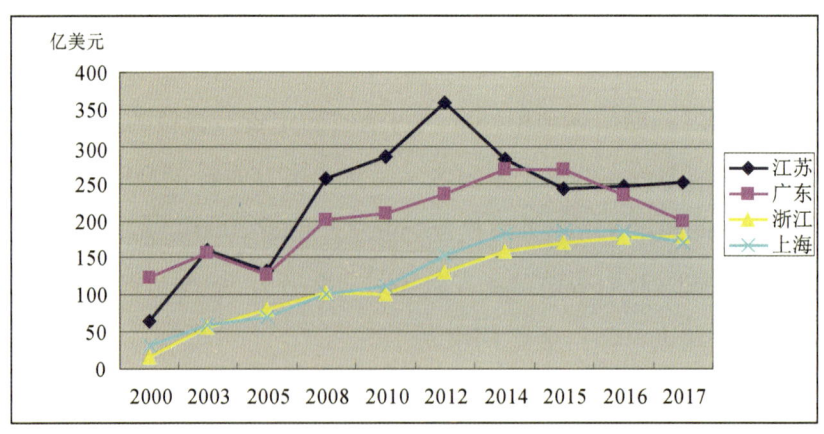

长三角与广东实际直接利用外资情况

资料来源:根据各地统计年鉴及地方统计局相关数据整理。

进入 21 世纪之后,服务业外包正在成为新一轮国际产业转移的热点。江苏抓住机遇,承接国际外包,发展服务业尤其是金融服务、信息技术服务、商务流程外包等现代新兴生产性服务业。通过引入国外先进的服务业跨国投资和外包,加快生产性服务业的现代化和现代信息技术成果在生产过程中的应用,为江苏制造业提供高水平的生产性服务中间投入,使其产品链条上的技术研发、人员培训、经营管理等关键环节能够得到相关支撑服务体系的协作和配合,从而占据价值链的中高端环节,是江苏制造业升级的一个重要途径。江苏在开放型经济发展战略上与时俱进,不仅要打牢建立国际先进制造业的基础,而且要建成国际服务业外包基地;不仅要建立世界工厂,而且要成为世界办公室。2009 年,仅南京一市的新增外包额就占到全省的一半,占全国的 1/8。江苏发展国际外包服务达到国内领先水平。

(三) 高质量的全面发展阶段(2014—)

江苏开放型经济起步较早,经济发展速度较快,2013 年江苏人均 GDP 已经超过 1 万美元,经济发展也相对较早地步入新常态,实现经济发展的动力机制转换,增创开放型经济新优势,是中长期内江苏面临的主要任务。2014 年,江苏对外贸易、利用外资、服务外包及对外投资等各项指标均继续处于全国领先水平。随着国内外发展环境的进一步变化,在江苏开放型经济快速发展的同时,开放型经济作为江苏经济增长的重要推动力,也面临着一些制约因素,阻碍了江苏开放型经济的进一步转型升级。所以,江苏需要顺应新时代发展的机遇,积极谋划,促进与推动开放型经济的高质量发展。近年来,江苏外贸结构持续优化。2017 年,一般贸易占进出口总额的比重达 48.1%,比 2012 年提升 8.1 个百分点。在国际资本收缩、跨国投资增长乏力的情况下,江苏产业优势、服务优势凸显,利用外资额度在全国占比不断增长,利用外资质量效益进一步提升。从投资领域看,传统产业利用外资占比持续下降,而新能源、新医药、服务外包等新兴产业利用外资占比不断提高。2017年,江苏服务业利用外资占比达到42.9%,以先进制造业和高新技术产业为主导的十大战略性新兴产业实际外资占比达到42.8%。

2015年,江苏服务业占GDP比重首次超过第二产业,成为江苏外贸转型升级的新引擎。苏州、南京江北新区入围国家服务贸易创新发展试点,契合了全省经济"调高调轻"的发展方向,对于推进苏州加工贸易转型升级和南京江北新区服务业发展都将产生重要影响。江苏凭借优良的营商环境、雄厚的产业基础和突出的科教人才优势,在服务外包领域发展尤其迅猛。信息技术外包、业务流程外包和知识流程外包是当前江苏服务外包的主要业态,其中知识流程外包增速最为显著,显示服务外包产业发展呈现由价值链低端向价值链高端转型升级的良好趋势。

"走出去"步伐加快。在国家"一带一路"、促进国际产能合作等重要倡议的推动下,越来越多的江苏企业"走出去",加大国际投资,寻找更多经济增长点。2017年,江苏全年新批境外投资项目631个,中方协议投资额92.7亿美元。

积极融入"一带一路"建设,中哈(连云港)物流合作基地、中阿(联酋)产能合作示范园、柬埔寨西哈努克港经济特区建设正在扎实推进中。2017年,南京江北新区、中韩(盐城)产业园、昆山深化两岸产业合作试验区获国务院批准设立。深化开发区体制机制改革,复制上海自贸区经验,开发区向现代产业园区转型发展,特色发展步伐加快。认真落实国家长江经济带发展战略,积极推进长三角区域发展一体化,加大对口支援工作力度,加强区域和省际合作。

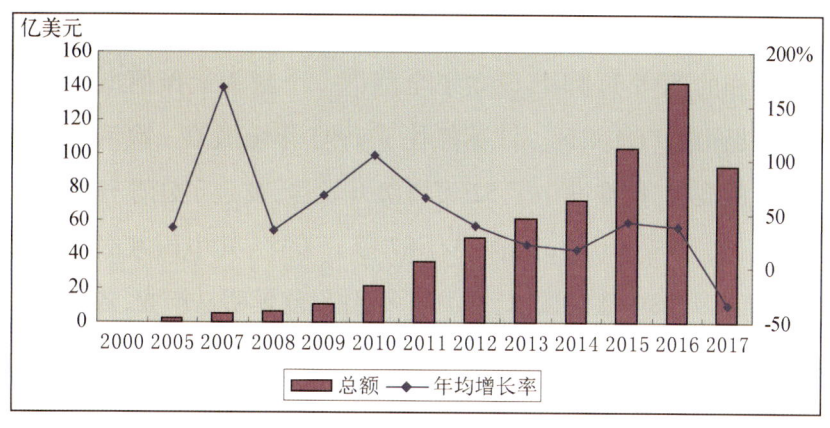

江苏境外投资情况

资料来源:根据历年《江苏统计年鉴》及江苏统计局相关数据整理。

二、构建开放型经济主阵地

对外开放需要载体,在江苏经济国际化进程中,开发区一直是主要的开放阵地和重要的经济增长点。江苏省委、省政府多年来一直致力于对开发区这个主要载体的建设,不断寻求创新与突破,努力完善相关公共管理及配套服务。改革开放40年来,江苏开发区逐步落实从"集聚产业"向"集聚要素,培育产业"、从外向型"出口平台"向"内外兼顾,注重内需"、从"产业园区"向"产城融合"、从"成本优势"向"创新优势"的转型。

(一) 开发区:江苏开放型经济的主要载体

20世纪80年代到2001年加入世贸组织前,江苏开发区已经从单一的经济技术开发区扩展到多种类型的开发区。苏锡常先后设立了高新技术产业开发区和国家太湖旅游度假区,创新设立了全国唯一的内河港保税区——张家港保税区,探索设立了中新(新加坡)政府间合作的苏州工业园,设立了全国第一个封关运作的出口加工区——昆山出口加工区。江苏抓住了1993年全国第一次清理整顿开发区的契机,批准设立了52家省级开发区,奠定了江苏开发区的基本框架。到2001年,全省共有87家开发区,其中国家级11家。在此期间,开发区数量猛增,种类繁多,建设规模明显扩大,各项主要经济指标快速增长,基础设施水平迅速提高,从"五通一平"向"九通一平"提升,竞争力明显增强。

加入世贸组织后的十年是开发区的大发展和提高阶段。江苏紧紧抓住了加入世贸组织的机遇,加快推进全省开发区建设。新设立了南京经济技术开发区。2006年,苏州工业园成立省内首个综合保税区;苏州还设立了国内首个实施循环经济的国家级高新区——苏州高新区。江苏再次抓住了国家第二次清理整顿开发区的契机,新设45家省级开发区,实现了每个县(市、区)都有开发区,从而给省内区域协调发展打下了坚实的基础。到2010年,省级以上开发区达到125家,其中国家级12家。在全国率先实施跨区域合作、南北共建开发区,开展特色产业园、生态工业园建设。开发区的办区方针调整为"以提高吸引外资质量为主,以发展现代制造业为主,以优化出口结构为主,致力于发展高新技术产业,致力于发展高附加值服务业,促进国家级经济技术开发区向多功能综合性产业区转变",注重提升开发区发展水平。

"十二五"期间,江苏提出了建设创新型省份的战略目标,把创新驱动战略作为经济社会发展的核心战略。开发区作为建设创新型省份的重要引擎,正在集聚各种创新要素,实现由产业集聚、人口集中、企业集群向新兴产业集聚、创新创业人才集中、高新技术企业集群的方向转变。全省开发区内一批高新技术产业园、高新技术服务中心(孵化器)、软件园和服务外包园、商贸集聚区等加快发展,开发区集聚集约水平不断提升,已经具备了创新发展的条件。

截至2017年年底,全省开发区共131家(其中国家级46家,省级85家),前20强进入全国产业园百强。

2016年入选中国产业园区百强的江苏开发区

省内排名	全国排名	园　区	类　别
1	3	苏州工业园区	经开区
2	18	昆山经济技术开发区	经开区
3	22	南京国家高新技术产业开发区	高新区
4	24	苏州国家高新技术产业开发区	高新区
5	26	南京经济技术开发区	经开区
6	31	江宁经济技术开发区	经开区
7	36	无锡国家高新技术产业开发区	高新区
8	44	南通经济技术开发区	经开区
9	47	常州国家高新技术产业开发区	高新区
10	48	扬州经济技术开发区	经开区
11	53	徐州经济技术开发区	经开区
12	71	张家港经济技术开发区	经开区
13	74	江阴高新技术产业开发区	经开区
14	78	连云港经济技术开发区	经开区
15	82	吴江经济技术开发区	经开区
16	85	盐城经济技术开发区	经开区
17	86	徐州国家高新技术产业开发区	高新区
18	89	武进高新技术产业开发区	高新区
19	92	常熟经济技术开发区	经开区
20	99	昆山高新技术产业开发区	高新区

资料来源:同济大学发展研究院《2017中国产业园区持续发展蓝皮书》。

2017年12月,由同济大学发展研究院、新华社中国金融信息中心主办的"2017中国产业园区持续发展论坛"发布国家百强开发区榜单,江苏入选数量占据绝对优势,五年来居百强榜省域分布首位保持不变。按各省市区入选百强榜园区数量来看,2016年排名前4的省份为江苏(20家)、山东(11家)、广东(9家)、浙江(7家),安徽、辽宁、湖北和河南并列第5名(均为4家);江苏、浙江、湖南、黑龙江、广西和甘肃6省(区)入选百强园区的数量增加,以江苏发展势头最猛,拥有百强榜园区的数量从2012年的13家持续上升到2016年的20家,是入选百强榜园区数量最多的省份且发展势头仍然强劲。

(二) 苏州工业园:高起点、高水平、高目标的中外合作园区

苏州工业园经济国际化特色显著,实际利用外资、进出口总额等指标均居全国开发区之首。已连续多年名列"中国城市最具竞争力开发区"榜首,综合发展指数始终排在国家级开发区中前三名。

1. 发展目标新

1994年,国务院正式批准苏州市同新加坡合作开发建设苏州工业园,开创了中新合作的新模式。目标是借鉴吸收新加坡开发、管理裕廊工业镇的经验,紧密结合中国国情,在苏州建立一个具有世界水准的、类似新加坡裕廊工业镇的现代化国际化工业园。园区致力于发展全方位开放型经济,走出以高新技术为先导、生产性项目为主体、第三产业高度发达、社会公益事业完善配套的新型工业化和城市现代化新路径。建园二十多年来,苏州工业园区的管理由园区管理逐步向城市公共服务管理创新发展,并开始对园区的国资企业进行

分类考核,使得今天的工业园区犹如一座经济高度发达的城市。这一创新为之后江苏及兄弟省份陆续提出的"城中城""产城融合""港城融合"等发展新思路和新战略提供了宝贵的启发与借鉴。

苏州工业园区

2. 发展起点高

苏州工业园的起点高,主要是指:第一,选址便利化。轨道交通20分钟可抵上海、60分钟能到南京,与沪宁杭融入同城轨道化体系。第二,建设超前化。严格规划功能区和控制指标,各类项目都进行严格的生态环境影响评估,在人才引进、知识产权保护、各类证件审批等方面都坚持企业优先、效率优先,园区实现了由管理型平台向服务型平台的转变,为企业提供真正优质的配套服务。第三,定位明确化。工业园在苏州对外开放的过程中一直是开拓创新的先锋,不断革新发展理念,始终采取前瞻性的"择商选资"标准,对科技创新型、资本要素密集型企业给予重点支持。第四,与时俱进,始终走在新兴产业前沿。大力推广"互联网+"、大数据应用、"大众创业、万众创新"、积极融入自贸区建设等,产业集群凝聚力强,确保企业入园后不仅能够得到园区软硬件设施支持,还能够充分分享因为产业集群带来的知识外溢、信息便利等。苏州工业园不仅仅是引进资金、技术和设备,而是要在合作开发的全过程中,将新加坡的经济和公共管理经验与国际资本大规模集中投资相结合,最终建设成为一个高度发达的、物质文明与精神文明互相促进的、按社会主义市场经济体制运行的现代化工业园区。园区采取合资形式开发,由双方建立合资公司作为开发商,先建设完善的基础设施,尔后以新方为主进行国际招商,吸引海外资本。

3. 经济带动强

以开发区可持续发展带动苏州全市经济可持续发展,经济带动强。发展和开放都是动态的过程。开放是实现经济高效、稳健、可持续发展的有效路径。苏州工业园在深化开放的过程中顺利承接产业的转移,在引入高质量企业及项目的同时,利用外部市场,有效地促进了居民就业、提高了居民收入、拉动了区域内需。多年来苏州 GDP 和人均 GDP 长期居江苏首位,在全国百强城市排名中名列前茅。到 2016 年,苏州工业园区累计使用外资超过 300 亿美元,超过 100 家世界 500 强跨国公司在工业园内投资或设点。在吸引外商投资企业的同时,园区注重大力培育和扶持一批拥有自主知识产权的内资 IT 企业,积极发展高端高新产业,形成了电子信息、机械制造两大主导产业集群和生物医药、人工智能、纳米技术应用三大特色新兴产业集群。园区生物医药产业竞争力在全国开发区中排名第一;纳米技术应用产业被誉为全球八大微纳制造领域最具代表性区域之一;人工智能产业快速崛起,正加速成为国内领先、国际知名的人工智能产业发展高地。

历经 40 年发展转型,苏州一些阶段性、趋势性的变化正在发生。

苏州在变"新","老苏州"正在强势崛起新产业。纺织、钢铁、机械及各类代工企业,以往一直是苏州的经济支柱。2010年,传统产业占苏州规模以上工业的比重为72%,新兴产业占28%;2017年,苏州迎来了一个标志性转折点——新兴产业占比超过50%,这是苏州经济新旧动能转换的关键节点。2017年,苏州科技进步对经济增长的贡献率达62.9%,高于全国6.7个百分点。苏州经济以产业、结构、效率的一连串的阶段性嬗变,向"新、轻、高"转型。

4. 创新试点多

经济发展新常态下,苏州工业园区加快了制度创新的步伐。2015年,苏州工业园率先开展相对集中行政许可权改革试点,构建起大部门制工作格局和"集中审批—分类监管与服务—综合执法"的现代基层治理体系。以体制创新为引领,编制了近100项既具有园区特色又与我国现行体制机制相衔接的规章制度和管理办法,形成了与国际接轨的经济社会运作机制,并在全国首创充分授权的一站式服务中心,建立了高效的亲商服务体系;首创空陆联程通关模式、全国首个综保区,建立了国内领先的新型海关监管机制;围绕国际投资贸易新规则,叠加复制50多项自贸区经验,营造了与国际经济发展相适应的营商环境。

党的十八大以来,按照全面深化改革的要求,园区进一步发挥地方"首创"精神,累计向国家争取了47项先行先试政策功能,率先在全国开展开放型经济新体制综合试点试验、中新跨境人民币创新业务试点、贸易多元化试点等国家级试点,并及时梳理总结试点做法,推动跨国公司外汇资金集中运营试点等7项改革举措在全国复制推广,较好地发挥了改革"试验田"功能。在开发建设过程中,园区始终围绕优化外向型经济存量、创新开发区管理体制等问题开展富有创造性的试验和实践,相继首创了全国首批出口加工区、全国首家中外合作办学试点、首个国家级股权投资基金等众多"第一""唯一",引领了开发区在现代物流、科技发展、金融开放等领域的功能创新。2015年9月,园区成功争取国务院批复同意开展开放创新综合试验,积极探索建立开放型经济新体制、构建创新驱动发展新模式,围绕产业发展、科技创新、政府治理、城市建设、社会治理等领域进行集成创新,开创一条开放与创新融合、创新与产业融合、产业与城市融合的发展道路,积极打造中国开发区升级版。

(三)昆山开发区:引领县域经济、建设小康社会的样板

"昆山之路"是全省乃至全国引领县域经济、建设小康社会的先锋。而县域经济发展程度和发展水平,直接影响到全面小康社会的建设。为指导和推动全面小康社会建设,2003年,江苏省委、省政府从实际出发,以昆山为全面小康指标的样本区,经过深入调研和反复论证,借鉴国际经验和国家有关部门研究成果,在全国率先制订了省级全面建设小康社会的指标体系。

昆山开发区新貌

1. 主动探索的"昆山之路"

昆山开发区是全国第一个自筹工业园。它东邻上海,西连苏州,具有得天独厚的地理优势。20世纪80年代改革初期,昆山开发区采取"依托老城、开发新区"的策略,坚持"富规划、穷开发"的开发方针,实施"滚动发展、逐步延伸"的开发步骤,开发一片,成功一片。开发项目以工业为主,资金以引入为主,产品以出口为主,致力于发展高新技术产业;做到多种所有制企业并举,一起发展。因为短时间就收到投资少、速度快、效益好的成果,被誉为"昆山之路",成为改革开放的重要经验样板。进入20世纪90年代后,昆山开发区充分发挥靠近上海的地理优势,提出了服务浦东、当好配角、错位发展、"打时间差"的发展新思路,掀起了对外开放和吸引外资的新一轮高潮。1991年至1999年,开发区新增合同外资43亿美元,1999年工业总产值185亿元,进出口总额19亿美元。项目投资从"来者不拒"到"择优接纳",开发方式从"筑巢引凤"到"引凤筑巢",产业结构从"短平快"到"高新大",进入全面发展阶段。台资、日韩、欧美企业客商盈门。

2. 抓住机遇转型升级

2000年后是昆山开发区提升发展阶段。昆山抓住了我国台湾地区IT产业转移和国际产业资本加速流动的大好机遇,注重吸纳科技含量高、拉动作用大的跨国公司和电子信息大项目,产业向高端发展,产业链向两头延伸,出现了基础设施大规模投入、龙头项目大资本进账、产业层次大幅度提升的发展趋势。到2007年,开发区内电子信息企业300多家,总投资超过70亿美元,产值1619亿元,占全部工业产值的63%;笔记本电脑产量3216万台,数码相机1276万台,分别占全球总产量的1/3和1/8。此时,昆山开发区已经成为全国和全球电子信息产业重要的生产基地。此外,以汽车零部件和高科技为支柱的民生用品产业群也已经形成,与电子信息产业一起成为昆山三大主导产业。

3. 载体建设成效卓著

昆山开发区坚持在开发中创新,在创新中开发,先后创办了出口加工区、留学人员创业区、保税物流园、光电产业园、企业科技园等一批特色功能区,使开发区的整体功能更加完善。昆山出口加工区自2000年创办以来发展迅速,2007年就位列全国封关运作的46个出口加工区中的第二。其拓展保税物流功能试点后,又迅速形成了物流企业集聚效应,物流企业进出区货值在全国试点加工区中名列前茅。留学人员创业区也很快展示出了强大的自主创新能力。

4. 率先城乡一体化

开发区带动了工业化,工业化促进了城市化,城市化推动了城乡一体化,构建了城市新格局,展示了城乡新面貌。2005年,昆山全面达到江苏小康指标体系标准,并在国家统计局2005年中国百强县评比中成为百强县之首。昆山实施外向带动、民营赶超和服务业跨越战略,构建"实力小康""效益小康";大力发展民营经济,推进"富民工程",完善社会保障体系,有力地促进了城乡居民收入的提高和生活质量的改善;加强社会服务功能建设,推进科教、人才战略,构建"和谐小康""人本小康";走新型工业化道路,以生态理念规划产业发展,加大环境建设力度,大力推广清洁能源和发展循环经济,降低资源能源消耗,推动人口、资源和环境的协调发展,建设"生态小康""活力小康"。

（四）南北共建园区：区域协调发展的"江苏经验"

江苏作为全国经济发展水平最高的省份之一，苏南、苏北的区域发展不平衡日益成为富民强省、全面建成小康社会的短板。2002年苏南GDP是苏北的2.6倍，占全省GDP的59%，人均GDP是苏北的3.8倍。江苏省委、省政府为加快苏北振兴，促进区域共同发展，决定从2003年起，利用开发区的先导作用和苏南地区开发区模式的成熟经验，顺应产业梯度转移的客观规律，探索南北合作的新模式，鼓励空间承载力和环境承载力日趋饱和的苏南开发区北上，与苏北共建工业开发区。

2006年，江苏提出"南北挂钩共建产业园区"的制度安排，鼓励苏南重大产业转移项目落户苏北，开始了南北对口支援、促进江苏经济协调发展。苏南的南京、苏州、无锡、常州、镇江5市与苏北的淮安、宿迁、徐州、盐城、连云港5市实行一对一挂钩合作，在苏北本地设立的省级以上开发区中划出一定面积的土地作为区中园。区中园由苏南和苏北共同管理，苏南地区负责园区的规划、投资开发、招商引资和经营管理等工作，苏北地区负责拆迁安置、基础设施配套、社会管理工作。在领导管理体制上，区中园通常有三个层级，即南北双方政府联席会议、园区管委会、园区投资开发公司。园区的运作主要由园区投资开发公司按照市场化运作，园区投资开发公司以股份制合作为主，一般是苏南占60%以上的股份，因此具有决策权。园区享受土地指标、省财政补贴、电价优惠等诸多倾斜政策。在园区收益上，双方十年内不分红，收益全部用于滚动发展。这一创新举措的核心意图是要把苏南经济发展的成功经验嫁接到苏北地区。

实践证明，南北共建产业园区已经成为推动苏南地区劳动密集型企业向苏北转移的强大引擎，在江苏省政府的大力支持下，共建园区对苏北经济的带动作用明显。2006年至2011年年底,苏北累计完成基础设施投入161亿元,实际引资5000亿元;苏南投入共建园区开发建设公司的注册资本达到23.4亿元,累计向苏北5市转移500万元以上的项目达到1.74万个,总投资逾1万亿元,并派出200多名干部及管理人员到苏北参加共建园区工作,有力推动了苏北经济社会发展。

南北挂钩共建园区的创举,使江苏成为中国第一个真正打破行政区域篱笆,由苏南、苏北两地整合行政资源和经济资源,进而由发达地区带动欠发达地区工业化和现代化进程的创新典范。

(五)西哈努克港经济特区:"一带一路"的重要平台

在国家"走出去"战略方针的指引下,江苏企业海外业务得到了迅猛发展。"政府搭台,企业唱戏",把经济特区设到国外去,充当对外投资的"桥头堡"和"大本营",方便本土企业"抱团"走出去,是党中央、江苏省委省政府和江苏龙头企业的愿望和目标。2007年,江苏红豆集团投资建设的西哈努克港经济特区(以下简称"西港特区")便应运而生。西港特区是2009年中国首批通过确认考核的六个境外经贸合作区之一,也是第一个签订国家间框架合作协议并建立双边政府协调机制的境外经贸合作区。

西港特区位于"21世纪海上丝绸之路"的重要节点上,地处柬埔寨王国唯一的国际港口城市——西哈努克市,距西港国际机场3千米,距西哈努克深水港12千米,连接柬埔寨4号国道,距柬埔寨首都金边仅210千米,地理位置优越,交通便利。西港特区税收政策优惠,金融环境宽松,自2007年投建以来日益成为中国企业进军拥有6.3亿人口的东盟市场的重要平台。

第七章 特色鲜明的全面开放

西哈努克港经济特区

西港特区也是柬埔寨最大的经济特区。作为两国重大经济合作项目,西港特区在规划和建设过程中得到了两国政府的高度关注与大力支持。2010年,时任总理的温家宝与洪森首相在北京人民大会堂亲自见证了《中华人民共和国政府和柬埔寨王国政府关于西哈努克港经济特区的协定》签字仪式。该协定以国家间框架合作协议的形式明确了西港特区的法律地位,规定了缔约双方共同为西港特区的建设、管理和运营提供支持和便利的责任,明确了在协议框架下成立西港经济特区双边副部长级协调委员会,研究西港特区建设和运营中存在的重大问题等。该协定是中国政府与外国政府签订的首个中国关外境外经贸合作区的双边协定,对提升西港特区地位,改善西港特区运营环境,加快西港特区开发建设,吸引更多的中国企业和第三国企业入园投资发展产生了深远影响。

柬埔寨西哈努克港经济特区有限公司是西港特区的开发建设主体,特区总体规划面积11.13平方千米,首期开发面积5.28平方千米,以纺织服装、五金机械、轻工家电等为主导产业,同时集出口加工区、商贸区、生活区于一体。全部建成后可容纳 300 家企业,创造 10 万个就业岗位,打造一座可容纳 20 万居民的宜居新城。按照柬埔寨国家规划,西哈努克市将建设成为柬埔寨第二大城市,西港特区将建成工业、商业、居住、文化及公共生活服务相配套的现代化工业城镇,成为西哈努克市的经济中心,为当地的就业、经济发展、公益事业注入新活力,成为柬埔寨经济发展的示范区。

自 2010 年中柬建立全面战略伙伴关系以来,两国经贸合作成果丰硕。2015 年,西港特区成为我国商务部认定的全国首批 13 家境外合作平台的第一名。截至 2017 年 11 月,双边贸易额达到 47.6 亿美元,同比增长 22.6%。国际产能合作成效明显,中方对柬投资快速增加,同比增长 84%,西港特区已经成功吸引 100 多家国际企业入驻并创造 1 万多个就业岗位,中国企业与柬埔寨政府签订了以 BOT 方式建设暹粒新机场和金边到西港高速公路的合同,中国银行等多家银行为西哈努克电厂、桑塞河下游水电站、柬埔寨石化公司炼油厂等新项目提供融资服务。基础设施合作成效显著,柬埔寨国道 45% 以上由中国企业建设,12 座大桥中有 7 座由中国提供资金并建造。旅游合作迅速推进。截至 2017 年 11 月,柬埔寨共接待外国游客 430 万人次,同比增长 10%,其中接待中国游客 95 万人次,占外国游客的 22%,同比增长 45%,中国已成为柬埔寨旅游业的最大客源国。

三、提升开放型经济质量水平

21 世纪以来,江苏深入实施经济国际化战略,坚定不移推进对外开放,积极应对国际金融危机带来的风险和挑战,推动开放型经济跨越发展,初步形成全方位、宽领域、多层次的对外开放格局。全省外资外贸结构不断优化,实际利用外资规模稳居全国前列,进出口总额连续多年位居全国第二;对外投资从小到大迅猛发展,国际经济合作纵深推进;国际友好交往日益活跃,江苏与世界的联系更加密切。面对新的机遇挑战,江苏积极作为,不断提升开放型经济质量水平。

(一) 探索开放型经济新体制

2014年,江苏在全国率先出台《关于深化开放型经济体制改革的若干意见》,并将改革任务分解为66条改革措施,落实到42家责任单位,明确了每条措施的具体目标任务和时序进度,力求体制机制创新有新推进,开放型经济水平有新提升,推进对外开放有新特色,合力改革探索有新突破。进一步明确方向、突出重点,创新贸易便利化管理与服务,推动外贸发展方式转变;创新改善外商投资环境,进一步提升利用外资水平;创新对外投资合作方式,培育国际经济竞争新优势;创新统筹联动机制,优化区域开放布局;创新推进政府机构与职能改革,进一步改善营商环境。2015年,苏州工业园区开放创新综合试验、海门叠石桥市场采购贸易方式试点、中韩盐城产业园等国家级改革创新试点相继启动,主动对接上海自贸试验区建设取得重要进展,"一带一路"交汇点建设扎实推进。2016年5月,国家全面启动为期两年的构建开放型经济新体制综合试点试验,苏州工业园区等12个试点城市和区域积极探索推进各项改革措施,为构建和完善开放型经济新体制做出新的贡献。2017年10月,国家向全国复制推广苏州工业园等试点在构建开放型经济新体制综合试点中形成的首批24项典型经验和模式。内容主要包括开放型经济运行管理新模式、形成开发区(园区)协同开放新机制、推进国际投资合作新方式、建立质量效益导向型外贸促进新体系、金融服务开放型经济新举措、形成全方位开放新格局等六大方面。

(二) 推进开放型经济全球布局

随着江苏经济融入全球经济,江苏在继续积极吸引外资、建设外资高地的同时,积极开展"走出去"探索,推动开放型经济全球布局。2012年6月,江苏省委、省政府出台《关于深入实施经济国际化战略全面提升开放型经济发展水平的若干意见》,提出大力开拓国际市场。巩固和扩大传统市场,大力开拓新兴市场,充分利用自贸区协定重点拓展东盟、南美、南亚等市场,千方百计稳定外贸增长。在具有较大辐射效应的重点市场打造若干海外重点展销平台,支持企业建立自主营销和服务网络。鼓励和支持民营企业提高开拓国际市场、参与国际竞争的能力。积极推进国际电子商务平台建设,拓宽企业开拓国际市场的渠道。完善专业化大市场的外贸功能,培育一批具有示范效应的内外贸结合专业市场。重点支持新能源、新医药、新材料、环保设备、高端装备制造、海工装备等新兴产业开拓国际市场。2014年,江苏省委、省政府出台《关于深化开放型经济体制改革的若干意见》,提出要积极融入国家对外开放布局,推进投资贸易便利化,培育本土跨国公司,加快形成"走出去"的产业优势,推进境外产业集聚区建设,建立健全"走出去"服务体系,激发"走出去"的动力和活力。党的十九大以来,江苏进一步提出把视野放在"一带一路"这个国家最大的开放格局中去审视,全力做好扩大向东开放和引领向西开放,江苏开放型经济全球布局稳步推进。江苏资本"走出去"规模保持高位运行,一大批企业积极对接"一带一路"倡议,扩大海外投资。2015年,江苏对外投资突破100亿美元;2016年、2017年,全年新批境外投资项目分别为1067个、631个,中方协议投资分别为142.2亿、92.7亿美元。

(三) 培育贸易新业态新模式

习近平总书记在党的十九大报告中明确提出"推动形成全面开放新格局"、"发展更高层次的开放型经济",要求加快培育外贸竞争新优势,不断探索发展外贸新产品、新业态、新模式,尤其要培育贸易新业态新模式,坚持鼓励创新、包容审慎的原则,逐步完善监管制度、服务体系和政策框架,支持市场采购贸易、外贸综合服务等健康发展,打造外贸新的增长点。以海门叠石桥市场为例,作为推进实施市场采购贸易方式试点,叠石桥市场以实现市场整体与国际接轨为导向,坚持"通得快、管得住"总体原则,大胆实践、积极探索,不唯数据、只求创新,做到"风险可控、源头可溯、责任可究",显著提升了贸易便利化、信息化水平,市场集聚、辐射、带动和服务功能明显增强,不断放大对长三角周边区域纺织服装类专业市场、出口企业、产业集群的辐射效应,努力成为江苏对外开放重要窗口、全国内外贸结合样板市场以及产业特色鲜明、综合环境优美、市场业态领先的国际家纺生产制造贸易新城。2017年,海门叠石桥国际家纺城市场成交额706.39亿元,同比增长8.1%,累计通关2.6万票、出口额为30.42亿美元,试点商品超100种,出口到140多个国家与地区。

(四) 推广普及跨境电子商务

跨境电子商务在国际贸易中的地位和作用日益凸显,已经成为扩大外贸进出口的新增长点。2015年,国务院出台《关于大力发展电子商务加快培育经济新动力的意见》,提出加强电子商务国际合作,提升跨境电子商务通关效率,推动电子商务"走出去",这为开发区加快跨境电子商务发展开辟了乘势而上的新空间。中国(苏州)跨境电子商务综合试验区是2016年第一批跨境电子商务综合试验区,用新模式为外贸发展提供了新支撑。苏州跨境电商综试区线上综合服务平台自上线以来,实现了多个全国"唯一"和"第一",其中之一是2017年年底首家实现与东盟单一窗口 GeTS 联调成功的平台。通过此次合作,能够促进双方建立更加规范、标准、透明的跨境电商服务体系,集约资源要素,提升跨区域或跨国的贸易便利化程度,降低贸易成本。合作双方明确将充分发挥各自行业优势,共同促进双方的业务发展和产品延伸,在信息共享、风险防控、统计监测、企业信用、智能物流、金融服务等领域全面深化战略合作,提升苏州与"一带一路"沿线、亚洲太平洋经济合作组织、中国—东盟国家之间的通关、贸易、物流便利化水平。

(五)加速拓展服务贸易

经济发展新常态下,国家和江苏省级政府层面高度重视发展服务贸易,先后出台了促进服务贸易、服务外包、对外文化贸易等发展的一系列重要文件。江苏是仅次于北上广的服务贸易大省,依托科技资源优势,服务外包发展尤其突出,规模已经连续10年居全国之首,31个国家级服务外包示范城市中江苏有5个。目前一个多元化、多渠道、多层次、宽领域的服务外包人才培训体系已经形成,可持续发展态势良好。近几年江苏文化贸易业取得了新进展。目前文化出口重点企业与重点项目数量仅次于北京和上海。各类文化创意示范区频现,形成规模效应,并获得各级政府改革资金专项支持。会展业健康发展。在管理方面,进一步简政放权,加强规范和清理,同时实施贸促计划,将境外会展和境内会展列入其中。技术贸易稳步发展,中医药服务贸易有所突破。"十三五"期间,江苏服务贸易发展重点包括加强产业基础,即扩大服务供给,提升优化服务贸易结构;突破制度"瓶颈",进一步提高服务贸易地位,完善统计体系和申报制度,加强法律保障;推动服务贸易各类平台建设,扶持和帮助相关产业发展,努力形成不同层次、特色鲜明的产业集群;加大相关人才培养力度,特别支持文化出口重点领域,鼓励凤凰出版传媒集团、省广电集团等文化企业逐步"走出去";推进展会市场化发展,加大支持力度,强化展会与产业的融合,培育江苏重点展会服务商和精品展会,鼓励展览业"引进来""走出去";积极发展中医药服务贸易,重视载体培育,打造服务品牌,建设一批中医药服务贸易示范基地,培育产学研结合、多层次多渠道的中医国际服务人力资源培养体系,促进中医药文化国际宣传和普及,推动江苏中医药服务"走出去"。

(六) 加快"一带一路"交汇点建设

处于丝绸之路经济带和 21 世纪海上丝绸之路的交汇点上的江苏主动参与"一带一路"建设,放大向东开放优势,做好向西开放文章,拓展对内对外开放新空间。投资贸易合作是"一带一路"建设的重点内容,江苏已经形成了一定的先发优势。全省下一步的"一带一路"建设工作将突出四个重点:一是突出深化国际产能合作,二是突出境外经贸合作园区建设,三是突出培育贸易新增长点,四是突出发挥重要节点和平台作用。充分发挥江苏地处"一带一路"重要交汇点的独特区位优势,协调推动向东与向西双向开放,深入发掘与沿线国家和地区的合作潜力,不断拓展对外开放的广度和深度,参与打造

中哈(连云港)物流合作园区全景(魏和礼摄)

沿线区域合作的贸易流、产业带、联通网和人文圈,建设辐射带动力强的重要开放门户。积极发挥连云港新亚欧大陆桥经济走廊东方起点的先导和支撑作用,重点开展与哈萨克斯坦等支点国家的交流合作,加快建设中哈(连云港)物流合作基地和上合组织(连云港)国际物流园,共同打造上合组织出海口,积极参与哈萨克斯坦"霍尔果斯—东门"经济特区建设,支持"一带一路"连云港农业国际合作示范区建设,加快建成江苏参与"一带一路"建设的核心区和先导区。强化徐州新亚欧大陆桥经济走廊东端重要枢纽城市和淮海经济区中心城市地位,推动与沿线地区基础设施互联互通及商贸、物流、旅游、产业等一体化发展。巩固提升苏南地区对外开放先行先导优势,加快建设苏中、苏北对外开放新高地,着力培育沿海地区开放型经济新增长极。全面开展丝绸之路人文交流。支持南京、扬州、连云港、苏州太仓等城市联合开展海上丝绸之路文化遗产申报,举办中国(连云港)丝绸之路国际物流博览会,为深化与沿线国家合作提供载体平台。

通过这些举措,江苏在国际经济环境逆境中仍然有效地促进了加工贸易创新和一般贸易快速发展,成功地促进了外贸的回稳向好。在外贸总额增长的同时,江苏通过持续优化国际市场布局、国内区域布局、外贸商品结构、经营主体结构和贸易方式,以及加快对外贸转型升级基地、贸易平台、国际营销网络的建设,推动全省外贸结构调整和动力转换步伐进一步加快。同时,江苏通过坚持扩大对外开放、积极利用外资,推动改善营商环境,稳住了利用外资的规模;并持续推动对外投资便利化,提高服务水平,加强事中事后监管,引导对外投资健康有序发展,激励和保障了有实力、有条件的本省企业稳健地"走出去"。

第八章
共建共享的美好生活

"人民美好生活"在党的十九大报告中作为一个高频词14次出现。"美好生活"一头连着老百姓,一头连着党的使命、宗旨、目标与愿景,这与中国共产党人"为中国人民谋幸福,为中华民族谋复兴"的初心和使命是一致的。改革开放以来,江苏很快就告别温饱、达到小康,进而迈向实现全面小康、进一步改善和提高人民生活水平的征程。在这一过程中,江苏从扶贫攻坚、让每一个人脱离贫困,到保障和改善民生,再到多年持续努力的富民政策、全面发展,一直紧紧围绕建设"人民美好生活"这一目标,让全江苏人民在砥砺前行、齐心共建中不断增强获得感与幸福感。可以预见,不久的将来,江苏将在完成世纪难题——扶贫攻坚任务——的基础上,使江苏人民获得更好的教育、更稳定的工作、更满意的收入、更可靠的社会保障、更高水平的医疗卫生服务、更舒适的居住条件、更优美的环境、更丰富的精神文化生活,从而迎来更加美好的生活。

一、 坚持不懈进行扶贫攻坚

当前,江苏扶贫开发已经从消除绝对贫困转向缓解相对贫困,但低收入人口持续增加收入的能力还不强,经济薄弱地区加快发展的"瓶颈"制约尚未根本消除。到 2017 年,江苏部分地区尤其是苏北还有 200 多万人口处在相对贫困状态。江苏仍须坚持不懈扶贫攻坚,全面破解"世纪难题",迎接即将到来的"全面小康时代"。

(一) 小康路上一个也不能少

小康路上一个也不能少,是习近平总书记反复提及的对全国人民的庄严承诺,也正是江苏省委、省政府一直带领大家一起奔小康的扶贫理念。

1. 长期坚持扶贫就是为了补齐短板

江苏多年持续推进农村扶贫开发。自 1992 年以来,对苏北经济薄弱地区组织实施了多轮有计划、大规模的扶贫开发,帮助 1500 多万农村贫困人口基本解决了温饱问题。对照全面小康和建设新江苏的目标要求,目前低收入人口增收和经济薄弱地区经济社会发展仍是突出"短板"。

2. 继续扶贫以建成高水平全面小康

从 2012 年起,江苏聚焦农村低收入人口、经济薄弱村和重点片区,实施脱贫奔小康工程,着力抓好到村到户精准扶贫,使全省农村 411 万低收入人口整体实现人均年收入 4000 元的脱贫目标,为加快全省特别是苏北地区全面小康建设进程发挥了重要作用。推进新一轮扶贫开发是建设高水平全面小康社会的必然要求。2016年年初，江苏省委、省政府颁布《关于实施脱贫致富奔小康工程的意见》，确定了新的扶贫目标：到2020年使低收入人口人均年收入达到6000元。

3. 率先减少相对贫困，实现共同富裕

消除贫困、改善民生，实现共同富裕，是社会主义社会的本质要求。成功实现脱贫奔小康目标，基本消除绝对贫困，标志着江苏扶贫工作已推进到缓解相对贫困、缩小收入差距、促进共同富裕的新的历史阶段。摆脱绝对贫困的低收入群体，对实现持续增收、不再重返绝对贫困、过上宽裕的生活、赶上社会平均发展水平、获得社会尊严等有着强烈的期待。"十三五"时期，作为东部较为发达的省份，江苏已经开始认真按照中央关于东部地区"率先探索减少相对贫困、实现共同富裕有效途径"的要求，积极探索扶贫工作的新方法、新举措，努力在扶贫方面取得突破性的经验。

就业脱贫

（二）最近两轮脱贫奔小康工程

2002年以来,江苏省委、省政府连续实施了两轮大规模扶贫开发行动,取得了明显成效。

1. 实施第一轮脱贫奔小康工程(2012—2015)

2011年年底,以脱贫攻坚工程任务完成为标志,江苏基本消除了人均年收入2500元以下的绝对贫困现象。2012年,江苏省委、省政府作出了实施脱贫奔小康工程的重大决策部署。到2014年年底,全省411万低收入人口中已有295万人实现脱贫,脱贫率为72%。"十二五"期间,江苏实现扶贫开发方式重大创新,对西南岗、成子湖、苏北灌溉总渠以北地区等6个重点片区实施整体帮扶。到2015年年底,江苏农村低收入人口整体实现人均年收入4000元的脱贫目标,1533个省定经济薄弱村发展能力增强,江苏如期完成脱贫奔小康工程目标任务,成为东部地区率先基本消除绝对贫困的省份之一。

2. "十三五"新一轮脱贫致富奔小康工程

中央提出的全国扶贫标准是到2020年贫困人口人均收入大约为4000元,江苏到2015年年底已实现这一目标。"十三五"时期,江苏组织实施了新一轮脱贫致富奔小康工程:以人均年收入6000元为标准,涉及全省乡村6%左右的低收入人口、6%左右的经济薄弱村、苏北6个重点片区和黄桥、茅山革命老区,人口为300万左右。江苏新一轮扶贫开发工作,是根据中央精神和江苏实际来考虑的,和全国扶贫开发所不同的是,江苏的标准较高,内涵更丰富。

（三）精准扶贫的"江苏经验"

以习近平同志为核心的党中央创新性地提出精准扶贫政策,以每年减贫1300万人以上的成就,书写了人类反贫困斗争史上"最伟大的故事"。江苏率先尝试建立"精准扶贫"机制,在整体帮扶与精准帮扶相衔接的基础上,创新探索并形成了精准扶贫的"江苏经验"。

1. 建档立卡,准确定位帮扶对象

江苏对低收入人口进行精确识别、动态管理,采用"实名制"将帮扶资金落实到帮扶对象,实行"一户一策"、分类帮扶。同时,创新财政资金使用机制,把有限的资金用在刀刃上,实现"扶真贫、真扶贫"。截至2015年年底,江苏省"十二五"时期扶贫建档立卡的411万农村低收入人口,整体实现人均年收入4000元的预期脱贫目标。《江苏省"十三五"农村扶贫开发规划》提出,到2020年使277万建档立卡农村低收入人口人均年收入超过6000元,生活水平明显提高,义务教育、基本医疗和公共服务得到有效保障。全省每年脱贫60万人以上,并将年度脱贫任务予以分解,年初下达各地,年底总结考核。被列为低保对象的农户,由当地按照序时进度确定低保标准,确保按时实现脱贫目标。

2. 多方参与,明确帮扶责任主体

在国家开展的各个扶贫开发重大行动中,江苏没有国定贫困县和贫困村,扶贫开发所需巨大投入均由地方筹集。江苏建立了"五方挂钩"帮扶机制,即确定苏北经济薄弱县(市、区)后,组织省级机关部门、部省属企业、高校科研院所、苏南发达县市与苏北经济薄弱县建立挂钩帮扶关系。坚持"一个帮扶队员驻村、一个科技派员挂钩、一个工商企业帮扶、一个富村结对、一个主导产业带动"的"五个一"到村工作机制。强化领导干部建立扶贫联系点、"五方挂钩"单位挂钩经济薄弱村、党员干部结对帮扶低收入农户措施,推动帮扶对象、帮扶责任人和帮扶项目"三落实",不脱贫不脱钩。

3. 小额贷款,帮扶方法具体到位

江苏探索性地推动金融扶贫,促进扶贫开发由"输血"向"造血"转变。金融扶贫主要是采取"扶贫小额贷款"的政策措施。实践证明这一措施效果好,深受低收入农户欢迎。

应该说,江苏的精准帮扶,既找准了真正的帮扶对象,又发挥了政府、社会、市场等的作用,还通过利用机关、院校、企业、苏南地区的人才、技术、管理、信息、资金设备等优势,有效帮助了苏北地区调整经济结构,开发资源优势,发展优势产业。更重要的是,精准帮扶增强了这些地区的造血功能和内生发展动力。

二、创新发展的社会保障体系

社会保障制度是风险的缓冲器,也是解决民生问题最坚强的堡垒和后盾。要实现人民美好生活,必须有可靠的社会保障制度来免除人们的生存恐惧和生存危机。改革开放以来,江苏社会保障制度在改革创新中取得了长足发展,以养老、医保和低保为重点的城乡社会保障,在制度上已实现全覆盖,在人群上做到了广泛覆盖。

(一) 保障制度持续改革,保障体系不断完善

经过多年坚持不懈的创新、探索、改革,江苏的社会保障体系建设成效显著,已经初步建立起全覆盖、可持续、多层次的社会保障体系,越来越多的人群得到了有效保障。

1. 医疗保障:突破传统的制度模式,建立新型医疗保障制度体系

改革开放以来,江苏先后突破劳保医疗、公费医疗和传统农村合

作医疗的制度模式。从2003年试点到2005年,江苏所有县(市、区)都建立了新型农村合作医疗制度(以下简称"新农合"),比全国提前三年实现了全覆盖目标。2005年、2007年,江苏分别率先全面实施新型农村合作医疗制度和城镇居民基本医疗保险制度,构建起以城镇职工医保、城镇居民医保、新农合和城乡医疗救助制度为核心,覆盖城乡各类人群的"三基本一救助"基本医疗保障制度体系。

2. 养老保障:积极探索,多层次养老保险体系建设思路付诸实践

养老保障是惠及面广、所需资金量大、社会最关注的社会保障项目。2011年,江苏构建起以企业职工基本养老保险、新型农村社会养老保险(以下简称"新农保")和城镇居民社会养老保险为核心,以被征地农民基本生活保障等制度为补充,覆盖城乡各类人群的基本养老保障制度体系。同年,江苏启动城镇居民社会养老保险试点。

老有所养

2012年,县级行政区全面开展新型农村社会养老保险和城镇居民社会养老保险工作。2014年,江苏将新型农村社会养老保险和城镇居民社会养老保险制度合并,建立全省统一的城乡居民基本养老保险制度。2014年至2015年间,江苏就企业年金、职业年金和商业养老保险等补充性养老保险制定了相应的政策。这一系列举措,标志着江苏基本养老保险正在由制度全覆盖向人员全覆盖迈进,多层次养老保险体系建设的思路开始付诸实施。

3. 社会救助:救助政策不断修订完善,救助底线越来越牢靠

2014年12月,《江苏省社会救助办法》确立了"8+1"社会救助制度体系,以保证全省困难群众的基本生活保障。在此基础上,陆续出台了《江苏省临时救助实施办法》《关于进一步完善医疗救助制度的实施意见》《关于全面推进城乡居民大病保险有关工作的通知》,进一步完善了《关于建立疾病应急救助制度的实施意见》。与此同时,住房、教育等救助政策也在不断修订完善。应该说,江苏的救助底线正在编密织牢。目前,以最低生活保障、特困人群供养、受灾人群救助为中心,以医疗救助、教育救助、住房救助、就业救助和临时救助、社会帮扶为补充的,覆盖城乡的新型社会救助体系在江苏已初步建立。

4. 住房保障:在房价持续走高情况下致力于解决困难人口住房问题

住房保障必须要有一系列的制度支撑。江苏先后出台了《廉租住房保障办法》《经济适用住房管理办法》《公共租赁住房管理办法》《棚户区(危旧房)改造规划(2013—2020)》。江苏在解决低收入住房困难家庭居住问题的基础上,将住房保障从低收入住房困难家庭向中等偏下收入住房困难家庭拓展,希望能解决常住人口市民化住房保障问题。目前,江苏对市县政府实行目标责任管理,90%以上的

市县实现了住房保障准入标准的年度动态调整。"十二五"末,江苏已经形成以公共租赁住房为重点,以经济适用住房和棚户区、城中村改造为重要补充的住房保障体系,实现了由单位保障向社会保障、由覆盖城镇户籍家庭向覆盖城镇各类住房困难群体、由单一保障向多层次保障的转变。

(二) 覆盖人群不断扩大,基本实现"人人享有"

经过多年不断的深化改革,江苏着力消除制度建设上的空白和人群覆盖上的盲点,实现了从点到面、从单项到体系的转变,基本实现了"人人享有"社会保障。

1. 基本养老保险惠及面持续扩大

2006年,江苏在全国率先将城镇企业职工基本养老保险制度参保范围扩大到城乡各类企业及其职工。2010年和2011年,江苏率先实现新农保制度和城镇居民养老保险制度全覆盖。随着"全民参保登记计划"的实施,小微企业、非公单位人员、农民工、劳务派遣员工、灵活就业人员、城镇个体户等都可以参保。到2017年年底,全省企业职工基本养老保险参保人数为2097.5万人,城乡居民基本养老保险参保人数为1268.4万人,城乡居民基本养老保险基础养老金最低标准由每人115元提高到125元。同时,建立经济困难的高龄失能等老年人补贴制度和重点空巢独居老人结对关爱照料制度。全面实施80周岁以上老年人尊老金制度。

2. 社会救助的范围与人群不断拓展

2008年年底,江苏所有县(市、区)建立了医疗救助制度,城市低保、城镇"三无"、农村"五保"、重度残疾、特困精神病人等贫困群体"就医难"问题得到了改善。与2014年国家的《社会救助暂行办法》

相比,《江苏省社会救助办法》将医疗救助对象由最低生活保障人员、特困供养人员,拓展到临时救助对象中的大重病患者、享受民政部门定期定量生活补助费的20世纪60年代精简退职职工、重点优抚对象、符合条件的参核退役人员、设区市和县(市、区)总工会核定的特困职工以及县级以上人民政府规定的其他特殊困难人员。同时,该办法依据《国务院关于全面建立临时救助制度的通知》(国发〔2014〕47号)精神,将临时救助对象拓展到持有当地居住证的居民和不持有当地居住证的非本地户籍人员。

3. 分门别类解决困难群众住房问题

近些年来,江苏注意"分门别类"解决群众住房困难问题。例如,用廉租房、经济适用住房重点解决低保家庭、低收入家庭的住房困难,用公共租赁住房重点解决新就业和外来务工人员的住房困难,用共有产权住房解决"夹心层"家庭的住房需求,通过棚户区改造来改善危旧房和城中村居民的住房条件。现在,江苏已经制定实施公共租赁住房发展规划和年度计划,力图解决城市新就业人员、外来务工人员的租住困难。积极推进经济适用住房建设,推行"租售并举""先租后售"的共有产权模式,使符合条件的家庭能够尽快改善居住条件。目前,江苏住房保障的低收入线标准、住房困难标准、保障面积标准和保障人群覆盖面,都处于全国领先水平。

4. "一个也不落",逐步实现普惠性

与此同时,江苏失业、工伤、生育保险制度覆盖范围也从城镇劳动者逐步拓展到城乡劳动者,部分地区探索将灵活就业人员也纳入。各地普遍建立高龄老年人补贴制度,以困难老年人、儿童、残疾人为重点服务对象的适度普惠型社会福利体系不断完善。截至2017年年底,全省城乡基本养老保险、基本医疗保险和失业保险覆盖率均达到97%以上;全省签订劳动合同的进城务工人员基本都已经参加城镇各类社会保险;全省城乡低保对象实现应保尽保。

(三) 社会保障待遇水平不断提高

江苏在不断推进社会保障制度改革、扩大社会保障覆盖面、完善社会保障体系建设的同时,与经济发展相同步,不断提高社会保障水平。

1. 医疗统筹水平与报销水平不断提高

基本医疗保险方面,建立了与城乡居民收入增长相适应的城乡居民医保筹资机制,统一城乡居民参保(合)财政补助标准。2016年,城镇职工基本医疗保险基金收入869.39亿元,比上年增长11%;基本医疗保险待遇支出718.54亿元,比上年增长9.7%。2016年,城镇(乡)居民基本医疗保险财政补助标准调整为每人每年不低于425元。2016年年末,全省新农合参合人均筹资达到588元。2016年,全省新农合基本医疗补偿人次14112.05万人次,城乡居民参保(合)财政补助标准统一提高到人均不低于280元。城镇职工、居民医保和新农合政策范围内住院医疗费用报销比例分别达到80%、70%和75%,城乡基本医疗保险待遇水平保持较好衔接。

2. 多项社会救助水平在全国位居前列

2016年11月,江苏省政府出台了《关于进一步完善特困人员救助供养制度的实施意见》,要求苏南、苏中、苏北地区分别按照不低于当地上年度城镇常住居民和农村常住居民人均可支配收入的40%、45%、50%的比例,确定特困人员供养标准。截至2017年年底,江苏城市低保平均保障标准每人每月647元,农村低保平均保障标准每人每月611元,在全国各省份中居第二位。苏南5市实现了城乡低保标准一体化。

3. 养老保障标准连续多年不断提升

近年来,老年人保障标准不断提升,老年人的基本生活、基本医疗、基本照护等需求得到切实保障。基本养老保险方面,连续十多年按10%左右的幅度提高企业退休人员基本养老金水平。2017年,全省企业退休人员月人均养老金水平达到2620元。在提高新农保基础养老金最低标准的基础上,同步提高城乡居民社会养老保险基础养老金最低标准,2017年达到125元/月。

(四) 城乡保障制度统筹衔接不断加强

城乡社会保障制度衔接与并轨,是打破城乡二元经济社会壁垒、实现城乡协调发展、建设小康社会以及实现现代化之关键举措。江苏依托经济、资源、环境等优势,城乡社会保障制度的衔接与接轨发展相对较快。

1. 提升统筹层次,推进城乡、跨地区转移衔接

在社会保险统筹方面,江苏已经全面实施企业职工基本养老保险省级统筹。2016年1月1日起,全省企业基本养老保险缴费比例全部统一到20%。跨地区关系转移接续方面,平稳实施企业职工基本养老保险、基本医疗保险转移接续办法。城乡同类制度转换衔接方面,2006年专门出台文件,实现农保和企业职工基本养老保险制度间的转换衔接;2009年出台基本医疗保险转移接续办法,实现城镇职工医保、城镇居民医保、新农合三项基本医疗保险制度之间的转换衔接。鼓励有条件的地区实现城乡社会保障制度并轨,苏州率先实现城乡非农就业人员养老保障制度一元化,全省有28个统筹地区实现了城镇居民医保和新农合的并轨。

2. 区域城乡社会保障制度衔接与并轨的政策设计

以完善的政策设计为基础,苏南、苏中、苏北地区在城乡社会保障衔接与并轨方面业已发展出自己独特的模式。苏南地处经济发达地区,凭借其雄厚的资金基础、先进的管理经验、合理的资源分配等优势条件,部分市区及县村已率先实现城乡社会保障衔接与并轨。如苏州于2011年实现城乡低保并轨,2012年又实现社会养老、医疗保险的城乡并轨。苏中地区经济发展虽处于中等水平,但也发展出自己独特的城乡社会保障衔接模式,并在实践中取得了良好效果。如扬州以"培训—鉴定—职介—用工"为特色就业模式,建立了城乡统一失业保险制度。苏北的经济水平相对滞后,但经济发展增速明显,良好的经济发展态势为苏北地区城乡社会保障衔接与并轨提供了发展平台。

三、持续提高基本公共服务水平

基本公共服务是公共服务中最基础、最核心的部分,是最基本的民生需求,也是政府公共服务职能的"底线"。提高基本公共服务供给水平是政府改善民生的重要抓手。江苏在基本公共服务方面,一直坚持普惠性、保基本、均等化、可持续方向,制定基本公共服务清单和建设标准,为改善民生奠定了坚实的基础。

(一)把基本公共服务作为改善民生的重要抓手

江苏省委十三届二次全会上明确提出,要用群众基本公共服务开支的"减",换取群众收入含金量的"增"。基本公共服务能够满足群众需求了,群众在教育、医疗、社保等方面的开支减少了,生活将更有质量,预期将更加稳定。

1. 政府始终高度重视并着力作为

2007年,江苏将"基本公共服务均等化程度显著提高"列为民生改善的重要方面。2008年,江苏省委、省政府《关于切实加强民生工作若干问题的决定》再次强调要"改善和落实改善民生的普惠政策,大力推进基本公共服务均等化"。2011年,《江苏省国民经济和社会发展第十二个五年规划纲要》将"积极构建和谐社会,着力保障和改善民生,提高基本公共服务均等化水平"作为经济社会发展任务之一。2013年、2016年江苏先后制定了《"十二五"基本公共服务体系规划》《"十三五"基本公共服务均等化规划》。2017年,先后发布《江苏省"十三五"时期基本公共服务清单》《江苏省"十三五"时期基层基本公共服务功能配置标准(试行)》,使改善民生、基本公共服务均等化标准化的任务更加清晰化、明确化、具体化。

2. 初步建立基本公共服务体系

"十二五"以来,江苏把建立健全基本公共服务体系作为保障和改善民生制度安排的重大任务,并与推进"两个率先"、创造美好江苏的战略目标和任务紧密衔接,在深入推进终身教育、就业服务、社会保障、基本医疗卫生、住房保障、养老服务等"六大体系"建设的过程中,基本形成了政府主导、覆盖城乡、可持续的基本公共服务体系。2014年,江苏对基本公共服务均等化2020年的目标提出了更为具体的标准和要求:形成公平普惠的基本公共服务体系,坚持全覆盖、保基本、多层次、可持续方针,把基本公共服务作为公共产品向全民提供,提高基本公共服务能力和水平;建立健全公共服务特别是基本公共服务体系,关系民生发展整体水平。

江苏"12345 在线公共服务平台"

（二）基本公共服务向均等化迈进

江苏"十三五"时期明确提出要"推进基本公共服务均等化"，要求坚持普惠性、保基本、均等化、可持续方向，明确基本公共服务范围和标准，建立基本公共服务清单，推动常住人口实现基本公共服务均等化全覆盖。

1. 基本公共服务均等化助推江苏发展转型

基本公共服务均等化是中央作出的一项重大战略决策，也是江苏推进社会建设与改善民生的重要战略。2005—2010 年，江苏人均地区生产总值从 3046 美元提高到 7700 美元。"十二五"末，江苏地区生产总值超过 7 万亿元，人均地区生产总值突破 1.4 万美元。经济实力迅速增强的同时，社会对公共服务的需求也在迅速增长。当前，江苏正处于加快发展的关键时期，面临深刻变化的国内外经济环境，推动基本公共服务均等化，不仅是广大人民群众的迫切愿望,也是加快江苏经济社会发展转型和发展方式转变的必然要求,有利于破解发展进程中面临的阶段性矛盾和问题,顺利实现发展转型。

2. 基本公共服务供给力度持续加大

"十二五"以来,江苏在政府投入大幅增加的情况下,各项基本公共服务的供给规模明显扩大,到"十二五"末,江苏全省住房保障体系健全率达88%,实现保障性住房覆盖20%的家庭。江苏成为全国首个实现县域义务教育基本均衡全覆盖省份。江苏五级公共文化设施网络体系覆盖率达到90%以上。在医疗卫生方面,江苏推进基层签约服务工作,促进基本公共卫生服务向健康管理转型,同时发挥区域卫生信息系统的支撑作用,强化服务协同。以基层为重点的基本公共服务网络全面建立,促进设施标准化和服务规范化,提高专业化、信息化水平,基本实现社区(村)以上都建有相对集中的公共服务供给平台,城乡居民能就近获得基本公共服务。

3. 基本公共服务均等化仍是"十三五"主攻方向

2016年3月,《江苏省国民经济和社会发展第十三个五年规划纲要》施行,基本公共服务单列一章并要求:强化民生事业各领域的协调发展和制度对接,全面提升优质公共服务产品供给能力、覆盖水平和使用效率,加快建立城乡一体、区域衔接的基本公共服务体系,打造城乡居民普惠便捷优质生活圈。明确基本公共服务范围和标准,建立基本公共服务清单。适时提高基本公共服务体系建设标准。增加服务项目内容,合理引导预期。拓展基本公共服务供给范围,以居住证为依据,推动按常住人口实现基本公共服务均等化全覆盖。加强创新区域基本公共服务相关制度和规则对接,合理提升统筹层次,在重点领域逐步实现全省标准统一。

（三）有效推进基本公共服务标准化

以《江苏省"十三五"基本公共服务均等化规划》为基础，江苏对基本公共服务清单进一步明确，制定了《江苏省"十三五"时期基本公共服务清单》《江苏省"十三五"时期基层基本公共服务功能配置标准(试行)》，使全省基本公共服务体系不断完善，基本公共服务均等化更具有操作性和目标性。

1. 发布"基本公共服务清单"

2017年5月，印发了《江苏省"十三五"时期基本公共服务清单》。在服务领域上，确定了基本公共教育、就业创业、社会保险、医疗卫生、社会服务、住房保障、公共交通、环境保护、残疾人等10个直接面向群众的服务领域。在项目安排上，选择直接面向群众的具体、标准、规范的项目。老百姓通过清单可以清楚知道自己该享受什么范围、什么水平的基本公共服务。基本公共服务清单的编制及发布，对优化资源配置、强化供给保障、使老百姓拥有更多获得感具有十分重要的意义。

2. 明确"基本公共服务配置标准"

2017年7月，印发《江苏省"十三五"时期基层基本公共服务功能配置标准(试行)》，对乡镇、街道、建制村、城市社区、自然村、居住小区等六大类公共服务明确了配置标准。标准制定的核心是以人为本，围绕"人"的需要，科学精准地定位服务项目和功能配置标准。标准将关注点放在群众家门口的公共服务上，让资源跟着需求走、服务跟着居民走，为老百姓提供家门口的公共服务项目。标准按照到2020年全面建成小康社会的目标要求，明确提出了政府能够、应该、必须提供的基本公共服务。该标准的制定在全国属于先例，是江苏省委、省政府的一个创新举措。

四、引导群众致富,缩小贫富差距

改革开放以来,江苏各级党委、政府一直致力于在保障和改善民生的基础上,让老百姓的"钱袋子"鼓起来。进入 21 世纪以来,江苏围绕"引导群众致富,缩小贫富差距",将"富民"放在特别突出的地位,在实践的基础上围绕"富民"进行了较为深入的理论研究、体制改革和政策创新。

(一)富民优先战略的确立

2001 年,江苏省第十次党代会明确提出了富民强省、率先基本实现现代化的战略构想。到现在,江苏的富民已经从理念到战略再到具体的政策举措,成为统揽全局的重要发展举措,全省已经将经济增长明确与致富人民结合起来。

1. 从"强省富民"到"富民强省"

2001 年是江苏实施"十五"计划的开局之年。江苏省第十次党代会将原先的"强省富民"口号改为"富民强省",要求"以富民强省、率先基本实现现代化总揽全局",要求"在全省现代化建设的进程中,必须始终把'富民强省'放在核心的位置"。应该说,"富民"和"强省"二者之间顺序的颠倒,意义大有不同。2002 年年底,江苏省委、省政府提出实现"富民强省,两个率先",不仅继续把"富民"放在"强省"之前,而且在"两个率先"中将"率先全面建设小康社会"置于"率先基本实现现代化"之先,突出改善人民生活。将"富民"置于"强省"之首,凸显了江苏在发展指导思想上的历史性转变。

2. "富民强省"必须"富民优先"

江苏定位的全面小康,是"不含水分""人民得实惠""老百姓认可"的小康。2003年,江苏制定了全面小康的4大类18项25条指标,在这个指标体系中,"富民"被放在了突出位置上,首次明确把城市居民人均可支配收入达到2000美元和农村居民人均纯收入达到1000美元,与人均GDP超3000美元放在一起,作为全面小康的核心发展指标,从而真正把提高人民生活质量作为全面小康的核心内容。不久,江苏根据省情确定了以"富民优先"为首的"四个优先"方针。2006年,江苏进一步提出,"坚持把富民作为优先发展目标,加快提高江苏人民生活水平"。

3. 通过四大举措实现富民优先

江苏通过创业富民、就业稳民、培训利民、社保安民四大举措,积极实践与实现"富民优先"。具体包括,鼓励"百姓创家业、企业创实

积极开展城乡劳动者就业技能培训

业、干部创事业",坚持把促进就业放在政府工作的优先位置,加快农村劳动力转移和现代高效农业发展,把调整产业结构和就业结构、分配结构统筹起来。与此同时,推动高劳动者素质、高劳动者报酬的"双高"就业及分配机制的建立。"富民优先"方针的确立,在发展动力上有了新的突破,有助于引导经济由政府推动转向民众创业,有助于全社会创造财富的源泉充分涌流,也为群众提供了良好的发展平台和发展前景。

(二) 不断创新富民途径

富民是一项系统工程,增加居民收入是首要任务,是重中之重。江苏很早就开始实施就业优先战略,同时,把创业作为群众致富的新的导向。不仅如此,江苏还提出提高社会保障水平以增加老百姓的"隐性收入"。

1. 增加就业,稳定工资收入

就业是民生之本、收入之源、稳定之基,怎么强调都不过分。近年来,江苏省委、省政府一直把扩大就业作为经济社会发展的优先目标部署推进,就业再就业工作每年都被列入为民办实事项目。江苏省政府2012年专门出台了《关于加快完善就业服务体系促进社会就业更加充分的实施意见》,明确提出要形成城乡一体、普惠共享、功能完善、服务规范、管理高效的就业服务体系,使劳动者就业更加充分、更加稳定。江苏已经建成以五级贯通、覆盖城乡的公共就业服务机构为基础,以直达到村的就业管理信息系统为支撑,以"就业e图"为创新服务内容的"15分钟公共就业服务网",为城乡劳动者提供了更加优质、高效、快捷的就业服务。

2. 通过创业增加经营性收入

依靠创业提高居民经营性收入,是富民最现实的路径。江苏在鼓励创业中有很多创新举措和实践经验,有效地促进了城乡居民经营性收入的增长。全省运用"互联网+""生态+""创意+""文化+"等延伸产业链条,拓展富民增收渠道和空间。徐州睢宁县沙集镇运用"互联网+"发展农产品电子商务,带动农民增收致富。全镇拥有农民网商3000余人,开办网店2000多个,农民人均纯收入达1.4万元,形成了"农户+网络+公司"的"沙集模式",沙集被誉为江苏"电商第一镇"。在淮安盱眙,小龙虾成为地方特色产业之一。在创业举措的推动下,江苏创业领域持续扩大,仅2017年全省新增私营企业49万户、个体户99.1万户。

3. 增加城乡居民的"隐性财富"

江苏将提供最大普惠的公共服务作为富民的一个重要方面。在完善公共服务体系中,江苏坚持把公共服务作为最大普惠,出台基层基本公共服务功能配置标准,提供更多优质的公共产品,以增加城乡居民的"隐性财富"。全省财政民生支出占公共财政体系支出的75%以上。在社会保障体系中,江苏大力实施制度完善、全民覆盖、待遇提升、优质服务"四项行动计划"。这些看似与富民无关,但起到了增加隐性财富和风险保障的作用。

(三) 贫富差距不断缩小

在城乡统筹和区域(共同)协调发展战略下,江苏采取了一系列扶持农村区域及苏北发展的政策措施,在缩小城乡、区域差距方面成效显著。

1. 普惠共享,充实百姓"口袋"

党的十七大后,江苏开始让发展成果普惠于民,由全体人民群众共享。为此,江苏推出了一系列具体措施,把民生工程的落实情况作为考核地方"一把手"的重要指标。2008年,江苏省委、省政府专门出台《关于切实加强民生工作若干问题的决定》。2011年,江苏出台《关于大力推进民生幸福工程的意见》,把实施"居民收入倍增计划"作为最大的民生实事。2016年,江苏全体居民人均可支配收入突破3万元,达到32070元,居全国第5位。2017年,江苏城镇和农村常住居民人均可支配收入分别达43622元和19158元,保持增长态势。江苏省第十三次党代会报告中明确提出,2020年,江苏将实现地区生产总值和城乡居民收入比2010年翻一番,居民收入、企业利润、财政收入"三个口袋"更加充实。

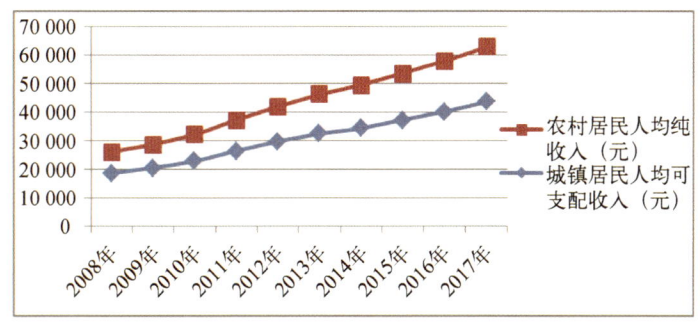

近10年江苏城乡居民收入变化趋势图
资料来源:根据《江苏统计年鉴》历年数据整理。

2. 提高农民收入,缩小城乡贫富差距

江苏的农业是一种典型的资源约束型农业,2002年全省人均耕地首次跌到1亩以下(0.997亩),全省人均耕地持续减少,这就决定了江苏的农业生产终将受到耕地资源"瓶颈"的制约,进而以农业生产为主的家庭经营性收入注定无法成为农民收入持续增长的源泉。改革开放以来,江苏城乡居民收入比总体呈扩大的趋势。从相对值看,城乡收入比,1980年是1.99∶1,1984年是1.40∶1,1993年是2.19∶1,1996年是1.71∶1,2009年是2.57∶1,达到峰值,从2009年后又开始下降,至2017年已下降到2.28∶1,是全国城乡收入差距最小的省份。二、三产业的工资性收入是江苏农民增收的一大亮点。改革开放以来,江苏农民收入的快速增长是与工业化的发展密切相关的,20世纪80年代乡镇工业和90年代外向型经济的快速发展,都有力地促进了农民收入的跳跃式增长。

3. 转移支付,缩小区域贫富差距

由于多方面因素叠加的影响,苏南、苏中、苏北经济社会发展呈明显的梯次。"十一五"期间,江苏将区域共同发展列为江苏五大发展战略之一。江苏省委、省政府制定了多项方针、政策和措施,积极、主动地做好促进全省区域共同发展工作,主要是加大财政转移支付力度,提高经济薄弱地区保障能力。从转移支付的资金来看,对苏北欠发达地区的转移支付的资金呈逐年增加的态势,比如,2005年,省对苏北地区转移支付的资金是123.99亿元,2015年已经超过1000亿元。从成效来看,苏北经济从转移支付中得到实惠,到2017年,苏南5市与苏北5市人均GDP之比,已从1996年的3.76∶1缩小为2.23∶1。

(四) 推动富民向纵深推进

2016年11月,江苏省第十三次党代会明确提出,高水平全面建成小康社会,最直接、最根本的是提高广大老百姓的富裕程度和生活质量。江苏提出"聚焦富民",就是发展取向、工作导向、奋斗方向,都要在富民上更加鲜明、更加突出、更加集中。2017年6月,江苏省委十三届二次全会对富民工作进行专题研究,以这次全会为标志,一场聚焦富民的主攻仗正在向纵深推进。

1. 明确"富民"新的意义

在江苏省委十三届二次全会对富民工作的专题研究中,江苏明确了"富民"新的意义。改革开放以来,江苏人民生活水平极大改善,但是,体现人民生活水平的居民收入水平与江苏经济发展水平还存在一定的不相称,人民收入增加速度整体落后。而且,离人民群众对过上幸福美好生活的期盼还存在差距。因此,江苏指出:"百姓富,是新江苏的重要内涵,是全面小康的直接体现,更是全省人民的殷殷期盼。聚焦富民,是江苏最应干、能够干、必须干好的事情。"大会明确指出,在新时期,江苏要落实以人民为中心的发展思想,把聚焦富民摆在江苏发展全局的突出位置,走出具有时代特征、中国特色、江苏特点的富民路子。

2. 赋予"富民"新的内涵

江苏追求的富民,已经超越了传统意义上的增加收入,而是高水平全面建成小康社会的富民,有着丰富的内涵。专题研究认为,富民最直接的是增加收入,提高老百姓富裕程度,不仅如此,还要追求生活质量的全面提高,包括公共服务的享有、公共安全的保障、人居环境的改善、精神文化生活的满足及人的全面发展。按照这样的实践内涵,江苏提出"加减乘除"法,增强人民群众的获得感和幸福感:"加"就是提高收入,增加福祉;"减"就是减轻负担、减少烦忧;"乘"就是通过多做带动力大的事,多出撬动力强的政策,使富民达到乘数效应;"除"就是破除制约"富民"的制度性障碍和结构性瓶颈,最大限度释放群众创富的内生动力。

3. 纵深推进的主攻方向

在富民方面,江苏提出把创造财富作为最大源泉、把创业富民作为最大潜力、把公共服务作为最大普惠、把脱贫攻坚作为最大民生工程、把深化改革作为最大红利,努力实现富民的最大效应。从已经出台的"富民33条"到基层基本公共服务功能配置标准,江苏已经形成聚焦富民的政策支撑体系。推进基本公共服务标准化,是江苏抓的一件富民大事,就是要以标准化推动均等化、提高普惠性,增加城乡居民的"隐性财富"。江苏强调,社会平安、生态良好是必须坚守的富民"底线",要重视安居宜居水平,坚持富民与安民并重、经济发展与生态环境共赢,走出"既富又安且美"的富民之路。

五、 提升群众获得感、安全感、幸福感

富民并不仅是增加群众的收入,还要顺应民生需求新变化,切实保障人民群众各方面权益,促进人的全面发展,让人民群众有更强的获得感和幸福感。这是在江苏省委十三届二次全会对富民工作的专题研究中对"富民"内涵的重新界定。全面发展就是以人的全面发展为核心的社会的全面发展。江苏在经济快速发展的基础上,始终没有放松社会事业的建设和发展,特别是近些年的深化改革,使老百姓的获得感、幸福感、安全感明显增强。

(一) 社会事业发展,百姓增强获得感

从 2012 年的 5.4 万亿元算起,江苏经济总量已连续跨过三个万亿元台阶。2017 年增幅在 7% 以上,突破 8 万亿元。江苏经济持续、高质量的增长为江苏社会的全面发展奠定了雄厚的基础,基本实现了经济社会全面、快速、跨越式发展,教育、医疗卫生、文化、体育等领域成绩斐然。

1. 教育科技事业优先发展

江苏始终坚持教育优先发展地位,大力实施"科教兴省"战略。从

2012年开始,学龄儿童入学率、小学在校生巩固率、初中阶段毛入学率、九年义务教育巩固率一直保持在100%。2017年,全省人均受教育年限达9.5年。另外,江苏的教育投入一直处于逐年加大的态势。在教育的支撑下,江苏科研成果也非常突出。党的十八大以来,截至2016年,全省高校共转让科技成果8723项,获奖成果2345项,其中国家级155项。高校应用研究开发成果转化率80%以上。2017年,江苏共有54个项目获国家科技奖,获奖总数位列全国各省第一。这些科研成果为江苏的创新驱动发展起到了重要的引领支撑作用。

2. 医疗卫生水平全面提升

改革开放以来,江苏医疗卫生事业取得巨大进步。一是卫生技术人员保持稳定增长。2017年每千人口执业(助理)医师2.71人、注册护士2.95人。二是医护资源错配的状况得到明显改善。医护比总体呈上升趋势,2017年,全省医疗卫生机构医护比为1∶1.09,长期以来医护比例倒置的局面得到了有效扭转。三是人口健康状况普遍改善。2017年全省人均期望寿命77.5岁,高于全国平均水平0.8岁。居民健康总体水平处于全国前列,接近高收入国家水平。

3. 文化事业得到蓬勃发展

近10年,江苏文化机制创新和文化产业发展取得新突破。到"十二五"末,全省文化产业实现增加值3481.9亿元,与2012年相比增长49.4%;文化产业增加值占GDP的比重为5%,与2012年相比上升0.7个百分点。文化产业呈现出快速增长的态势,其中动画产业走在全国的前列。江苏拥有全国最多的国家级动画产业发展基地,比如南京、无锡、常州、苏州国家动画产业发展基地和昆山、张家港国家影视网络动漫实验园。这些形成了动画产业集群,在华东地区乃至全国都具有较强的影响力和产业辐射能力。在公共文化服务体系建设方面,江苏在全国建成了"省有四馆、市有三馆、县有两馆、乡有一站、村有一室"五级公共文化设施网络体系,全省国家一级图书馆、文化馆、博物馆的总数居全国前列。

4. 体育事业得到显著增强

改革开放以来,江苏公共体育设施明显改善。2016年,所有设区市、县(市、区)均建成省级公共体育服务体系示范区,人均拥有公共体育设施面积达2平方米,全面建成城市社区"10分钟体育健身圈"。所有行政村100%建成农民体育健身工程。公共体育服务体系的完善,极大地方便了城乡居民健身活动。2016年,全省各地经常参加体育锻炼的人数达到35%以上,国民体质合格率达92.1%,群众对公共体育服务的满意度达90%以上。2018年2月起,江苏各类公共文化体育设施开始免费或低收费向老百姓开放。江苏的竞技体育取得了累累硕果,竞技水平保持在全国前列。2012年,江苏获国家体育总局颁发的"2012年伦敦第三十届夏季奥运会重大贡献奖"和"特殊贡献奖"。2014年,国际青年奥林匹克运动会在南京举办,这是中国首次举办的青奥会,也是中国第二次举办的奥运赛事,是参赛国家和地区最多的体育大赛之一。

(二) 创新社会治理,百姓增强安全感

党的十八大以来,江苏不断创新社会治理体系,在社会治理的主体、格局、机制、手段和技术等方面,积极探索体现江苏特色的社会治理体系之路。

1. 实现了以党委和政府为主导的社会治理主体多层化

在创新社会治理方面,江苏强调发挥党委政府的主导作用,同时整合各方资源,调动各方力量。在推行"政社互动"方面,划清基层

政府与群众自治组织的权责边界,规范委托事项,对政府、自治组织履职履约情况"双向评估",比如太仓的"政社互动"模式。在基层民主管理方面,主要是健全民主选举、民主决策、民主管理、民主监督制度,开展社区"两委"成员述职评议,比如南京市的社区"当家人"民主直选制度。在推进"三社联动"方面,基本形成了在基层党组织领导下,社区为平台、社会组织为载体、社会工作专业人才为支撑的基层治理架构,比如常州市天宁区的"构建三社联动机制、增强社区服务力"的探索。

2. 实现了以健全治理体系为重心的社会治理格局系统化

江苏在构建社会治理系统化布局方面主要是建立和完善"六大体系"。一是社会矛盾化解体系,主要是构建大调解机制,建立起统一、规范、高效的社会矛盾纠纷大排查、大调解组织管理体系。二是健全流动人口服务管理体系,建立覆盖全部实有人口动态管理信息库,全面实施居住证制度。三是特殊人群服务管理体系,鼓励社会各

常州夏戈工作室成为社会矛盾"润滑剂"(周侠俭摄)

方面力量参与关怀帮扶和救助工作。四是公共安全体系,构建立体化、现代化治安防控体系及覆盖全过程的食品药品监管制度。五是完善扶持社会组织发展政策,健全登记管理制度。六是改革互联网管理体制,构建宣传、引导、管理相结合的网络管理机制。

3. 实现了全域覆盖和信息科技结合的社会治理技术信息化

推进社会治理现代化,要求充分利用现代信息手段。现代信息手段运用必须与传统有效做法紧密结合,在互为补充、互为支撑中提高社会治理效能。江苏主要从三个方面推进社会治理信息化建设:一是建立综治信息系统,实现基础信息网上采集、办事服务网上流转、工作过程网上监督、目标责任网上考核。二是结合智慧城市建设,推进全天候视频联网监控系统和各类政法信息平台建设,充分运用物联网技术和大数据优势,提高打击违法犯罪、防范化解不稳定风险能力。三是积极推进政法机关网络设施和信息资源共建共享建设,加快跨部门网上办案平台建设进程,提高信息资源共享水平和综合利用效益。

4. 社会治理到基层,老百姓安全感、满意度进一步提升

江苏在创新社会治理体系、构建共建共治共享社会治理格局的过程中,推动领导干部联系点、走访群众、"三解三促"、定期接访下访等制度常态化。在改革信访工作制度方面,构建了全省网上信访信息综合平台,通过"阳光信访",建立了群众诉求分析、转办、督办、反馈机制。在健全服务管理平台方面,不断健全基层综合服务管理平台和网格化管理、社会化服务,初步建立以县(市、区)社会管理服务中心为枢纽、乡镇(街道)政法综治工作中心为支撑、社区(村)综治办为基础的基层综合服务管理平台。近五年来,江苏社会治安综合治理绩效考核保持全国领先,社会公众安全感达96.5%,群众法治建设满意度提升,信访总量五年累计下降36.3%。

（三）建设美丽家园，百姓增强幸福感

"建设美丽中国"是党的十九大报告的关键词之一，而打造现代宜居环境、建设美丽家园被认为是"以人为核心"的重要体现。应该说，从过去人们的"盼温饱、求生存"到如今的"盼环保、求生态"，是人民的期待，也是社会的进步。江苏一直以来以改善老百姓的生活为重点，从改善老百姓住房条件入手，打造良好的城市和乡村宜居环境，推进绿色发展，建设美丽家园。

1. 住房条件明显改善

随着经济发展和居民收入水平的提高，江苏居民家庭的住房面积一直呈逐年增加的态势，住房质量和居住环境都明显改善。有人说：小康不小康，首先看住房。据江苏省统计局对13个省辖市和15个县(市)5000户居民家庭的抽样调查资料显示，2005年，江苏城镇居民人均住房建筑面积30.15平方米，已达到小康标准（人均30平方米）。2010年的人口普查显示，江苏平均每个家庭居住用房2.02间，平均每人拥有住房建筑面积为38.68平方米。到2017年，江苏人均现住房建筑面积达到46.67平方米，其中城镇、农村常住居民人均现住房建筑面积分别达到40.62平方米、57.26平方米。

2. 人居环境不断改善

为了鼓励城乡建设中坚持可持续发展战略，不断改善环境质量，创造良好人居环境，2000年设立"江苏人居环境奖"。近几年，江苏的常州、宿迁、徐州、如皋先后获得"中国人居环境奖"。扬州(2006年)、昆山(2010年)先后获得"联合国人居奖"；2008年南京市、张家港市获得"联合国人居奖特别荣誉奖"；2010年常州市武进区获得"联合国人居环境特别荣誉奖"，是中国首个联合国"人居实验城

市"。在"十二五"期间,江苏的村庄环境整治和城市环境综合整治行动、保障性安居工程建设、城乡基础设施建设等,极大地改善了全省人居环境。同时,江苏组织实施了美好城乡建设行动,承担了国家层面的多项改革试点任务,比如在全国率先出台《绿色建筑发展条例》。江苏提出的"十三五"优美人居环境目标为:建设全民共享的安居体系、配套完善的适居服务和品质优良的宜居环境,彰显自然环境之美、景观特色之美、文化交融之美、城乡协调之美、和乐宜居之美。

3. 农村宜居环境建设

2014年12月,习近平总书记在镇江市世业镇永茂圩自然村调研新农村建设时叮嘱当地干部,要深化城乡统筹,扎实推进城乡一体化发展,让农村成为安居乐业的美丽家园。"十二五"以来,江苏先后实施村庄环境整治及提升行动、特色田园乡村建设行动,极大地改善和提升了农村人居环境。到2015年年底,全省约有18.9万个自然村完成了整治任务,累计建成省"三星级"康居乡村1300多个。2016年,江苏休闲农业与乡村旅游示范县示范点、美丽休闲乡村国家级品牌数量、创意休闲观光农业综合发展指数等都居全国首位,全国特色小镇有22个,全国特色景观旅游名镇名村有43个,各类休闲观光农业园区景点、农家乐村达到7800多个。"十三五"时期,江苏开始分类推进美丽宜居乡村建设,建设既有现代文明又具田园风光的美丽乡村。2017年6月,江苏省委、省政府印发《江苏省特色田园乡村建设行动计划》《江苏省特色田园乡村建设试点方案》,提出到2020年,按照生态优、村庄美、产业特、农民富、集体强、乡风好的总体目标,形成一批体现江苏特色、代表江苏水平的特色田园乡村。

第九章
人文江苏的古韵新风

江苏人文底蕴深厚,文化资源丰富。改革开放40年,江苏把培育和弘扬社会主义先进文化作为凝魂聚气、强基固本的重要基础,构筑思想文化建设高地和道德风尚建设高地,把江苏建设成为有温度的人文之地、有显示度的文明之地、有感受度的精神家园;推动地区文化繁荣发展,增强文化引领力、吸引力和感染力,让城乡居民共享丰富多彩的文化生活,让人民群众都能浸润在健康向上的文化氛围中;推动优秀传统文化创造性转化、创新性发展,丰富地区文化特质,推动人文江苏内涵更加丰富、魅力更加彰显。2014年,习近平总书记在视察江苏时用"社会文明程度高"描绘江苏社会建设和精神文明建设新境界,体现了他对江苏建设文化强省和新一代江苏人展现良好文明风貌的殷切期待,为人文江苏注入了新的时代内涵。进入新时代,江苏扎实推进文化建设迈上新台阶,谋划文化建设高质量发展,社会文明程度不断提升,呈现出一幅人文江苏古韵新风的壮美图景。

一、构筑思想文化建设高地

江苏具有丰富的思想文化资源与良好的工作基础。历届省委、省政府都高度重视思想文化建设,坚持把经济硬实力和文化软实力同步提升摆在突出位置,持之以恒地加以推进,逐步形成全国思想文化建设高地。

(一)江苏思想文化建设历程

1. 思想文化建设的早期探索(1978—1995)

1981年3月,江苏省委号召全省广泛深入地开展以"五讲四美三热爱"(讲文明、讲礼貌、讲卫生、讲秩序、讲道德,心灵美、语言美、行为美、环境美,热爱祖国、热爱社会主义、热爱中国共产党)为主要内容的文明礼貌活动,努力建设社会主义精神文明。1982年5月,江苏召开全省农村文化工作先进集体、先进工作者表彰大会。会议要求各有关部门在抓好农村经济建设的同时,拿出一定的精力来抓文化工作,努力造就一支强大的农村文化工作队伍,开展丰富多彩的、为群众喜闻乐见的文娱活动。党的十一届三中全会以前,江苏文艺等领域一直实行高度集中的计划管理体制。20世纪80年代初期,在经济体制改革的推动下,江苏开始尝试推进文化体制改革,一些剧团开始尝试实行分队包干责任制,调动了演职员的积极性。1986年,江苏提出逐步实行院(团)长负责制,扩大其人、财、艺的自主权。1989年3月,江苏出台《关于省直艺术表演团体改革的意见》,在改革方案上进行进一步探索。江苏的出版事业逐步调整图书出版方向,走"立足本地,面向全国"的路子,并由此步入高速发展阶段。至1991年,全省共有直属出版社8个、大学出版社5个、地方出版社2个,比1978年增加13个,增幅达6.5倍。随着改革的深化和经济的发展、人民生活水平的提高,向人们提供精神文化产品和文化娱乐服务的录像厅、歌舞厅、卡拉OK厅、电子游艺厅、保龄球馆、旱冰场、画店画廊、录像带出租点、图书批发与销售点等文化娱乐场所,在江苏如雨后春笋般迅速兴起。在此期间,全省文化娱乐市场逐步形成演出市场、书报刊市场、美术市场、电影市场、文物市场、娱乐市场、音像市场、中外文化交流市场、文化艺术培训市场等9块综合型文化市场体系。

2. 文化大省建设的深入推进(1996—2014)

1996年,江苏省委、省政府提出把江苏建设成为与经济发展相适应的文化大省的战略目标,各级党委、政府高度重视,加强社会主义道德建设,努力建立适应社会主义市场经济发展的思想道德体系;精心组织精神文化产品的生产,多出精品,多出人才;完善和落实文化经济政策,多渠道增加对公益文化事业的投入,满足人民群众日益增长的多方面精神文化需求,全省文化产品日益丰富,人才队伍不断壮大,基础设施逐步完善,文化市场日趋活跃,群众性精神文明创建活动硕果累累,为21世纪江苏文化的大发展奠定了基础。2001年,江苏制定《江苏文化大省建设规划纲要2001—2010年》,提出未来要形成体现江苏文化底蕴和时代发展要求,体现经济发展与文化发展互动,体现优秀民族文化、世界先进文化成果与现代文明融合,体现科技革命与文化创新协调统一的文化大省发展格局。2006年,江苏提出从文化大省向文化强省跨越。到2010年,江苏在全国率先完成乡镇文化站和村文化室达标建设任务,率先推进公共文化设施免费开放,公共文化设施数量质量居全国前列;文化产业实现增加值

1385亿元,占地区生产总值比重由2006年的2.02%提高到2010年的3.34%;产业集聚程度显著提高,建有140多个文化(创意)产业园区,包括4个国家级动画产业基地、10个国家级和27个省级文化产业示范基地、7个省级文化产业示范园区;文化体制改革不断深化,全省经营性文化事业单位转企改制基本完成,公益性文化单位内部机制改革基本完成,六大省级文化企业资产总规模、净资产规模分别达364.88亿元和194.97亿元,均处于同行业领先地位。2011年,江苏提出并大力实施"文化建设工程",采取有力举措,推进全省文化凝聚引领能力、文化惠民服务能力、文化创作生产能力、文化产业竞争能力、文化改革创新能力、文化队伍建设能力等六个方面实现显著提升。"十二五"期间,中国特色社会主义和中国梦在江苏深入人心,社会主义核心价值观广为弘扬,群众性精神文明创建富有成效;公共文化服务体系建设扎实推进,在全国率先实现公共文化设施免费开放;文化产业快速发展,在文化部发布的全国省市文化产业发展综合指数排名中跃升第二。

无锡国家数字电影产业园

3. 推动文化建设迈上新台阶(2015—)

2014年,习近平总书记视察江苏时指出,做好各项工作,必须有强大的价值引导力、文化凝聚力、精神推动力的支撑,并提出要建设"社会文明程度高"的新江苏,推进"文化建设迈上新台阶",这为江苏思想文化建设提供了根本遵循和现实路径。2015年6月,江苏省委专门召开推动文化建设迈上新台阶工作会议,并出台文件,明确提出"三强两高"的目标任务,即在巩固已有文化改革发展成果的基础上,加快把江苏建设成为文化凝聚力和引领力强、文化事业和产业强、文化人才队伍强的文化强省,努力构筑思想文化建设高地、道德风尚建设高地,江苏思想文化建设进入一个新的历史阶段。到2017年,江苏文化产业增加值占比达5%,在全国率先建成公共体育服务体系示范区。2017年12月,江苏省委十三届三次全会把文化建设高质量作为"六个高质量"发展的重要组成部分。2018年,江苏围绕高水平全面建成小康社会、建设"强富美高"新江苏,谋划制定文化建设高质量的工作方案,提出今后三年的目标任务和具体行动计划;放眼未来,围绕开启社会主义现代化建设新征程,对标党的十九大提出的两个阶段现代化目标要求,进一步加强文化建设高质量的战略谋划,努力打造现代化探索实践的"江苏样本"。建立健全文化建设高质量的指标体系、统计体系、绩效考核体系,通过加强清单管理和督查考核,全力推动各方面责任落实,持续提升文化建设的组织程度和运行效能。

(二)构筑思想文化建设高地的战略举措

近年来,特别是党的十八大以来,江苏大力加强思想文化建设工作,坚持把思想理论建设作为首要任务扎实推进,各项工作取得显著成效。

1. 将学习贯彻习近平总书记系列重要讲话精神作为首要任务

一是坚持用新思想新理念武装头脑、指导工作。强化中心组示范引领作用,从 2014 年起,省委中心组集体学习由双月学改为每月学,排在全国省市区前列。先后举办省管干部研讨班、省级机关处级干部"876"培训班,培训 2 万余人;各市分别举办市管干部轮训班,推动各级领导干部带头学、层层学。二是开展大范围宣传教育。围绕"四个全面"战略布局、中国梦、"强富美高"新江苏建设、"一带一路"建设、人类命运共同体、高质量发展等主题,组织理论宣讲。利用"江苏大讲堂"网站、理论微博、微信、App、"江苏讲坛"集群优势,实现网上宣讲与面对面宣传同步推进,理论宣传阵地进一步巩固拓展。制播专家电视讲坛《热点观察——十八大精神解读系列》,出版《中国梦30问》大众读本,办好电视理论访谈栏目《时代问答》,形成浓厚社会氛围。三是大力推进学习型党组织建设。出台《关于加强和改进学风的意见》《关于加强和改进领导干部学习的规定》,建立省委常委学习型党组织建设工作联系点和省领导学习情况报告制度,强化党委(党组)中心组学习旁听督查制度,施行领导干部述学与述职、述廉相结合的考核制度,推动学习常态化长效化。持续开展县处级以上领导干部专题读书调研活动,设立学习型党组织建设专栏。用好持续40年的基层党员冬训"金字招牌",广泛快速传递党的政策理论。

2. 积极培育和践行社会主义核心价值观

一是做好顶层设计。按照中央文件精神,结合江苏实际,制定出台实施意见,指导全省培育和践行社会主义核心价值观。江苏省委、省政府把居民文明素质水平等多项精神文化建设指标纳入江苏省全面小康和基本实现现代化两个指标体系中,把文化建设工程作为关系全局的"八项工程"之一持续深入推进,树立鲜明的发展导向。二是深化理论研究。设立社科专项,引导专家开展专题研究。在报纸、杂志、网站广泛开设专题专栏,大力宣传"三个倡导"基本内容,推进立体传播、广泛覆盖、深度解读。三是重在落小落实。推出"时代楷模"赵亚夫、开山岛"夫妻哨"王继才夫妇和王强等全国重大典型,发布江苏时代楷模和最美人物,形成强烈激励效应。首次南京大屠杀死难者国家公祭仪式隆重庄严、组织周密,"勿忘国耻、圆梦中华"系列主题宣传教育活动吸引社会广泛参与,《1937·南京记忆》等系列文艺作品引起强烈反响。在全省1700万未成年人中广泛开展文明礼仪养成教育,系列特色活动受到孩子们的广泛欢迎。全面部署推进志愿服务、诚信建设制度化。

3. 扎实推进意识形态建设

一是强化制度保障。江苏省委出台《关于加强意识形态工作的意见》,对意识形态工作进行全面部署安排。建立分析报告制度,加强对意识形态领域动态动向、舆情变化态势的分析研判。建立省领导联系专家制度,注重发挥重大课题研究、重点人才工程、重点学科带头人作用。修订完善评审资助社科理论期刊办法,把开设习近平总书记系列重要讲话、群众路线、中国梦等主题笔谈专栏作为期刊评审的重要内容,有力引导社科理论期刊正确方向。二是强化研究辨析。积极做好意识形态新情况新问题调研,定期召开座谈会,听取意见建议,科学研判形势,专项研究省内特别是高校意识形态新情况新问题,确保意识形态工作有的放矢。组织撰写《精神之钙》《社会思潮怎么看》等通俗理论读本,从一正论一驳论两个角度,用马克思主义的立场、观点、方法回答新形势下中国的实践新课题。三是强化引导管理。加强对全省讲坛讲座的引导管理,推动社科理论期刊坚守阵地、引领思潮、把好方向。强化新闻出版管理,严厉打击新闻敲诈和假新闻,严控境外流入渗透和境内印刷传播"两个源头"。举办全省高校马克思主义学院院长高级研修班、高校党委宣传部长培训班、社科教学科研骨干研修班,把意识形态工作作为各类研修班、培训班的重要内容。四是健全和落实新闻宣传管理制度,开展打击新闻敲诈和假新闻专项行动,组织"净网""护苗""清源""秋风"等"扫黄打非"专项行动,强化互联网视听、境外卫星电视、境外电视网络等管理。五是建立健全意识形态领域情况分析研判联席会议制度,加强重点人群、重大事件、重要动向专题分析,完善情况通报制度,及时向省委专题报告。

4. 着力推进社科强省建设

一是加强组织领导,出台《社科强省实施意见》,成立江苏省哲学社会科学工作领导小组,每年制定重点工作要点和责任分解方案,科学统筹谋划。二是推进平台建设,不断增强平台的吸引力、辐射力、影响力。成立中国特色社会主义理论体系研究中心、"四个全面"战略思想研究中心,组织评选首批研究基地,积极打造"马克思主义中国化出版平台",推进社科研究公共数据库建设。三是加强理论研究,围绕中国特色社会主义伟大实践和党的创新理论成果组织系列专项研究,出版研究丛书,推出系列重点理论文章和研究成果。四是加大社科规划管理工作力度,创新项目申报评审手段、协作项目组织形式,完善项目资助体系,立项数和资助经费总额均创历史新高。五是加大新型智库建设。连续举办"江苏发展高层论坛",发挥省决策咨询研究基地、省社科研究基地、科技思想库等决策咨询平台的作用,不断提升智库机构的研究能力和水平,逐步形成以党委政府研究部门为核心,社科院所、党校高校为主体,社会民间咨询服务为重要补充的智力服务体系。2015 年,江苏出台《关于加强江苏新型智库建设的实施意见》,并数次召开专题工作推进会,谋划、部署智库建设工作。当年年底,紫金传媒智库、中国法治现代化研究院等首批

9家江苏省重点高端智库挂牌成立,涵盖经济、文化、法治、道德、农业、党建、传媒、区域现代化等多个方面,研究成果直接为实际工作部门提供决策参考。2016年上半年,进一步遴选出江苏长江经济带研究院、食品安全风险治理研究院等15家省级重点培育智库。智库建设梯次发展的格局初步形成。

二、以江苏精神引领社会风尚

改革开放至今,江苏社会文明建设努力备至,成绩斐然。江苏社会文明建设的最大特点,是在不断践行社会主义核心价值观的同时,从理论界不断解放思想,着手研究如何以社会主义核心价值观引领江苏社会风尚。以此为思想动力,不仅取得了江苏社会文明提升方面的理论突破,也形成了实践导向,取得了显著成效。

(一)培育江苏精神,为区域发展铸魂

改革开放以来,江苏高度重视地区精神的培育,在率先发展的生动实践中孕育铸造了"四千四万"精神、张家港精神、"昆山之路"精神、"三创"精神等时代精神,极大地激发了全省人民的创业激情与发展活力。其中,在筚路蓝缕、创业维艰的改革早期,江苏人踏遍千山万水闯市场、吃尽千辛万苦办企业、说尽千言万语拉客户、历经千难万险谋发展的"四千四万"精神,成为江苏人拼搏奋进的精神写照。

"精神文明南通现象"则折射出一个地区不变的价值追求。一

个"莫文隋",带出120万江海志愿者。历经20年的发展,南通市江海志愿者的美德善行由点到面、由个体到群体,形成了"滚雪球效应",把志愿服务送到每一个需要的人身边。南通全市先后有7人荣获全国道德模范提名奖、24人荣获江苏省道德模范奖及提名奖、126人(组)荣登"中国好人榜",莫文隋、"爱心邮路"、宋英、周江疆、赵小亭、"慈善双雄"等重大典型在全省乃至全国产生重大影响,"磨刀老人"吴锦泉成为2015年"感动中国"年度人物。

热心公益的"磨刀老人"吴锦泉

江苏省委十一届十二次全会确定新时期江苏精神为"创业创新创优,争先领先率先"。"三创"传诵多年,形成共识,社会认同度高,很好地体现了江苏人的现实精神状态。创业,倡导艰苦创业、自主创业、全民创业;创新,倡导解放思想、与时俱进、创新发展;创优,倡导精益求精、勇创一流、追求卓越。在江苏改革开放进程中,创业是基础、创新是灵魂、创优是追求。"三先"突出了党中央对江苏发展的总要求和面向未来、奋力开拓的精神导向。争先,是江苏改革开放以来形成的鲜明精神特质,体现为主动进取、奋发向上、不甘落后的意识和精神状态;领先,既是经济、社会、文化等各方面的工作定位,又是一种引导和行为过程;率先,是中央领导对江苏发展的目标要求,也是江苏率先发展科学发展和谐发展的实践追求。争先是前提,领先是责任,率先是目标。只有争先才能领先,只有领先才能实现"两个率先"。"三创三先"有机统一、逐步递进,现实精神状态与未来发展要求全面体现、相互贯通,倡导指向十分鲜明,既体现了江苏"两个率先"的时代特征,体现了江苏人的"精气神",又通俗易懂,便于传诵,便于为广大群众领会,转变为推动江苏"两个率先"的伟大实践行动,成为引导和鼓舞全省人民在新的历史起点上开创科学发展新局面的强大动力。可以说,江苏精神是以江苏人民的劳动实践为基础,在劳动实践过程中不断生成的一种新型价值关系,是在江苏大地奏响的时代强音。

(二) 加强道德建设,打造文明高地

改革开放以来,江苏坚持"两手抓、两手都要硬",把精神文明建设始终摆在重要位置。江苏始终把提升公民文明素质和社会文明程度作为群众性精神文明创建的出发点和落脚点,顺应时代发展和群众期待,努力使创建活动成为人民群众共建共享美好生活的生动实践。

习近平总书记对"社会文明程度高"的要求,既肯定了江苏物质文明与精神文明协调发展,也对江苏未来发展提出了更高要求。对此,江苏开始部署如何继续以社会主义核心价值观为引领,努力构筑道德风尚建设高地,在全社会形成崇德向善的浓厚氛围,使社会主义核心价值观成为建设"强富美高"新江苏的强大精神动力。一是聚焦提升治理水平深化文明城市创建。1995 年全国精神文明建设经

验交流会在张家港市召开后,江苏各地从改善环境卫生状况和城市基础设施抓起,持续加强城市建设和管理,不断兴起文明城市创建的热潮。到2017年,全省共创成9个全国文明城市、16个全国文明城市提名城市、51个江苏省文明城市(含县),形成了扬子江全国文明城市群。二是聚焦城乡一体文明深化农村精神文明建设。结合新型城镇化和特色小镇建设,以美丽乡村建设为主题,以文明村镇、最美乡村创建为抓手,扎实推进农村精神文明建设。三是聚焦社会责任深化文明单位创建。在党政机关普遍开展"做人民满意公务员"活动,推动形成为民、务实、清廉、高效的政务环境。在窗口单位完善公示制、承诺制、首问负责制、"一站式服务"等工作制度,着力提升优质服务水平。建立省级文明单位社会责任年度报告制度,引导文明单位利用自身优势,与经济薄弱村开展"城乡结对、文明共建"活动。四是聚焦弘扬优良家风深化家庭文明建设。坚持以"注重家庭、注重家教、注重家风"为着力点,广泛开展"传家训、立家规、扬家风""最美家庭讲好家训""领导干部立家规"等活动,评选表彰首届江苏省文明家庭,深入宣传全国和江苏省文明家庭的事迹精神,引导广大家庭做家庭美德的弘扬者、践行者。

进入新时代,江苏坚持以高度的思想和行动自觉推进新时代精神文明建设,紧扣主线,在凝聚社会共识、筑牢理想信念、推动实践转化上下功夫,推动习近平新时代中国特色社会主义思想深入人心;着眼培养时代新人深化核心价值观教育实践,突出有效引领和深度融入抓宣传教育,突出诚信建设和志愿服务抓实践养成,突出立德树人深化未成年人思想道德建设;聚焦人民美好生活需要,坚持从头从紧从实抓文明城市创建,着眼提升农民精神风貌抓文明村镇创建,突出优质服务抓文明单位创建,全面深化群众性精神文明创建;适应新时代要求,注重研究谋划、改革创新、法治保障、齐抓共管,提升精神文明建设工作水平。

分享社区好家风

三、推进先进文化创新发展

习近平总书记强调,"不忘本来才有未来,善于继承才能更好创新"。弘扬人文精神既要面对历史,更要关照当下与未来。传承应当是以创新为前提的传承,只有以创新性转化为前提,才能彰显出人文精神的当代价值,使人文精神为地域文化提供内在动力。

(一)彰显文化特色,实现创造性继承

改革开放以来,江苏各级政府针对性地推动优秀地域文化资源传承创新,加强城镇化进程中的历史文化传承与保护,积极推进红色

文化建设等,以"体系化、生态化、民生化"为特点,形成江苏优秀地域文化传承创新的基本思路。经过各级政府与当地文化机构、社会组织和人民群众的多年共同努力,如今江苏各地的优秀地域文化资源得到了有效保护。

1. 不断推进特色文化空间体系规划

自2016年7月江苏省委提出"着力塑造城乡特色风貌,建设和谐宜居、富有活力、各具特色的现代化城市"以来,江苏城乡风貌建设在全国率先步入特色化、集约化、专业化阶段。在省域层面,江苏率先提出并全面推进城乡特色空间体系规划。在城市层面,江苏组织编制完成省辖市城市特色空间体系规划,并逐步推进至所有县级城市,形成主要城市联动、共同探索的格局。先后出台《江苏省村庄建设规划导则》《江苏省镇村布局规划》《江苏省村庄环境整治行动计划》等一系列规划条例,有效促进了全省乡村居民点的集聚与人居环境的提升。在地域层面,江苏组织编制环太湖、古运河、古黄河、沿长江等地域特色空间规划。江苏还发动全省甲级规划设计单位研究提炼城市特色定位,在系统分析城市空间特色要素的基础上,通过系列关键规划的编制,构建全省最主要的特色空间体系保护展示框架,形成破解"千城一面、万楼一貌"的、富有地域文化特色的空间载体。以镇江为例,以绿水融城为理念编制《镇江市城市总体规划》和《镇江城市空间特色规划》,提出强化山水资源保护,塑造山水花园城市,明确"重现昔日的大江风情"的城市空间特色定位,努力构建"三山鼎立俯江城、江河交汇揽西津、半城山水半城绿、水绿融城城似锦"的城市山水格局;划定了山水保护空间,强化了景观风貌、高度视廊、城市界面和节点控制,通过规划的有序引导,努力实现"让城市望得见山、看得见水"。

2. 不断强化针对历史文化名城名镇的系统性保护

20世纪80年代初,江苏开始系统保护历史文化名城,南京、苏州等城市以专项规划形式率先探索。2002年出台《江苏省历史文化名城名镇保护条例》,奠定了历史文化名城保护的法制基础。随后,南京、苏州、扬州、常州等地也制定了地方性法规,出台系列配套政策和措施。至今,江苏已形成了较为完整的历史文化名城保护体系和制度体系,全省所有历史文化名城保护规划均已编制完成。江苏向来重视历史文化资源的挖掘、保护和彰显,因此,建新城、保老城,拉开城市空间格局,减轻老城压力,便成为妥善处理古城保护和发展关系的重要举措之一。1986年苏州提出"全面保护古城风貌"后,始终坚持这样的城乡文化空间建设发展战略,古城特色、历史风貌得以完整保护和呈现。南京提出对历史资源"找出来、保下来、亮出来、用起来、串起来"的积极保护与整体创造思路,通过历史轴线、河湖水系、传统街巷、绿地系统、文化廊道等,将分散的历史文化资源组织成网络空间结构,以凸显南京历史文化名城的空间特色及环境风貌。为进一步系统保护历史文化城镇,2016年江苏省政府颁布《关于培育创建江苏特色小镇的指导意见》,计划通过3至5年努力,分批培育创建100个左右的产业特色鲜明的小镇。特色小镇与旅游风情小镇分别按3A与5A级景区服务功能标准规划建设,力求聚焦高端制造、新一代信息技术、创意创业、健康养老、现代农业、历史经典等特色优势产业。

3. 充分发挥园林艺术特有作用

江苏多地充分发挥园林艺术的作用,以提升城市品位,塑造城市风貌。比如,淮安错季栽种和品种搭配地带性的春花、秋叶、彩叶、芳香乔灌木以及地被花卉;宿迁按照"生态、精致、时尚"的城市建设定位与分区规划,根据地段类型优化配置树种、打造花田花海特色景观、划定落叶景观观赏区,分别营建出富有地域个性、不可抄袭挪移的城市绿地景观空间,增强了城市文化的可识别度。2014年编制下发了《江苏省城市园林绿化适生植物应用手册》,为城市地域景观文化空间特色的塑造提供了科学依据和参考。结合省情,江苏优化完善了省内人居环境奖和人居环境范例奖的标准与要求,将城市特色文化空间塑造作为重要评选指标之一。在省园林城市创建、扬子杯工程评选以及省级专项资金支持上,江苏增加了对文化空间特色建设的具体要求,建立了江苏省设计大师(城乡规划、建筑、园林)评选制度,通过领军人才、示范项目等引领及相关政策推动,有力促进了全省城市规划、建筑设计、风景园林设计水平的提高,进而推动了通过城市特色文化空间建设有效承载和充分体现优秀地域文化的工作。

(二) 实施精品工程,形成文化高地

文学艺术精品工程的成果,是检验文化建设迈上新台阶的重要标尺之一。江苏文学艺术创作一直走在全国前列。近年来,文学苏军在全国引人瞩目。小说《推拿》获得了全国茅盾文学奖,极大鼓舞了江苏作家群体的创作热情。持续关注重点作家,同时放宽视野,努力形成专业和业余、中心和边缘相结合的一种文学人才分布格局,形成以南京、苏州为文学双核,以苏北、苏中、苏南三大板块为辐射的一种江苏文学地理新格局。继续推动淮宿儿童文学现象、里下河文学现象、环太湖诗歌现象进一步发展。江苏演艺集团狠抓优秀作品的创作生产,坚持将社会主义核心价值观融入艺术创作,讲好江苏故事,讲好中国故事,弘扬中国精神。在重点打造的歌剧《运之河》、音

乐剧《锦绣过云楼》和京剧《镜海魂》等都取得良好反响的基础上,进一步排演了歌剧《郑和下西洋》、昆剧《魏良辅》和锡剧《玫瑰村》等一批新剧,让老百姓看到了更多更好的精品剧目。在舞台艺术创作方面,江苏继续保持位居全国第一方阵。在第十一届中国艺术节上,江苏3台剧目通过初选入围,继上届话剧《枫树林》获文华大奖之后,省淮剧团的淮剧《小镇》又一次夺得文华大奖,为华东六省一市唯一获奖剧目。同时,镇江扬剧《花旦当家》被中宣部、文化部选作全国基层院团戏曲会演开幕式大戏;滑稽戏《探亲公寓》入选文化部国家艺术基金滚动资助项目,全国仅8台;《赶鸭子下架》《红船》2部剧目入选文化部戏曲剧本孵化计划一类作品,全国仅8部。实施舞台艺术重点投入工程,打磨提升情景朗诵剧《一代楷模周恩来》,抓好民族歌剧《阿炳》和现代京剧《茅山谣》的创排。全省优秀现代戏晋京展演引起强烈反响,扩大和提升了江苏现代戏在全国的知名度和影响力。

《运之河》演出场景

改革开放以来,江苏美术创作尤其是中国画的创作水平一直保持位居全国前列。至2017年,具有代表性的活动和成果有:2016年5月28日至6月6日,"金陵风骨,其命惟新——江苏省国画院60年展"在北京举办,在全国美术界引起巨大反响;2016年9月28日,"养吾浩然之气——徐利民书画篆刻第三回晋京展"在中国国家博物馆举办并引起巨大反响;经全省推举并组织专家评审后,首次开办了江苏省优秀美术家系列展;第四届江苏省"林散之·书法作品双年展"在江苏省美术馆举办,充分展现了江苏书法的整体水平及最新成果,该展被中国书协评为与全国书法展、兰亭书法展并称的中国三大书法展之一,获得社会高度评价;发起全省作者参加"十一艺节"全国优秀美术作品展,组织省内初评,推荐江苏优秀作品并取得了优秀成绩;组织江苏作品参加中国美术馆主办的"中华民族大团结美术作品展",桑建国、陆庆龙、詹勇等艺术家的作品被中国美术馆收藏;江苏省美术馆举办"艺术的表现——第九届江苏省油画展",坚持连续举办十二届"百家金陵画展(国画)",主办的"如歌的行板——沈行工油画作品展"在中国美术馆开幕;由省政府主办、文化厅承办的喻继高艺术馆在徐州开馆;参与主办"写意中国——2016中国国家画院美术作品展(南京)""道法自然——傅二石八十艺术回顾展""广陵潮——顾大风主题书法展""墨彩诗情——张广才中国人物画作品展"等众多展览活动。

(三) 建好特色园区,形成文创凝聚

文化园区能有效凝聚一个地区创作生产优秀地域文化产品的创造力。江苏高度重视文化产业载体建设,建成一批具有全国影响力的文化产业试验园区、文化产业示范园区、文化与科技融合示范区等

特色文化园区。以文化创意园区为例,江苏特色文化园区建设呈现出以下特点:

1. 政府大力推动,全省文化产业园区整体竞争力不断提升

近几年,全省各地各级党委政府都将发展文化创意产业作为文化与经济建设的重点工作来抓,党委政府领导亲自挂帅,指导制定本地文化创意产业的发展目标及园区规划,把准园区建设发展的基本布局和定位,成效明显。比如,南京市栖霞区政府全资打造了南京紫东国际创意园,占地总面积1000亩,建设研发和配套服务设施67万平方米,项目总投资40亿元,目前入驻文创企业170余家,被评为江苏省文化科技产业园、江苏省现代服务业集聚区。昆山市周庄镇政府打造了国家级文化产业示范基地——昆山文化创意产业园,占地面积10平方千米,总投资达20亿元,引进了各类文化企业80多家,已成功打造出以古镇旅游为特色的文化旅游产业链、以"四季周庄"为特色的演艺产业链、以旅游纪念品为特色的设计研发产业链、以工艺美术品为特色的艺术品产业链。

2. 大力倡导服务创新,全省双创企业规模不断壮大

为适应"大众创业、万众创新"的新形势,江苏努力将文化创意产业园区与文创小微企业孵化器融为一体,为创业者提供了场地、采购、环境、资金等创业条件以及法律保障、人力资源和投融资等软环境,采用了专业化的资本区对接运营服务,为从事文创产业的创业者提供一站式的创业服务。比如南京紫东国际创意园打造大学生创业板块,先后引进了40多个大学生创业项目,其中16个项目获得风险投资,6个项目获评江苏省大学生优秀创业项目。无锡蓉运壹号文化创意园构建的无锡微果众创空间平台,通过打造创新实践孵化基地、创新资源整合平台、创新政策示范平台的模式,为入园企业量身

定制了成长服务计划、市场对接渠道、品牌推广平台,构建有利于众创企业成长壮大的创新生态服务圈。

3. 大力倡导科技引领,全省"互联网+"文创活动生机勃勃

为适应"互联网+"的时代发展潮流,江苏各地政府继续加大投入力度,纷纷在文化创意产业园区搭建数字化公共服务平台,进一步提高园区服务水平,积极有效地推进了跨界整合文化资源、扩大园区集聚效应,营造了产业发展的优良环境。比如,南京市建立了"创意南京"文化产业融合公共服务平台,初步实现了文化产业的信息化系统,积极为小微文化企业提供线上线下、资源共享等综合服务,帮助文化企业跳出园区地域限制实现规模效益。又如,连云港杰瑞科技创意产业园联合苏北龙头电商企业天马网络发展有限公司共同创办了一家电商学院和一个电商产业联盟,目前已培训企业人员3000余人,为入驻企业提供以创业辅导、市场对接为主要内容的"互联网+"服务。

4. 大力倡导金融助力,融资渠道不断拓宽

金融是促进产业发展的血脉,也是经济运行的助推器。风起云涌的文化金融,已成为壮大文化创意企业规模、提升文化产品层次的一股强大动力,为文化创意产业的高质量发展注入了新生机和新活力。苏州阳澄湖数字文化创意产业园引进北京嘉宸等民间资本,新成立规模达到1亿元的"阳澄湖数字产业种子投资基金",不断加大文创园的金融造血功能。扬州486非物质文化遗产集聚区率先推出了一个金融创新服务产品——"玉金融",为从事玉器产业经营活动的中小企业提供跨界融资、网上商城等综合性金融服务。

5. 大力倡导品牌培育,全省文化品牌孵化效果不断增强

良好的政策和市场环境是打造文化创意品牌的重要前提。近年

来,江苏各地的文化产业园区(基地)借助自身规模优势,通过搭建资源平台、培育品牌建设、完善功能服务等手段,已成为孵化文化品牌的重要载体。比如,集科研、设计、生产、销售和服务为一体的中国黄桥乐器文化产业园区,有省内主要的小提琴、古典吉他、民谣吉他等二十余种乐器产品生产企业。其中,"凤灵"乐器品牌被评为"中国驰名商标""中国著名品牌""江苏省著名商标""江苏省名牌产品","凤灵"牌提琴连续20年世界销量第一,已成为国内乐器产品市场的标杆品牌。同时,江苏历史经典文化园区的建设也迅速起步。江苏在国内率先探索历史经典文化园区建设和相关产业集聚。"十三五"及今后,江苏将在现有基础上,从"确立品位战略,去低端产能;确立品质战略,补科技短板;确立品牌战略,挖掘文化底蕴;确立融合战略,跨界求发展;确立人才战略,让历史经久不衰"等五个方面入手,进一步做实针对历史经典文化园区建设及相关产业集聚工作的部署,努力形成"以历史传承文化、以经典催生产业"的良好发展局面。

(四) 推进"文经"互动,增强竞争实力

在总体发展水平上,江苏文化产业发展一直走在全国前列。2016年11月江苏召开全省文化产业推进会,正式印发了《关于促进文化科技融合发展的二十条政策措施》《文化金融合作试验区创建实施办法(试行)》《文化金融特色机构认定管理办法》《文化金融服务中心认定管理办法》《江苏省开拓海外文化市场行动方案(2016—2020)》等系列政策性文件。这些政策性支撑,有效推动着江苏文化产业发展的战略目标。到"十二五"末,江苏在文化部发布的全国省市文化产业发展综合指数排名中跃升第二。全省共有文化法人单位

10万多家,其中年营业额500万元以上规模企业6500余家。涌现出一批自主创新能力、竞争力、影响力、辐射力较强的规模企业。文化产业基地、园区建设加快,打造了一批不同主题、形态多样、功能互补的文化产业集聚区。到"十二五"末,全省共有200余个文化产业园区,含1个国家级文化产业试验园区、16个国家文化产业示范基地、4个国家级动漫产业基地、3个国家级文化与科技融合示范基地,同时建成14个省级文化产业示范园区、44个省级文化产业示范基地,数量和规模均居全国前列。"南京秦淮特色文化产业园"入选第五批国家级文化产业试验园区,实现全省零的突破。利用数字、网络、信息等高新技术的新兴文化业态迅速兴起,成为文化产业发展新亮点。全省拥有动漫企业300多家,其中被文化部认定享受财税优惠政策的动漫企业86家。着力打造苏州创博会、常州动漫周、南京文交会、无锡文博会等4个文化产业会展平台,推动常州、南京、无锡3个国家级文化与科技融合示范基地建设。全省文化企业70%为民营企业,发展成为全省文化产业主力军,南京云锦、常州卡龙、苏州蜗牛等一批优秀民营文化品牌脱颖而出,形成文化产业多元投入、竞争发展的良好格局。

四、以均等服务保障群众文化需求

改革开放以来江苏文化惠民走出了一条"政府兜底,政策扶持,群众主体,社会参与"的道路。江苏文化惠民的探索实践步步为营、环环紧扣,已步入大胆运用供给侧思维方式方法去实现文化惠民均等服务的具体实践阶段。比如,江苏大力开展社会主义核心价值观主题宣传教育就体现出一种比较典型的供给侧思路。又如,各地因地制宜推动公益广告、文化活动、文艺作品、主题公园等有效载体建设,有效推动了社会主义核心价值观宣传教育落地生根。

(一) 创新主流媒体,拓展服务功能

主流媒体既是先进文化建设的宣传者,也是公共文化服务的践行者。江苏加强主流媒体自身建设,积极强化主流文化传播的主干力量及其积极作用,其成效集中表现在:首先,在弘扬社会主义核心价值观方面,相关理论宣传更加贴近基层更加接地气;媒体融合、"互联网+"等方式创新了传统媒体的现代表达方式,进一步提高了江苏文化的凝聚力、引领力。其次,面对纸媒营收连续普遍下滑的严峻形势,新华报业传媒集团通过不断深化改革,大力拓展传媒产业发展空间,大力推进资本运作和多元经营,不断加快移动政务平台建设,全力打造出一个全新的"融媒体"发展实验区,其中包括视觉传媒中心、数媒采编中心、体育传媒中心等,通过这样一种员工创新创业与集团共同分享成果紧密结合的创新发展模式,鼓励团队和员工创业。

近年来,传媒格局和舆论生态环境发生剧烈变化,国内外主流传媒集团对移动新闻客户端的建设早就风起云涌,江苏媒体融合也势不可当。在这种发展形势下,新华报业传媒集团积极应对,迅速形成"纸媒、网站、手机报、移动客户端、微博微信、户外屏"等六大传播平台,初步建构起一种"多介质、全方位、立体化"的传播格局。2015年11月,江苏第一新闻客户端——由江苏新华报业传媒集团承办的交汇点新闻正式上线。这是主流媒体在移动端的一种延伸,向国人展示了江苏主流媒体在加大主流媒体的宣传信息服务功能方面所进行的一次大胆创新。交汇点移动新闻客户端与平面纸媒《新华日报》、

PC端网媒中国江苏网,共同构成"三位一体、互为协同、覆盖三代传播形态"的江苏第一主流媒体矩阵。

(二) 完善公共服务,加大优质供给

改革开放以来,江苏公共文化服务不断释放改革活力,推进公共文化服务建设。进入新时代,全省基本解决了公共文化服务"有没有"问题,公共文化服务已从"有没有"向着"好不好"发展。江苏加大改革力度,增强优质文化产品与文化服务供给。

1. 不断夯实公共文化服务的基础建设

改革开放以来,江苏省委、省政府高度重视文化建设,尤其加快了重大文化设施建设,相继建成了南京图书馆新馆、江苏省美术馆新馆、南京博物院二期工程等一批省级标志性文化设施。已建成使用的具有现代化高水平的江苏大剧院,其规模仅次于国家大剧院。全省已基本形成"省有四馆、市有三馆、县有两馆、乡有一站、村有一室"的五级文化设施网络体系,公共文化设施的数量和质量领先全国。

2. 不断营造浓厚的文化艺术氛围

近年来,全省涌现出了一大批优秀剧目,现实主义题材剧目占到50%以上,充分体现了时代性、人民性、地方性特色。在第十届中国艺术节上,江苏的话剧《枫树林》获得政府最高奖——文化部文华大奖;苏州昆剧院昆曲《牡丹亭》获"文华优秀剧目奖",张家港市艺术中心锡剧《一盅缘》获"文华剧目奖",《枫树林》主演于东江获中国艺术节表演奖。越剧《柳毅传书》、儿童剧《青春跑道》荣获第二届全国优秀保留剧目大奖,儿童剧《留守小孩》、舞剧《秀娘》获第十二届全国精神文明建设"五个一工程"奖,昆曲青春版《牡丹亭》、儿童剧《留

守小孩》也分别入选2011—2012年度国家舞台艺术精品工程重点资助和资助剧目。苏州市滑稽剧团入选全国地方戏创作演出重点院团,《探亲公寓》入选地方戏曲剧种保护与扶持计划项目,苏州弹词《雷雨》等10个剧(节)目入选文化部全国曲艺、木偶戏及皮影戏优秀剧(节)目。原创歌剧《运之河》参赛第二届中国歌剧节,获得优秀剧目奖、优秀作曲奖等七项大奖。扬州市歌舞剧院三人舞《甘霖》获全国第十届舞蹈比赛文华舞蹈节目优秀创作奖。在全国第九届杂技比赛中,江苏杂技《变鸽子》等2个节目分别荣获银奖和铜奖,杂技《耍花坛》荣获铜奖和唯一的编导奖。在第25届中国戏剧梅花奖评选中,顾芗获得戏剧表演最高奖——"梅花大奖"(三度梅)。美术创作再上台阶,紧扣"中国共产党成立90周年"与"辛亥革命100周年"两大历史事件,启动实施江苏省重大主题美术创作精品工程,先后创作国画14幅、油画16件、版画13件、雕塑10件。以五年一届的全国美展为例,特别是中国画,江苏无论是获奖作品还是入选作品数均居全国之首。

3. 不断推进公共文化服务体系建设

目前,全省公共文化服务体系建设已达到国内较高水平,城市"十五分钟文化圈"、农村"十里文化圈"和覆盖全省各地的五级文化设施网络体系已基本建成。2016年全省正式施行《江苏省公共文化服务促进条例》。"十二五"期间,全省基层综合性文化服务中心建设有序推进。为此,江苏省政府专门出台《关于推进基层综合性文化服务中心建设的实施意见》,召开全省基层综合性文化服务中心建设推进会,确定了"十三五"每年完成4000个左右的中心和到2020年年底村(社区)综合文化服务中心覆盖率高于98%的任务目标,与各设区市政府签订了中心建设责任书。江苏省政府将基层综合性文化服务中心列入年度民生十项实事,省文化厅印发了相关通知,制定了"八个一"建设标准,年底前全省共完成了4421个中心的建设任务,占总数的20.31%。与此同时,公共文化服务体系建设继续为国家提供示范经验。2016年,无锡和南京、常州的2个项目已通过第二批国家公共文化服务体系建设示范区(项目)验收,南京市江宁区和淮安、扬州的2个项目创建第三批国家示范区(项目)工作进展顺利。

4. 不断加强公共文化服务供给

江苏制定出台了全省基本公共文化服务实施标准,不断提高城乡居民基本公共文化服务均等化水平。同时,还建立了公共文化服务体系建设协调机制,加大政府向社会力量购买公共文化服务的力度。大力实施文化精品工程,推出更多文化精品力作,为城乡居民提供更好更多的文化消费产品。全省公共文化服务设施覆盖率达到90%以上,文化惠民取得明显成效。2010年至2016年,省财政每年对"送书、送戏、送展览"活动的经费补贴达2010万元。指导直属单位不断培育新的文化消费增长点和热点,满足广大消费者需求。江苏省政府出台《关于进一步加强文物工作的实施意见》,组织召开全省文物工作会议,全面部署新时期全省文物事业发展任务。南京已成为海上丝绸之路联合申遗城市,兴化、东台蒋庄遗址已入选中国社科院"中国六大考古新发现"和国家文物局"全国十大考古新发现"。

5. 不断推进公共数字文化建设

目前,江苏已实现全省数字图书馆市、县两级全覆盖,实现了市县乡(镇)三级"中国文化网络数字电视"的全覆盖。全面推进了各县乡(镇)村三级公共图书馆总分馆制。目前,全省的县乡(镇)村三级总分馆制基本实现全覆盖。按照相似模式,江苏的文化馆总分馆制分别在张家港、海安、射阳开展试点,其示范效应正在逐步扩大。

(三) 完善政策扶持,推动文化消费

在文化产品的功能性消费和品牌式消费方面,互联网的参与也成为当下及未来文化消费的一个重要发展趋势。随着大众文化消费市场转移,新网络消费渠道不断建立,那些在互联网、大数据、云计算等新一代基础设施完善的基础上建立的文化消费O2O平台,正在引导社会文化消费朝着精准化、定制化和参与性方向发展。据统计,江苏2015年用于文化消费的支出占人均消费支出的11.79%。由此可见,文化消费市场潜力巨大。江苏在新起点上推动江苏城市文化消费加速发展,具体举措如下:

1. 完善顶层政策设计

为建立促进文化消费的顶层设计,加大政府部门力量和社会资源的整合力度,形成拉动文化消费的长效机制,"十二五"期间,江苏省委、省政府先后出台《关于推动文化建设迈上新台阶的意见》《关于加快提升文化创意和设计服务产业发展水平的意见》《关于加快发展对外文化贸易的实施意见》等一系列政策,这一系列文件都明确要求各级政府加大政府购买文化服务的扶持力度,为培育新的文化消费增长点营造良好的政策环境。

2. 加大财政资金支持力度

2015年,江苏首创国内省级的江苏艺术基金,在体现江苏政府加大专项资金投入、加大扶持文化艺术创作发展方面具有突出性。近年来,江苏在省级文化产业专项资金项目的资助过程中,逐步加大对电影电视、网络文化、文化旅游、文化娱乐、杂志期刊、艺术教育等拉动文化消费项目的支持力度,让文化消费和惠民政策结合起来,有

效地调动了企业创造文化产品的积极性,成为拉动文化消费的有效手段。

3. 推进文化惠民活动

江苏遵循文化惠民的原则,利用江苏艺术展演月、江苏省舞台艺术精品展示等平台,积极组织开展优秀舞台剧目惠民演出活动。通过政府财政补贴、购票公共文化服务等方式,推动演出低票价制和梯度票价制,既推动了演出市场的培育,又让广大人民群众共享先进文化的发展成果。在各项活动中,明确省外精品剧目最高票价红线,还针对学生、军人、低保户、进城务工人员等特殊群体设立特价票或是五折优惠。同时,江苏艺术基金也扶持舞台艺术产品的创作生产和舞台剧的市场推广。

4. 打造文化消费品牌交易活动

在文化部的大力支持下,江苏举办了"中国(深圳)国际文化产业博览交易会""中国苏州文化创意设计产业交易博览会""中国(常

文创产品展览

州)国际动漫艺术周""中国(无锡)国际文化艺术产业博览交易会"等重要展会活动;同时,省工艺美术协会和南京、徐州、连云港、南通等省辖市也纷纷组织大型文化产品展示交易与舞台艺术展演活动,搭建文化创意企业展示、交流、孵化和成果转化平台,培育了一批新的文化消费增长点,极大地释放了文化消费潜能。

(四) 彰显特色优势,推动江苏文化"走出去"

改革开放至今,江苏已经拥有了丰富的文化交流渠道,往来交流项目涉及表演艺术、造型艺术、文化产业、文化遗产等领域,特别是"一带一路"文化交流日趋丰富活跃。

1. 政策引导强化顶层设计

为使江苏文化产业尽快融入国家"一带一路"建设,江苏各地结合自身文化特色,探索融入"一带一路"建设的可行路径。《南京市"十三五"文化事业发展规划(草案)》等文件中针对对接"一带一路"建设的相关工作进行了具体部署,苏州将文化产业如何参与"一带一路"建设工作列入《关于提升苏州文化创意产业发展水平行动计划(2016年—2020年)》,南通先后出台《南通市关于抢抓"一带一路"建设机遇,进一步做好境外投资意见》《关于扶持台湾青年创业就业政策意见》,徐州印发《徐州市参与建设丝绸之路经济带和21世纪海上丝绸之路的实施方案》,《连云港市文化产业发展规划(2014—2020)》提出紧紧围绕"一带一路"制定"三核两翼一廊道"的文化产业发展布局。面对"一带一路"建设的重大机遇,江苏各市都注重主动把握,积极适应社会发展新常态,统筹推进"更高水平引进来"和"更大力度走出去",加快构建江苏文化对外开放的新格局,以主动的开放姿态赢得了江苏文化积极参与世界文化发展乃至影响经济发展及国际竞争的主动。

2. 准确定位挖掘文化资源

江苏注重研究"一带一路"沿线的各国风土人情、民族习惯、文化渊源、审美趣味和时尚潮流,充分考虑沿线各国的文化消费习惯和风俗因素,研究国外不同受众群体的文化传统特点,找到他们的关注点和兴趣点,并有针对性地开展适销对路的文化产品和服务。江苏加大发挥自身的文化优势,在坚持文化特色的基础上积极探索内容创新和载体创新,努力将潜在文化优势转化为经济建设的发展成果。南京作为中国"十朝古都",以其优越的通江达海地理位置成为南北相交、东西连通的文化交汇点,是"海上丝绸之路"的重要节点。曾是我国古代重要的经济文化中心和对外交流窗口的苏州提出了一项重要的战略定位:以"苏满欧""苏新欧"铁路和苏州港等通道为基础,以多边或双边合作项目为载体,以投资贸易、能源合作、产业转移、文化交流等为重点,努力把苏州打造成为"一带一路"上能够辐射东南亚、连接中亚和欧洲的综合枢纽城市之一,把苏州建设成为"一带一路"上的金融、物流、商贸中心和资源要素的一个集散地和引擎之一。连云港作为国家首批沿海开放城市、新亚欧大陆桥东方起点,向西连接丝绸之路经济带,向南沟通海上丝绸之路,因此,江苏长江以北地区的文化产业将为"一带一路"建设发挥重要的战略作用。

3. 深度融合以增强文化企业竞争力

江苏一直坚持注重不断增强本地文化企业的海外竞争力。比如,南京继续加强对海上丝绸之路遗址的开发与利用,包括对龙江船厂遗址进行了旅游项目和延伸产品的开发生产,建造了仿明代郑和宝船,开启了沿着海上丝绸之路和郑和下西洋之路开展海上旅游的项目,扩大了国内、国际间的经济文化交流。南京朱雀动漫影视制作拍摄的3D动画《郑和1405——魔海寻踪》入选文化部首批西亚北非文化交流精品项目库与国家动漫品牌建设和保护计划,获得了"国家文化精品创意工程奖"、第十届中国国际动漫节"美猴奖"动画电影综合类大奖等多项国家级荣誉。苏州欧瑞动漫与沙特国家广电局成功合作,制作了电视动画片《哈基姆》,使中国动漫产品首次进入中东市场。苏宁云商、三胞集团等电商企业已完成与"一带一路"建设的对接融入。徐州进一步提升徐工集团的产品进出口,将电商销售服务扩展到"一带一路"沿线国家和地区。赣榆塔山湖草柳编工艺品、毛绒玩具等继续出口到欧美、东南亚、中东等国,年销售额超过百万美元。

4. 加强"一带一路"沿线的人文交流

借助国家级"一带一路"文化交流平台,积极组织江苏文化项目参与沿线国家和地区互办的文化年、艺术节,以及"丝绸之路文化之旅""丝绸之路国际艺术节""丝绸之路国际文化博览会""丝绸之路文化合作论坛(南京)""江海博览会(南通)""中国(连云港)丝绸之路国际物流博览会"等活动;与设在沿线国家和地区的中国文化中心开展对口合作,以多种形式展示江苏文化风采。深入与沿线国家和地区的文化交流与合作,充分挖掘江苏"一带一路"历史文化遗产,组织具有江苏地域特色的文化演出、艺术展览、非遗展示等,赴沿线国家举办"精彩江苏·丝路情韵"文化交流活动,讲好江苏故事,传播精彩江苏,逐步使其成为江苏"一带一路"文化交流的重点品牌。继续发挥江苏在考古研究、文物修复、文物展览、民俗文化研究等方面的优势,与沿线国家和地区在相关领域开展技术和人才培训与交流。同时,与相关省(区、市)合作,争取沿线国家和地区的支持,推动海上丝绸之路申报世界文化遗产的进程。

5. 江苏积极开展对外文化交流

近年来,江苏赴荷兰、特立尼达和多巴哥、哥伦比亚、文莱等国举办了"欢乐春节·精彩江苏"活动。组派多个艺术团体赴埃塞俄比亚、津巴布韦、苏里南、古巴、德国等国家开展文化交流,演出规模和覆盖区域均创新高。赴我国台湾地区的新北市、高雄市成功举办了"吴韵汉风·精彩江苏"非遗展示展演,引发宝岛热烈反响,增进了台湾同胞的文化认同感。为贯彻落实习近平总书记访英期间提出的共同纪念莎士比亚—汤显祖逝世400周年的指示精神,开展了"精彩江苏——中国昆曲英伦行"系列活动。江苏省政府和文化部签署了《关于在荷兰合作共建海牙中国文化中心的协议》,部省共建海牙中国文化中心已举行揭牌仪式,这是我国第二家部省共建并投入运行的海外中国文化中心,也是江苏对外文化交流工作的一项重大突破。

第十章
法治江苏建设的生动实践

改革开放40年来,江苏不断推进依法治省工作,加快建设法治江苏,形成了具有江苏特色的地方法治建设模式。法治江苏建设是全面推进依法治国战略在江苏的具体落实,体现了坚持全面依法治国的基本方略,彰显了法治力量在江苏这个特定区域的生动表达。特别是党的十八大以来,江苏不断强化治理体系和治理能力现代化,在依法治省、依法执政和依法行政中将法治思维和法治方式有机结合,在法治国家、法治政府和法治社会中将法治元素和区域特色有机融合,在地方立法、法治政府、司法改革和社会治理等方面取得了突出的成绩。这些成绩的取得,一方面离不开国家法治建设的决策部署,另一方面也反映了江苏积极创新法治实践、不断追求法治建设高水平的精神。法治江苏建设为改革开放在江苏的实践提供了有力的法治保障。

一、法治江苏战略扎实推进

江苏法治建设注重谋划,及时根据中央决策要求作出部署。特别是党的十五大确立"依法治国,建设社会主义法治国家"基本方略以来,江苏法治建设步入了新时期,最终形成了"法治江苏"这一法治品牌。

(一) "依法治理"开启江苏法治建设

改革开放初期,江苏法治建设开始恢复与重建。1985年,党中央、国务院批转中宣部、司法部《关于在全体公民中普及法律常识的五年规划》。随着全民普法宣传教育活动在江苏的开展,江苏将普法和依法治理结合,推动法制宣传教育与法治实践有机结合。特别是随着学法用法和依法治市工作的展开,江苏选取无锡市、南通市、常熟市、宿迁市、建湖县沿河乡、泰县大伦乡、徐州矿务局和仪征化纤工业公司等八个试点单位作为全省依法治市、依法治乡和依法治厂试点,在此基础上逐步形成了江苏依法治理经验。这一时期,江苏法治建设已经呈现出以区域依法治理为主体,以行业依法治理为支撑,以乡村、街道、厂矿、学校等基层依法治理为基础的模式。

(二) "依法治省"夯实江苏法治建设

随着"依法治国、建设社会主义法治国家"基本方略的提出,江苏及时提出了"依法治省"作为地方法治建设的基本战略。1997年12月15日,江苏省委在总结依法治理工作基础上作出《关于推进依法治省工作的决定》,确定从加强地方立法、推进依法行政、维护司法公正、普及法制宣传、加强基层民主法制建设、优化法律服务六个方面推进依法治省工作。同年12月30日,江苏省八届人大六次会议通过《关于推进依法治省的决议》,指出,依法治省必须坚持以邓小平理论和依法治国基本方略为指导,以经济建设为中心,以宪法和法律为依据,以民主法制健全、社会安定文明为基本目标,立足江苏实际,加强地方立法,严格执行法律,强化法律监督,深入普法教育,在全社会树立起法律的权威,做到有法可依、有法必依、执法必严、违法必究,使经济、政治、文化和社会生活的各个领域逐步走上法制化轨道。1998年10月,江苏成立由省委书记任组长和省人大、省政府、省政协等领导同志任副组长的依法治省领导小组,领导小组下设办公室。依法治省领导小组在江苏省委领导下,具体负责依法治省工作的规划、协调和落实。各省辖市、县(市、区)也建立了相应机构,省级政府机关各部、委、厅、局则设联络员。这样,依法治省工作形成了有力的领导体制。1999年,依法治省工作确立了"全面规划、整体推进、分步实施、重点突破"的工作思路。2001年11月,制定了《江苏省2001—2005年依法治省工作规划》,使之成为依法治省工作的基本依据。通过区域、行业、基层三个领域开展依法治省工作,江苏法治建设基础得以夯实。

(三)"法治江苏"铸成法治品牌

随着"两个率先"在江苏的提出,江苏法治建设进入了一个新的阶段。2004年5月,江苏省委召开十届七次会议,将建设法治江苏确立为一项重大决策。2004年7月14日,江苏省委颁布《法治江苏建设纲要》,明确提出,建设法治江苏,就是全省人民在党的领导下,在依法治国、建设社会主义法治国家总体进程中,依照宪法和法律规定,通过各种途径和形式管理国家事务、经济文化事业和社会事务,逐步实现江苏政治生活、经济生活、社会生活的法治化,做到事事有法可依、人人知法守法、各方依法办事。这是全国第一部省级区域法治建设的纲领性文件,从此法治江苏成为江苏法治建设的品牌。

法治江苏战略经历了以下不同的发展阶段:2005年5月,江苏省委明确提出"严格依法行政、确保公正司法、建设老百姓认可的法治省份",从而将"法治省份"作为法治江苏建设的目标。2005年,江苏省委作出《关于在全省开展建设"法治江苏合格县(市、区)"活动的决定》,在全国率先部署开展县域法治创建活动。2006年7月,江苏省十届人大常委会第二十四次会议通过《关于深入推进法治江苏建设的决议》,再次对法治江苏建设进行动员。该决议指出,建设法治江苏,必须以邓小平理论和"三个代表"重要思想为指导,以宪法和法律为依据,坚持以人为本、全面协调可持续发展的科学发展观,坚持党的领导、人民当家作主和依法治国有机统一。2006年11月,江苏省委提出把"法治江苏"和"平安江苏""文化江苏""诚信江苏""绿色江苏"并列作为江苏率先发展、科学发展、和谐发展的五大建设载体,其中,法治江苏位列首位。2009年,江苏省委出台《关于深入推进法治江苏建设保障和促进科学发展的意见》,提出开展法治城市、法治县(市、区)创建活动。2012年3月,江苏省委、省政府召开深化法治江苏建设大会,下发《中共江苏省委关于深化法治江苏建设的意见》,提出到2015年把江苏建设成全国法治先导区,全省法治政府建设水平、公正廉洁司法水平、社会管理法治化水平、法制宣传教育工作水平、法治创建绩效位居全国前列。江苏省委、省政府首次将人民群众对法治建设的满意度列入全省全面建成小康社会和基本实现现代化两个指标体系,分值分别为80%和90%。同年,江苏省委办公厅、省政府办公厅印发了《深化法治江苏建设重点任务分解》,细化了法治江苏建设工作进度和目标。2014年,为了贯彻落实党的十八届四中全会精神,出台《中共江苏省委贯彻落实〈中共中央关于全面推进依法治国若干重大问题的决定〉的意见》,提出了地方科学民主立法、法治政府建设、公正廉洁司法、法治宣传教育、社会治理法治化、法治工作队伍建设水平"六个位居全国领先行列"的目标。2015年3月,江苏正式出台《法治江苏建设指标体系(试行)》,把法治江苏建设工作要点指标化,量化指标的动态完成情况,形成衡量评价法治江苏建设具体工作进展和实际绩效的"定额表"。同时,江苏在全国首创法治信息系统,对法治建设进展情况进行实时监测、评估、分析,开创法治建设的"大数据"时代。2016年,江苏省第十三次党代会提出,让法治成为江苏发展核心竞争力的重要标志。2016年9月,江苏省委、省政府召开深入推进法治江苏建设暨政法队伍建设工作会议,对法治江苏建设进行再部署再推动,强调要深化新时代社会主要矛盾变化后对区域法治建设发展规律的认识,以更强意识、更实举措、更大力度推动法治建设不断取得新进步,确保各项改革在法治的轨道上有序进行,确保市场经济在法治的土壤中健康生长,确保社会矛盾在法治的框架下有效化解,推动法治江苏向纵深推进,积极为全省高质量发展提供有力的法治保障。2017年,江苏省委对深化法治建设工作进行再动员再推进,确保各项改革在法治的轨道上有序进行,确保市场经济在法治的土壤中健康生长,确保社会矛盾在法治的框架下有效化解。

二、地方立法工作水平不断提高

改革开放以来,随着地方性法规制定权依法赋予江苏省级和部分设区市人大及其常委会,江苏地方立法工作逐步展开。1980年6月27日,江苏省五届人大常委会第四次会议首次审议通过了《江苏省城市卫生管理暂行规定》,标志着江苏地方立法工作的正式启动。

1978年党的十一届三中全会以来,江苏不断总结立法经验,完善立法制度,注重立法质量,提升地方立法水平。

(一) 依法遵循国家立法赋予地方的立法权限,实现地方立法权的稳步覆盖

1984年12月15日,无锡市被国务院批准为"较大的市",取得地方立法权。1993年4月22日,苏州市和徐州市被国务院批准为"较大的市",取得地方立法权。此后,江苏地方立法工作始终维持着"1+4"的格局。随着2015年《中华人民共和国立法法》的修改,江苏地方立法权开始扩容。2015年7月31日,江苏省十二届人大常委会第十七次会议通过《江苏省人民代表大会常务委员会关于确定常州等市人民代表大会及其常务委员会开始制定地方性法规的时间的决定》,常州、南通、盐城、扬州、镇江、泰州等6个设区的市人大及其常委会获得地方立法权。2016年1月15日,江苏省十二届人大常委会第二十次会议通过《江苏省人民代表大会常务委员会关于确定连云港、淮安、宿迁市人民代表大会及其常务委员会开始制定地方性法规的时间的决定》,自决定公布之日起,连云港、淮安、宿迁市人大及其常委会可以制定地方性法规,人民政府可以制定规章。自此,江苏13个设区市人大及其常委会全部获得地方立法权,实现了地方立法权在江苏区域的全覆盖。

(二) 科学概括地方立法原则,成为中央指导地方立法的依据

2001年,江苏在全国地方立法研讨会上提出了"不抵触、有特色、可操作"的九字地方立法方针。2003年,江苏省人大常委会在工

作报告中指出,在总结前几届立法经验的基础上,本届常委会以提高质量为重点,提出了"少而精、不抵触、有特色、可操作"十二字方针,力求立良法、出精品。"少而精"就是坚持质量第一,不单纯追求立法的数量;"不抵触"就是维护国家法制的统一,不与国家法律相悖;"有特色"就是从实际出发,体现本地区经济社会生活的特点;"可操作"就是规范具体、程序明确,能实实在在解决问题。这十二字方针是在积累和总结地方立法经验的基础上,针对地方法制建设新形势提出来的,符合我国立法体制的要求,具有较强的针对性。这一论述形成了"少而精、不抵触、有特色、可操作"的地方立法品牌,揭示了地方立法的基本原则。2004年《法治江苏建设纲要》也吸收了这一原则,上升为江苏地方立法工作的基本要求。同时,上述地方立法原则也得到了全国人大常委会的充分肯定和推广。目前,"不抵触、有特色、可操作"已经成为全国各地开展地方立法工作的基本准则。

(三) 发挥地方立法首创精神,争创全国地方立法领先水平

江苏注重创造性开展地方立法工作,特别是要求地方立法"有特色",突出表现在地方性法规的制定往往开全国之先河。1987年,江苏省人大常委会出台《乡村集体工业企业管理暂行条例》,率先以地方性法规的形式扶持乡镇企业的发展。2007年,江苏省人大常委会在全国率先出台《软件产业促进条例》,从法律角度将软件产业作为当时经济发展第一优先发展的产业。2011年3月24日,江苏省人大常委会通过《江苏省新型农村合作医疗条例》,这是我国第一部新型农村合作医疗地方性法规。2011年9月23日,江苏省十一届人大常委会第二十四会议通过《江苏省信息化条例》,该部立法从2004年5月立项起经过了漫长的过程,特别是对个人信息的保护明确了国

江苏省人大常委会成员进行立法表决(江苏省人大供图)

家机关、单位和个人的责任,走在全国前列。2014年,江苏省人大常委会审议通过《江苏省社区矫正工作条例》,这是全国首部在省级出台的社区矫正地方性法规。2015年,《江苏省慈善事业促进立法条例》作为全国首部针对慈善事业发展的专门性地方性法规正式出台。除省级地方性法规之外,四个设区市的地方性法规也针对新情况新问题进行探索性立法。2001年制定的《无锡市预防职务犯罪条例》和2009年制定的《无锡市刑事被害人特困救助条例》等在全国均属于首创。此外,2015年《中华人民共和国立法法》赋予设区市地方立法权以来,镇江市人大常委会公布的《镇江市金山焦山北固山南山风景名胜区保护条例》成为全国新获立法权的设区市首个提请省人大常委会审议批准的地方性法规,在中华人民共和国立法史上具有标杆性意义。

（四）运用"决定"立法形式，促进专门性事务法律化

为了解决江苏经济社会发展中的重大现实问题，江苏省人大常委会通常采用"决定"这种形式。以"决定"形式规定具有地方性法规性质的立法内容是设区市人大及其常委会实现立法意志的又一形式，体现了江苏地方立法原则中的"少而精"要求。为了解决长江非法采砂问题，1998年，江苏省人大常委会及时颁布了《关于长江江苏水域严禁非法采砂的决定》，明确具体罚则。为了解决苏州、无锡、常州三市地区因严重超采地下水诱发并加剧地面沉降、地裂缝和地面塌陷等地质灾害的问题，2000年8月，江苏省人大常委会颁布了《关于在苏锡常地区限期禁止开采地下水的决定》，规定逐步限量开采，到2005年年底全面实现禁止开采地下水的目标。为了推动全民阅读，2015年1月1日，我国首部全民阅读地方性法规《江苏省人民代表大会常务委员会关于促进全民阅读的决定》正式实施，填补了我国全民阅读地方立法工作的空白。这些决定的出台，具有地方性法规性质，及时解决了重大立法问题。

（五）细化地方立法条款，确保地方立法具有可操作性

地方立法必须保证立法内容的具体化，进一步细化和补充立法条款，确保立法条款能够落实到位。江苏在地方立法过程中重视立法条款的实施问题。比如，随着国家人口政策的两次重大调整，江苏及时修改《江苏省人口与计划生育条例》，确保国家人口政策在江苏区域内的有效实施。又如，江苏在修改机动车排气污染防治条例过程中，针对车辆限购问题，明确规定采取控制机动车保有量的措施，应当公开征求公众意见，经同级人大常委会审议，并在实施30日前向社会公告。此外，针对高速公路收费道口拥堵问题，江苏在修改高

速公路条例时,作出车辆收费排队超过 200 米应当免费放行的规定。这些地方立法条款具有很强的针对性和可操作性,体现了江苏地方立法的创新性。

三、依法行政建设法治政府

随着民主法制建设在江苏的展开,改革开放以来的江苏法治政府建设从起步到发展,依法行政工作始终走在全国前列,依法行政意识显著增强,依法办事能力和水平不断提高。

(一) 全面落实中央部署,科学规划法治政府建设

为了落实中央依法行政工作决策部署,江苏高度重视依法行政工作规划。1999 年 11 月,江苏省政府在南京召开全省依法行政工作会议。这是改革开放以来江苏省政府第一次专题召开的全省依法行政工作会议。此次会议后,江苏省政府正式出台了《关于全面推进依法行政工作的决定》。2004 年,在国务院《全面推进依法行政实施纲要》的基础上,江苏省政府制定了《关于贯彻落实国务院〈全面推进依法行政实施纲要〉的意见》。2008 年 11 月,江苏在全国范围内以省政府规章的形式出台了《江苏省依法行政考核办法》(省政府令第 47 号)。此外,江苏省委、省政府以开展"法治江苏合格县(市、区)"和"依法行政示范点"主题创建、政府法制工作创新奖、依法行政十大新闻评选等活动为载体开展依法行政工作。2008 年,江苏省政府针对国务院出台的《关于加强市县政府依法行政的决定》制定了实施意见。2010 年,江苏省政府进一步根据国务院《关于加强法

治政府建设的意见》制定出台了《省政府关于加快推进法治政府建设的意见》(苏政发〔2011〕31号)。2015年,江苏省政府印发《关于深入推进依法行政、加快建设法治政府的意见》,明确到2020年,基本建成职能科学、权责法定、执法严明、公开公正、廉洁高效、守法诚信的法治政府。2016年,为了贯彻落实中共中央、国务院发布的《法治政府建设实施纲要(2015—2020)》,江苏省委、省政府印发《江苏省贯彻落实〈法治政府建设实施纲要(2015—2020)〉实施方案》,就"十三五"时期江苏法治政府建设作出全面部署,对七个方面的149项重点工作进行了任务分解和责任分工。这些部署为江苏法治政府建设提供了有力保障。

(二) 创新依法行政领导体制,推动依法行政工作创新发展

江苏重视依法行政工作领导体制机制建设。一是建立全面推进依法行政领导小组体制。2005年,江苏省政府成立省全面推进依法行政工作领导小组及办公室。各市、县(市、区)级政府也先后成立了全面推进依法行政工作领导机构和工作机构。而从2007年起,省全面推进依法行政工作领导小组每年制定下发全省依法行政工作要点。二是完善政府法制机构建设。2000年9月,江苏省人民政府法制局正式更名为江苏省人民政府法制办公室,为省政府负责法制工作的直属机构。其后,各地纷纷将法制局更名为法制办公室。2006年,江苏省政府法制办增设了法制协调处。南京、南通、泰州、扬州、徐州、宿迁等市政府法制办公室也相继增设了法制协调处。2011年以来,江苏省政府法制办开展了县级政府法制工作规范化建设,出台了《关于创建县级政府法制工作规范化建设示范单位的意见》,使县

级法制机构建设得到了加强。南京市还出台了《关于深化区县政府法制工作规范化建设示范单位的工作意见》。宜兴、如皋、丹阳等市甚至在各乡镇(街道)建立了法制办或者法制工作室。三是突出依法行政工作规范化。江苏省政府先后在印发国务院文件基础上出台了《关于推行行政执法责任制的若干意见》《行政执法评议考核责任追究办法》等相关办法,制定了《行政处罚监督办法》《行政许可监督规定》《行政执法证件管理办法》《行政执法人员执法行为规范》《政府信息公开暂行办法》等二十多个配套制度,发布了《江苏省依法行政考核办法》《江苏省规范性文件制定和备案规定》《行政复议听证办法》。在此基础上,江苏省政府注重依法行政工作的规划性,每年突出依法行政工作重点,保证依法行政工作有序开展。四是重视部门依法行政工作落实。2000年以来,江苏不断加强依法行政工作组织机制建设。江苏省政府法制办公室、省监察厅、省人事厅联合开展了贯彻行政执法责任制、加强市县依法行政等监督检查工作。江苏省监察厅、省政府法制办公室联合开展了三级便民服务网建设情况调研。江苏省政府法制办与省质监局、省发改委联合开展了行政服务标准化试点(示范)活动。江苏省政府法制办与省高级人民法院建立联席会议制度,定期通报与研究行政复议和行政诉讼工作。2008年下半年,江苏省全面推进依法行政工作领导小组办公室对13个省辖市的依法行政工作情况进行了专题检查。2008年10月和11月,又分别邀请省人大代表、省政协委员赴4个省辖市、2个县(市)以城市管理行政执法为重点开展专题视察活动。2009年2月,在各地自查的基础上,又分苏南、苏中、苏北三个片就贯彻国务院依法行政文件情况进行了抽查。2010年以来,江苏还相继开展了政府信息公开条例贯彻情况、城管相对集中行政处罚权、农业综合执法、规范性文件备案审查和行政复议等专项工作检查。

（三）加强地方政府立法，提高政府立法水平

自1980年1月省政府颁布江苏省第一件地方政府规章《江苏省烟花爆竹安全生产管理细则（试行）》以来，江苏地方政府立法步伐不断加快。在确保完成地方性法规和地方政府规章制定的基础上，江苏地方政府立法工作不断创新立法机制。一是公开征求立法意见。从2004年开始，江苏省政府审议的地方性法规和地方政府规章草案都要通过政府门户网站向社会公开征求意见。从2006年起，江苏省政府法制办还在《新华日报》、《扬子晚报》、中国江苏网上向社会公开征集立法项目。2009年，江苏省政府法制办在全国率先尝试召开有不同利益群体代表参加的立法辩论会，邀请社会各界对《江苏省城乡规划条例（草案）》内容进行讨论。二是加大政府规范性文件备案审查力度。2010年12月28日，江苏省政府法制办在南京首次举行政府规范性文件年度公开评审活动，由法律专家学者对江苏省环保厅和南通、淮安两市的14份政府规范性文件进行评审，此举是对政府规范性文件备案审查社会参与机制的创新，在全国尚属首次。此后连续多年开展规章、规范性文件备案审查专家公开点评活动。同时，江苏在全国率先推行规章、规范性文件备案审查网上公开评价系统，接受社会各界点评和监督。江苏通过不断完善地方政府立法工作机制，地方立法水平不断提高。

（四）推动政府职能转变，实现政府行为法治化

江苏不断创新政府职能转变思路，确保政府权力在法治化轨道上运行。一是构建行政权力网上公开透明运行体系。江苏已经建立

行政权力网上公开透明运行网络体系。早在 2010 年 11 月底,江苏 52 个省级机关部门、13 个省辖市及所辖 106 个县(市、区)全部实现了行政权力网上公开透明运行,在全国率先实现"所有县级以上行政机关全覆盖、所有行政权力事项全覆盖、网上行政监察全覆盖"。二是加强重大行政决策法治化工作。落实重大行政决策法定程序。完善行政决策程序规定,明确重大行政决策范围,制定公众参与、专家论证、风险评估、合法性审查、集体讨论决定等五个法定程序操作规则,确保重大行政决策制度科学、程序正当、过程公开、责任明确。盐城市出台《市委常委会议事决策规则》,要求市委常委会重大决策(文件)出台前,必须先由政府法制部门牵头进行法律审查。江苏省政府在苏州、徐州、张家港、海门、阜宁和省国土厅、省水利厅试点重大行政决策目录化管理、合法性审查、卷宗归档等机制。江苏省政府法制办印发《关于加强重大行政决策档案管理的意见(试行)》,规范重大行政决策档案管理。江苏还开展了公众参与行政程序示范创建活动和典型事例征集活动。三是加强法律顾问制度建设。江苏全面建立政府法律顾问制度,普遍建立政府法制机构人员为主体、吸收专家和律师参加的法律顾问队伍。江苏省政府印发《关于建立政府法律顾问制度的意见》,成立了省政府法律顾问委员会。

(五) 推进相对集中许可权改革,深化"放管服"改革

江苏不断改革行政审批制度,全面取消非行政许可事项,取消和下放行政审批事项。一是规范行政审批行为。江苏省政府出台《江苏省行政许可监督管理办法》《江苏省行政权力清单管理办法》《江苏省行政审批违法违纪行为责任追究办法》《关于深化行政审批制度改革加强事中事后监管的意见》等指导文件,全面规范行政审批

行为。二是深化相对集中行政许可权改革。江苏在南通市、苏州市工业园区、盱眙县和盐城市大丰区开展相对集中许可权改革试点,成立行政审批局,并将此项改革向经济发达镇扩展。三是建立省、市、县、乡四级政府服务体系。在建设行政服务中心的基础上规范政府权力,完善江苏"12345热线"制度,实现政府服务"一张网"。四是推行证照合一制度改革。实行"多证合一、一照一码"登记模式和个体工商户"两证合一"模式。

(六)推动相对集中行政处罚权改革,提高行政执法效率

江苏深化行政执法体制改革,完善行政执法工作机制,规范行政执法行为。一是大力推动综合行政执法。推动相对集中行政处罚权实现市、县(市、区)全覆盖,推动实施部分县(市)城市管理相对集中行政处罚权工作向建制镇延伸。在全国率先探索推行镇域范围相对集中行政处罚权。二是推动"两法衔接"工作。健全"两法衔接"工作机制,在全国首家公布主要执法部门移送涉嫌刑事犯罪案件标准。三是积极推进柔性执法,将说理式执法贯穿于行政管理、行政执法全过程,建立行政执法案例指导和基层执法评议等制度。四是强化行政执法监督。江苏率先在省级层面建立行政执法监督局,聘请97位各行各业的专家学者和社会人士担任行政执法特邀监督员开展监督工作。

(七)创新政府解决矛盾机制

江苏不断创新政府解决矛盾机制。一是重视行政复议工作。江苏深入推进行政复议体制改革和复议能力建设。成立江苏省政府行政复议委员会,制定《江苏省人民政府行政复议委员会工作规则》

《江苏省人民政府行政复议委员会案件审理会议议事规则》《江苏省人民政府行政复议委员会委员守则》。推动行政复议委员会经验进一步向市县试点推广。推进行政复议案例指导制度,加强对行政复议案件中疑难、复杂问题的研究指导。与江苏省高院联合召开全省行政复议和行政审判工作情况通报会,进一步深化行政与司法的互动。二是强化行政负责人出庭应诉机制。行政首长出庭应诉成为常态,自2012年以来,全省行政机关负责人行政诉讼出庭应诉率稳步提高,始终处于较高水平。三是健全行政调解体制机制。认真落实江苏省政府办公厅《关于加强行政调解工作的意见》,组建省综合治理行政调解工作组。组织省有关部门全面梳理行政调解法律依据,并向社会公示。拟制并印发了《行政调解文书示范文本(试行)》。

(八)加强依法行政考核,提高行政机关工作人员依法行政水平

江苏在依法行政工作中加强考核工作,创新考核方式,实现考核效果。一是制定考核办法。2008年11月25日,江苏在全国制定了第一部全面规范依法行政考核工作的省级政府规章《江苏省依法行政考核办法》。从2009年开始,省、市、县三级政府每年都要对下级政府和本级政府部门的依法行政工作进行考核,并将考核结果在全省范围内通报,对考核中发现的问题要专门下发整改意见书和工作建议函。江苏还制定出台了《江苏省法治政府建设阶段性目标考核评价办法》,健全考核评价工作机制。二是建立依法行政报告制度。江苏省全面推进依法行政工作领导小组专门下发了《关于全面实施依法行政报告制度的意见》,要求各级政府及部门在每年的12月20日前向上一级政府和本级人大常委会报送年度依法行政工作报告,

同时,也将依法行政报告工作纳入当年年度依法行政考核之中。三是开展依法行政示范点创建活动。从2007年开始,江苏省全面推进依法行政工作领导小组根据各地推荐申报和复核验收情况,在全省范围内选拔确认一批省级依法行政示范点,并建立动态调整、信息直报、典型宣传、组织观摩交流等制度,发挥典型示范作用。

四、保障公正司法有效实现

公正司法是法治江苏建设的重要环节。改革开放以来,随着政法机关的恢复重建,江苏司法工作逐步展开,为公正司法提供了有力的组织保障。特别是在各方面支持下,公正司法工作不断创新,取得了长足的发展。

(一) 以有力领导推动公正司法

改革开放初期,在江苏省委、省政府领导下,全省司法机关得到了恢复重建。江苏高度重视公正司法工作,将公正司法纳入法治江苏建设之中。2005年11月,江苏省委办公厅转发省委政法委《关于深入推进公正司法工作的指导意见》,将"公正司法"列入法治江苏建设三大重点工作之一。2006年6月,江苏省公正司法协调指导办公室成立,办公室由省委办公厅、省委政法委和省高院、省检察院、省公安厅、省司法厅、省国家安全厅等部门组成。2010年,江苏省公正司法协调指导办公室出台《关于深入推进公正司法工作的指导意见》。2012年,江苏省委政法委会同省纪委、省委组织部等八部门出台了《关于对政法部门执法活动进行监督的实施细则》。2012年,江苏省委政法委、省依法治省领导小组办公室命名126个单位为首批省级"公正司法示范点"。2013年,江苏省委政法委制定出台《关于切实防止冤假错案的实施意见》,命名表彰全省第二批40个"公正司法示范点",确认保留119个全省首批"公正司法示范点",取消了7个示范点。2014年,江苏省人大常委会审议全省行政审判工作情况报告和反渎职侵权工作报告。2015年,江苏省人大常委会审议全省法院环境资源审判工作情况报告、全省检察机关反贪污贿赂工作情况报告。2016年,江苏省人大常委会分别审议省高院关于司法责任制改革工作情况报告、省检察院关于刑罚执行监督工作情况报告。2017年,江苏省人大常委会分别审议省高院关于全省法院执行工作情况报告、省检察院关于推进司法体制改革情况报告。江苏省委政法委组织对《领导干部干预司法活动、插手具体案件处理的记录、通报和责任追究规定》《司法机关内部人员过问案件的记录和责任追究规定》《关于进一步规范司法人员与当事人、律师、特殊关系人、中介组织接触交往行为的若干规定》《关于进一步规范刑事诉讼涉案财物处置工作的意见》的贯彻落实情况的专项督查。通过上述一系列措施,江苏有力地推动了公正司法工作。

(二) 以深化司法改革落实公正司法

一是支持各级法院加大司法改革力度,健全审判权力运行机制,强化审判监督管理,提升办案质量。随着20世纪80年代平反冤假错案工作的结束,江苏司法改革工作进入了一个新的阶段。1991年,江苏省高院先后制定下发了七个规范性文件,围绕公开审判中心,强化合议庭职能和当事人的举证责任,积极推进民事和经济审判方式改革。1994年,江苏省高院制定下发《关于民事、经济审判方式改革若干问题的意见》。1995年,全省法院贯彻落实江苏省高院下发的《关于进一步加强民事经济审判方式改革若干问题的纪要》,深入推进司法改革,在全面推行直接开庭、完善合议庭和独任审判制度、抓好开庭审理等方面取得突破。1996年,江苏省高院召开全省法院审判方式改革工作会议。当年8月,江苏省高院成立改革办公室,指导全省法院司法改革工作。1998年,江苏省高院成立审判方式改革领导机构,出台《关于审判方式改革若干问题的意见(试行)》。为落实最高人民法院于1999年、2005年、2009年先后颁布的三个"五年改革纲要",江苏省高院也相应出台了落实"五年改革纲要"的实施意见,在不同层面积极推进司法改革。为了建设"法治江苏",服务"两个率先",2007年10月,江苏省高院在全国高级法院中首先成立了司法改革办公室,统领全省法院司法改革工作。党的十八大以来,江苏根据中央要求积极深化司法体制改革,并成为司法改革的第二批试点省份。江苏通过审判领域司法改革推动法院公正司法水平提高。在司法改革过程中,注重创新,形成了一些具有全国影响的经验。

二是支持各级检察机关强化司法改革力度,推动检察行为规范化建设。1978年检察机关恢复重建后,检察制度不断改革和完善。1997年党的十五大提出推进司法改革后,全省检察机关稳步推进各项改革。2000年,江苏省检察院印发了《江苏省检察机关检察改革三年实施意见》,围绕办案机制完善、检务保障加强、检察人员素质能力和专业化水平提升等方面推进检察改革。2005年12月,江苏省检察院出台了《关于深化检察改革的三年实施方案》,开展强化诉讼监督、完善内外部监督等六大项34小项检察改革。2014年,江苏省政府与省检察院召开"两法衔接"工作联席会,出台《江苏省行政执法与刑事司法衔接工作实施办法》。近年来,检察机关重视公益诉讼活动,积极探索公益诉讼制度。作为全国首批试点检察院之一,江苏省检察院制定了《江苏省人民检察院关于提起公益诉讼试点工作的实施方案》,确定南京、苏州、无锡、常州、泰州等7个省辖市为试点地区。试点期间,江苏省检察机关共办理公益诉讼案件570件,其中办理诉前程序案件508件,提起公益诉讼案件62件。常州市检察机关办理了全国首例检察机关提起的民事公益诉讼。徐州市检察机关办理了全国首例法院开庭审理的检察机关提起的民事公益诉讼、全国首起进入二审程序案件。南京市检察机关在全国首次通过在全国媒体公告的方式履行民事公益诉讼诉前程序。此外,江苏省检察机关在各业务部门建立独任检察官和检察官办案组,构建新的检察办案组织单元,配好检察官的"左膀右臂",进一步提升办案质量和效率。一些地区结合本地实际设立了特色办案组:苏州市检察院针对当地金融、涉税、走私犯罪多发的形势,成立经济犯罪案件办案组;无锡市高新区检察院设立了知识产权办案组,专门办理知识产权案件,服务辖区高新技术企业发展;南京市江宁区检察院专门设立了重案组,集中力量办理严重刑事犯罪案件。

三是推动公安机关积极开展执法规范化工作。江苏公安机关将执法规范化作为公正司法的基础。(1)出台执法规范化文件。公安机关先后出台了《江苏省公安机关负责人出庭应诉工作暂行规定》《关于正确界定治安管理处罚法有关情节的指导意见(试行)》《江苏省公安机关治安案件调解工作规范》等一批执法规范和指导意见。(2)制定统一的执法标准体系。公安机关全面推广执法标准化管理。江苏省公安厅组织编制了《公安民警执法执勤用法手册》《执法标准化管理手册》,全省公安机关统一规定了10大类、39小类、150

余种、700余条执法执勤用语以及16个部门警种、260多个执法岗位的执法勤务标准和行为规范,制定了230多项行政处罚自由裁量标准,形成了全省公安机关统一执法标准体系。(3)开展执法规范化建设活动。积极开展创新公安机关执法示范单位活动。开展基层执法质量服务工作。深入推进以"查找执法问题、规范执法行为"为主题的"大走访"活动,提高公安执法意识和执法水平。

四是推动监狱系统规范执法行为。认真开展监狱系统规范化管理,积极推进安防一体化、执法标准化、警务效能化建设。严格罪犯减刑、假释、暂予监外执行工作,自觉接受检察机关监督、社会监督和舆论监督,提高监狱工作改造质量。自2005年起,全面开展"规范执法行为、促进执法公正"专项整改活动,认真排查整改监狱执法工作中的问题。2008年以来,在全省监狱系统深入开展"规范执法合格单位"创建活动。通过整改和创建活动提高监狱公正文明执法工作。

五是加强涉法涉诉信访工作。推进涉法涉诉信访改革,建立实体化运作的江苏省涉法涉诉联合接访中心。组织以涉法涉诉信访问题为重点的案件评查活动,对案件进行集中评查,进行抽查、通报和整改督办。认真开展纠正冤假错案、清理久押不决案件、规范减刑假释暂予监外执行、党政机关执行人民法院生效裁判专项清理等工作。省、市、县三级领导干部积极开展信访案件接访活动。通过推动涉法涉诉信访案件的解决来推动公正司法。

(三)以科技创新推进司法公开

江苏积极开展警务、审务、检务和狱(所)务公开,接受社会监督和评判。

在警务领域,积极开展执法告知服务。2005年6月,江苏省公安厅在全国率先推出了交通安全、刑事案件立破案、信息网络安全等六项执法告知制度。2016年,江苏公安执法公示平台正式上线,该平台整合原有执法告知、文书发布、法律查询等系统,集违法犯罪警情处理、案件办理、涉案财物管理、执法依据、法律文书和治安形势六大板块公示于一体,并附加群众咨询、投诉、满意度评价互动功能。在此基础上,江苏公安机关建立群众咨询投诉实时办结、群众不满意跟踪回访及时整改等机制,以执法公开推动执法规范化。

在审判领域,积极推动审判公开,推动裁判文书上网。1978年,江苏全省第十三次司法工作会议要求从1979年1月起,凡是应当公开审判的案件都要做到公开审判。1987年2月,江苏高院第二审公开审理武进县化肥厂蒋正国特大贪污案,中央、省、市电视台和报纸杂志等新闻单位对开庭审判活动进行了采访和报道。2005年,江苏省高级人民法院研究确定了审判公开的具体内容,就进一步实行立案、庭审、裁判结果、司法鉴定公开等提出明确要求。同时,制定《关于进一步规范和落实公开审判制度的意见》《关于进一步深入推进二审商事案件全面公开开庭审理工作的通知》等文件,切实把公开审判的原则贯穿到各类案件审理的全过程。2012年,江苏法院加强"门诊式"诉讼服务中心建设,全省各级法院全部开通"12368"语音查询系统,提供案件咨询、案件信息查询等服务,通过网站、短信平台向当事人推送立案、庭审、结案等12个流程节点信息。江苏全面推进裁判文书上网、审判流程公开、执行信息公开三大平台建设,在裁判文书网上公开的文书数量居全国首位。江苏法院加大庭审互联网直播力度,建设庭审网络直播平台,庭审内容可以回看,全面运用互联网、微博、微信和召开新闻发布会等手段发布社会关注的热点问题。目前,全省法院已入驻"淘宝网"司法拍卖平台,涉案资产网上公开拍卖。以现代互联网、大数据为基础的"智慧法院"建设也在江苏全面推开。

在检察领域,积极推动检务公开工作。2011年江苏检察机关开通"12309江苏检察民生服务热线",并在全国较早成立案件管理中心,集中管理案件,方便业务联络,并运用微信、短信推送案件信息。江苏在全国率先建立检察门户网站集群,实现全省125个检察院门户网站一键直达、信息互联互通,"江苏检察网"荣获中国社科院组织的2016年检务透明度指数测评第一名。江苏检察机关2017年以来通过"案管机器人"办案智能辅助系统提高办案效率。"案管机器人"实现大数据研判分析和法律文书自动生成,这也是全国检察系统首个在全省范围内推广使用的办案智能辅助系统。2017年7月,

江苏检察机关启动办案智能辅助系统(江苏省检察院供图)

江苏省检察院在全国率先制定出台了《江苏检察机关检务公开评价指标(试行)》。在指标设置上,共分司法办案、检察服务、司法管理、综合信息4个一级指标和21个二级指标。在评价内容上,重点在于法律文书公开、重要案件信息发布、典型案例发布、类案数据公开、新闻发布等司法办案活动的公开。

在监狱领域,深化狱务公开。通过罪犯日常教育、监狱长接待日、召开罪犯亲属座谈会、发放《狱务公开手册》等形式,对罪犯计分考核、减刑、假释、暂予监外执行、伙食实物量等执法的重要内容向罪犯及其亲属和社会公开。聘请社会知名人士担任执法监督员,组织执法监督员开展监督工作。同时,率先出台刑罚执行权力清单,将涉及江苏省监狱局、监狱、监区的30件事项权力名称、依据、流程统一进行规范。加强"962326狱务公开服务热线"、监狱网及政务微博、微信等载体应用,推进会见室等执法窗口规范运行,构建具有江苏特色的监狱阳光执法品牌。

五、提高社会治理法治化水平

改革开放以来,江苏始终以基层社会治理为中心,积极推动社会治理法治化,出现了大量社会治理典型,探索出各方参与、共同治理的新模式,逐步实现了从传统管理向现代治理的转变。

(一)"政社互动"推动基层民主法治建设

基层是社会治理的落脚点。江苏深入推进"法治乡镇(街道)""民主法治示范村(社区)""民主法治单位"等创建活动,积极推动基层民主法治建设。特别是形成了"政社互动"的社会治理模式。2013年,江苏省政府出台的《关于在全省推行"政社互动"推动社会管理创新的意见》(苏政办发〔2013〕181号)对在全省范围内推动"政社互动"提出了明确的要求和全面部署,明确提出在2013年年底前,各设区市结合本地实际,选择1至2个县(市、区)开展试点。2014年至2015年,全省逐步推开,力争2017年全省实现"政社互动"全覆盖。全省各地大力推广政府行政管理与基层群众自治管理的"政社互动"模式,厘清基层政府和群众自治组织的权责边界,努力实现政府治理与社会自我调节、居民自治的良性互动。目前,江苏各县市已经全面推开,推进力度较大,在所辖乡镇(街道)全面推行"政社互动"。

(二) 社会矛盾纠纷大调解全覆盖

化解矛盾是社会治理的基本方式。江苏积极维护社会稳定,建立大调解工作机制,通过大排查、大调解,及时掌握社会动态,实现早发现、早报告、早控制、早解决。2003年3月,江苏省南通市首创"党委政府统一领导、政法综治牵头协调、调处中心具体组织、司法部门业务指导、职能部门共同参与"的社会矛盾纠纷大调解"南通模式",并在试点的基础上实现全面覆盖。2004年4月,江苏省委、省政府在南通召开全省社会矛盾纠纷调解工作现场会,同年6月又发文在全省推广建立大调解体系。大调解得到中央肯定并在全国范围内推广。近年来,江苏先后发布了《关于深化"诉调对接"工作的实施意见》《江苏省"公调对接"工作实施办法(试行)》《关于建立劳动争议"五位一体"调解机制的意见》等规范性文件。《江苏人民调解条例》于2015年10月1日开始生效实施。江苏已经建立起较为完备的大调解纠纷解决机制。目前,江苏建立健全基层法院、检察院、公安、司法等部门信息共享的沟通协作平台,构建起人民调解工作网络,加强人民调解员队伍建设,建立婚姻家庭、劳动纠纷、交通事故等不同类别的人民调解专家库,丰富了基层调解模式。

(三) 率先提出并构建网上网下公共法律服务体系

江苏是率先提出构建城乡覆盖的公共法律服务体系的地区。2011年11月江苏省第十二次党代会明确提出"加快构建覆盖城乡的公共法律服务体系"。2013年5月,江苏省司法厅提出以"打造人民满意的服务型司法行政机关"为目标,加快构建惠及全民的公共法律服务体系的步伐,专门下发了《关于构建"四个全覆盖"司法行政工作体系的通知》,出台了《关于加快构建覆盖城乡的公共法律服务体系的意见》和《公共法律服务体系建设全覆盖工作项目化推进实施方案》,明确了全面推进公共法律服务的"时间表"和"路线图"。先后出台县乡两级《公共法律服务中心建设指导意见》和《村(社区)司法行政服务站建设指导意见》,制定《县(市、区)公共法律服务中心工作指南》地方标准,推动体系建设的制度化、规范化。在此基础上,江苏按照"政府主导、社会协同、覆盖城乡、可持续发展"的方针,全力构建县(市、区)、乡镇(涉农街道)、村(居)三级司法行政法律服务中心、站点;深入推进"12348司法行政公共服务平台"建设,构筑网上网下、整体联动的服务网络;全力打造城市半小时、农村一小时公共法律服务圈,织密人民调解组织网络等,全省基本实现了公共法律服务体系建设从点上突破向面上发展的转变。2017年,江苏印发《加快推进基本公共服务标准化的实施意见》,将"公共法律服务标

江苏省司法系统建设"无人律所",为群众提供法律咨询(江苏省司法厅供图)

准化"列为重点任务,作为现代国家治理体系的重要组成部分。截至2018年年初,江苏建成"一条主干"式的市、县、乡、村四级实体服务平台,提供法律咨询等服务总量达74万件次。通过建设"智慧法务",开通"12348江苏法网"2.0版网络平台,实现了综合功能快速响应,并在苏北地区试点组建互联网律师事务所,建立"本地律师优先+省内律师补充+全国律师支撑"的服务供给机制。2018年2月26日,中央电视台《焦点访谈》栏目以"越织越密的公共法律服务网"为题,重点报道了江苏构建覆盖城乡的公共法律服务体系的情况,公共法律服务体系"江苏样本"在全国叫响。

(四)社会治安综合治理效果显著

江苏高度重视社会治安综合治理工作。特别是2003年江苏率先开展平安江苏建设活动以来,全省公众安全感连续多年保持全国领先地位,社会治安综合治理绩效考核连续多年位居全国第一。在稳步推进社会治安综合治理的过程中,江苏不断创新思路,形成了社会治安综合治理独特模式。一是构建社会治安综合治理体系。江苏着力构建完善以"传统优势+现代科技"为主要特征的公安基层社会治理新机制,进一步完善"人脑+电脑"数据汇聚应用机制、"人力+科技"立体防控机制、"脚板+网络"风险排查机制、"面对面+键对键"警务服务新机制,提升精确管控、主动进攻、预警预防能力和群众获得感、满意度。二是构建江苏特色的安置帮教体系。江苏加强对精神障碍者、不良行为青少年、刑满释放人员等特殊群体的帮教工作,形成了江苏特色的安置帮教体系。特别是在刑满释放人员安置帮教工作方面,从2015年起,在苏州、南通、盐城三个市和省江宁、金陵监狱,实施以"前置化、社会化、协议制"为核心的深化安置帮教工作改革试点,取得了积极进展和良好成效。在全省推行人户分离刑释人员"双列管,两头包"安置帮教模式,圆满实现了特赦人员安置率、帮教率保持在90%以上。全省刑释人员当年重新犯罪率逐年降低。社区服刑人员重新犯罪率越来越低。三是创新社会治安综合治理方式。江苏昆山创新推出村居"五位一体"综治办的模式,将流动人口管理和服务捆绑运行,得到了中央综治办的肯定和推广。

(五) 普法宣传教育常抓不懈

江苏法制宣传教育工作在法治江苏建设中具有重要地位。1986年2月,江苏省委办公厅批转省委宣传部、省司法厅《关于向全省公民基本普及法律常识的五年规划》,正式启动了江苏"一五"普法教育工作。1991年4月25日,江苏省委、省政府批转省委宣传部、省司法厅《关于在全省公民中开展法制宣传教育第二个五年规划》。同年,江苏省第七届人大常委会通过《关于实施法制宣传教育的第二个五年规划的决议》,全省普法工作转入"二五"普法时期。1996年6月,江苏省委、省政府批转省委宣传部、省司法厅《关于在全省公民中开展法制宣传教育的第三个五年规划》。江苏省第八届人大常委会通过《关于继续开展法制宣传教育的决议》,"三五"普法正式启动。1997年,江苏省委宣传部、省关工委、省司法厅、省教委等部门联合下发了关于"三五"普法期间加强青少年学法的意见。2001年6月,江苏省委、省政府批转省委宣传部、省司法厅《关于在全省公民中开展法制宣传教育的第四个五年规划》。江苏省第九届人大常委会第二十四次会议作出决议,决定在全省公民中实施法制宣传教育的第四个五年规划。2006年5月,江苏省委、省政府批转省委宣传部、

泰州市高港区小学生喜迎"国家宪法日"(高卫东摄)

省司法厅《关于在全省公民中开展法制宣传教育的第五个五年规划》。江苏省第十届人大常委会通过《关于在全省公民中实施法制宣传教育第五个五年规划的决议》。2011年7月16日,江苏省第十一届人大常委会第二十三次会议通过《关于进一步加强法制宣传教育的决议》。2011年7月27日,江苏省委、省政府转发省委宣传部、省司法厅《关于在全省公民中开展法制宣传教育的第六个五年规划》。2016年5月26日,江苏省第十一届人大常委会第二十三次会议通过《关于开展第七个五年法治宣传教育的决议》。2016年7月23日,江苏省委、省政府转发省委宣传部、省司法厅《关于在全省公民中开展法治宣传教育的第七个五年规划(2016—2020年)》。这些规划和决议推动了江苏普法宣传教育工作。随着普法工作的展开,江苏积极推动法治文化建设,培育公众法治素养,提升了法治文化软实力。

第十一章
从严治党的历史担当

办好中国的事情,关键在党。在中国共产党领导的社会主义中国,党政军民学,东西南北中,党是领导一切的。中国共产党的领导是历史的选择、人民的选择。改革开放以来,江苏始终把加强党的建设摆在突出位置,充分发挥党的创造力、凝聚力、战斗力。进入新时代,江苏按照中央统一部署推进全面从严治党,彰显了充分的历史担当。

一、不断加强和改善党的领导

改革开放40年,江苏始终把党的坚强领导作为主心骨,始终秉持"党的建设要走在经济社会发展前列,党的建设要和经济社会发展一样走在全国前列"的"两个走在前列"的理念,不断推进江苏党的建设新的伟大工程。

(一) 锻造坚强领导核心

改革之初,邓小平同志就告诫全党,"办好中国的事情,关键在党"。江苏省委带领全省各级党组织和党员铭记教诲,坚定不移地坚持党的领导,健全和完善党的领导,始终不渝地贯彻党在新时期的基本路线,解放思想,实事求是,与时俱进,求真务实,在建设中国特色社会主义道路上展示出各级党组织新的精神风貌和为民形象。

党的领导最终要体现在党的事业后继有人,要锻造出一支能干事、干成事的干部队伍。自改革开放以来,江苏一直认真贯彻落实干部队伍建设革命化、年轻化、知识化、专业化的"四化"要求,建设适应江苏社会经济发展的坚强干部队伍。改革开放之初,江苏省委就提出要把优秀干部放到基层一线锻炼,并在实践中付诸行动。江苏在这方面的探索是具有超前意识与实践意义的。比如,2000 年,在时任中共中央总书记的江泽民视察江苏之际,江苏省委就汇报了江苏改革开放以来在干部队伍建设方面的积极探索,总结出一些可贵的成功经验。

党的十三届四中全会之后,党中央颁布了《关于加强党的建设的通知》等一系列关于强化党的建设的重要文件。江苏立足本省实际,寻找党的建设中存在的不足。特别是 2004 年 9 月,党中央作出《关于加强党的执政能力建设的决定》以后,江苏认真学习贯彻党中央部署,结合江苏工作实际,不断分析、对照、检查,不懈锻造党的能力,不断提高党的领导水平和执政水平,不断提高拒腐防变和抵御风险能力,确保党在江苏各项改革事业中的主心骨地位,使各级党委及其党的组织成为开拓江苏各项事业进步的核心引领力量。比如,江苏省委十届五次全会提出,要依靠党的指导思想作为推动"两个率先"的重要指引。

2012 年 3 月,习近平同志对江苏的党建工作创新工程作出重要批示,指出:"江苏《关于实施党建工作创新工程的意见》,就加强和改进新形势下党的建设提出一系列新举措。这种高度重视和聚精会神抓党建的做法要长期坚持下去。"江苏人民受到鼓励。江苏省委全力贯彻党中央和习近平总书记关于党的建设工作要求,积极部署,紧紧围绕党的先进性建设这条主线,密切党与人民群众的鱼水关系,狠抓党的干部队伍建设,强化党的执政能力,以改革创新精神不断推进江苏党的建设新的伟大工程迈上新台阶。

党的十八大以来,党中央提出"四个全面"战略布局,坚定不移地推进全面从严治党、依规治党,凝心聚力、直击积弊、扶正祛邪,开创了党的建设新局面。在"四个全面"战略布局中,"全面从严治党"是决定战略布局的政治力量保证。江苏坚决落实"全面从严治党"战略举措。严格执行中央"八项规定",全省党风政风出现新气象;直击"四风"顽症,密切党群关系;开展"三严三实"教育,塑造良好党员队伍形象;严格落实"两学一做"常态化,全面从严治党向基层延伸,全体党员深受党性修养洗礼。江苏通过以上一系列管党治党活动,肃贪反腐、正风肃纪,使全面从严治党走向严、紧、硬,使党的坚强领导核心得到充分体现。

(二) 管党治党没有放松时

改革开放以来,江苏认真贯彻中央管党治党精神要求,认真学习和领会中央精神,强化领导干部作风建设,树立与"两个率先"事业相适应的作风形象。坚持不懈开展反腐败斗争,努力建构不敢腐、不能腐、不想腐的制度机制,不断取得阶段性反腐败斗争新成果。2014年12月,习近平总书记考察江苏,首次提出协调推进"四个全面"战略布局,强调江苏要"推动全面从严治党迈上新台阶",要做到"打铁还需自身硬"。江苏改革开放起步早、步伐快,市场经济浪潮和对外开放对党员干部的思想意识和行为产生了较大影响,社会上的一些消极不良现象迅速反映到党内。基于此,江苏省委提出,必须面对现实,正视问题,把从严治党贯穿于江苏改革开放全过程和党内生活的各方面,不忘习近平总书记嘱托,把江苏的党建工程建设好,更好地推动江苏各项事业健康发展。

近年来,江苏认真贯彻中央关于加强党风廉政建设和反腐败工作的决策部署,积极推进反腐败体制机制创新和制度保障,在全国率先探索制定落实党委主体责任、纪委监督责任"两个责任"的意见,深入推进惩防体系建设,党风廉政建设和反腐败工作取得新的积极进展。如2014年8月20日,中央纪委网站发布消息:根据中央巡视组交办的群众举报线索,江苏省纪委严肃查处并通报了溧阳市12名党员干部违规接受宴请的案例。溧阳市有关领导虽然未直接参与违规接受宴请行为,但仍然被追究相应责任。这让人们更加清楚地看到江苏在推动"两个责任"落实方面的坚定决心。

实践证明,党的十八大以来,江苏省委坚决推进反腐行动,坚持"老虎""苍蝇"一起打,重点查处十八大后那些不收手、不收敛,群众反映比较强烈、问题线索突出,可能还要被提拔使用的党员领导干部。严格实施执纪审理"三审一评"程序,进一步提高执纪审查质量。完善反腐协调工作机制,做到纪法衔接,形成反腐合力。全力进行"深化查案治本功能、促进源头治理"专项治理行动,督查相关单位规范制度,坚决堵塞腐败漏洞,进一步规范领导干部配偶、子女及其配偶经商办企业行为,不断压缩腐败生存空间。

(三)创新探索基层组织建设

改革开放以来,江苏省委高度重视基层组织建设,不断创新探索基层组织建设新途径新方法,努力提升基层组织建设水平。

改革开放之初,江苏对基层党组织进行了多次整顿,使党的基层组织得到恢复、巩固和发展。1989年12月,江苏省第八次党代会提出,面对复杂的形势和繁重的任务,作为执政党的地方组织和基层组织,必须进一步强化执政意识,自觉维护和强化党的领导地位。因此,要采取有力措施,切实加强农村、企业、机关、学校、街道党的基层组织建设,使基层党组织真正发挥战斗堡垒作用。随着"两个率先"的推进,江苏大力强化"三会一课""双带双强""社会管理创新先锋行动""群众满意的窗口服务单位"等活动,着力推动基层党组织规范化建设。特别是通过基层活动创新,探索支部建在社区、建在产业链上、建在工程项目中等新型党建工作路子,确保基层党组织建设过硬。

在农村,针对一些基层党组织职能弱化的问题,江苏省委着力推进党的基层组织设置和活动方式创新,坚持有党员就要有组织、有组织就要有活动、有活动就要有质量的原则,充分发挥基层党组织的"火车头"作用。如,在社会主义新农村建设过程中,江苏省委提出组织实施"乡村学华西、农村干部学吴仁宝"的"双学"活动。江苏集中培训基层党组织书记的做法在全国引起巨大反响,外省市先后组团前来参观学习。2009年江苏省委组织部印发《关于进一步加强全省村党组织书记队伍建设的意见》,以党建工作创新工程为统领,以"六强六过硬"为抓手,强化基层党组织整体功能。

在城市,江苏省委根据城市化发展进程的要求,积极推进城市基层党组织建设。中组部于1996年下发了中华人民共和国成立以来第一个关于街道党的工作的规定性文件《关于加强街道党的建设工作的意见》。2007年,江苏省委印发《关于加强城市街道党的建设工作的意见》,明确街道党组织基本职责,从加强街道党委领导班子建设、加强居民区和街道企业党支部建设、抓好对党员的教育管理和发展新党员工作、加强对街道党的建设工作的领导等方面作出了规范化设计。进入新时代,党中央对城市基层党组织建设高度重视。2015年,中组部专门印发《关于进一步加强和改进街道社区党的建设工作的意见》,进一步明确街道、社区党组织的主要职责,特别是明确坚持把服务群众作为街道、社区党组织的重要任务。在这一精神指导下,江苏把城市基层党组织建设嵌入基层社会治理之中。在省委统一指导下,各地积极探索城市基层党组织建设:以区域化为方向,探索城市党建工作路径,以网格化为抓手提升党建工作有效覆盖;以品牌化为引领,搭建务实管用工作载体;以信息化为依托,增强城市基层党建活动活力;以专业化为导向,建强基层党建工作队伍。实践证明,这些有效探索使基层党组织的服务水平、引领水平大大提高。

海门打造"党建+富民"五方联盟

二、铸就坚定的理想信念

2012年11月17日,习近平总书记在十八届中央政治局第一次集体学习时形象地提出,理想信念就是共产党人精神上的"钙",没有理想信念,理想信念不坚定,精神上就会缺"钙",就会得"软骨病"。改革开放以来,江苏省委带领广大人民群众自始至终把坚守理想信念当作推动事业发展、经受挑战考验的精神支柱。

(一)加强理想信念教育,不忘共产党人的初心

1. 把思想理论教育贯穿党员干部学习的始终

改革开放40年来,江苏省各级党委引领全省干部、群众学习党的理论,提高党员队伍党性,加强理论教育。抓住党的历次代表大会召开的契机,引导广大党员认真学习党的报告,领会每一次新修订的《中国共产党章程》,不断增强党的意识,更好地履行党员义务。例如,党的十九大召开以来,全省掀起学习贯彻党章的热潮,最根本的是不忘初心、牢记使命,高举中国特色社会主义伟大旗帜,坚定维护以习近平同志为核心的党中央的权威和集中统一领导,将党的文件精神和党章要求内化于心、外化于行。组织"百姓名嘴"深入基层宣讲党的精神。深入推进党的理论进农村、进社区、进企业、进学校、进网络,进入广大基层、进入千家万户、进入百姓心中。立足"地方实践",挖掘"地方元素",总结"地方经验",讲好"地方故事"。2018年,全省围绕"不忘初心,牢记使命"主题教育,推动广大基层党员扎扎实实学好党的创新理论,认真解决"总开关"这个根本问题,自觉做共产主义远大理想和中国特色社会主义共同理想的坚定信仰者与忠实践行者。

2. 把党的指导思想作为理想信念教育的灵魂

中国特色社会主义理论体系是我们理论自信的思想之源、力量之魂。改革开放40年来,党的理论与时俱进,推进中国特色社会主义事业不断取得新辉煌。江苏始终认真贯彻学习党的理论,把党的指导思想作为学习党的理论的重中之重,学深学透、弄懂弄通。党的指导思想与时俱进,江苏全省上下抓住每一次党的理论创新的时机,学深悟透、真学真用。当前,全省上下正引导广大党员干部和群众认真学习习近平新时代中国特色社会主义思想,用新思想指导全省实践、推动各项工作。教育全省干部群众深刻认识习近平新时代中国特色社会主义思想的重大意义、丰富内涵、科学体系和实践要求,不断提高政治站位,坚定"四个自信",增强"四个意识",把握马克思主义立场观点方法,以及坚定信仰信念、鲜明人民立场、强烈历史担当、求真务实作风、勇于创新精神和科学思想方法,切实增强贯彻落实的自觉性、坚定性、创造性。

(二) 从优秀传统文化中汲取思想养分

从优秀传统文化中汲取思想养分,是筑牢党员理想信念堤坝的有效途径。其中,传承优良家风家训是一个重要内容。江苏家训文化历史悠久,在古代诞生出被誉为中华"家训之祖"的《颜氏家训》、"治家之经"的《朱子治家格言》,在近现代涌现出《傅雷家书》等家训名篇。这些家训典籍经过创造性转化,在当代仍具有独特价值。改革开放之初,江苏就大力传承优良家风家训,特别注重广大党员要以身作则,走在前列。党的十八大以来,习近平总书记多次强调家风建设的重要性,指出领导干部的家风,不是个人小事、家庭私事,而是领导干部作风的重要表现。不论时代发生多大变化,不论生活格局发生多大变化,我们都要重视家庭建设,注重家庭、注重家教、注重家风。江苏积极落实习近平总书记重要指示精神,挖掘江苏丰厚的廉洁文化历史和人文资源,汲取家规家风、乡规民约中的精华,扬真抑假、扬善抑恶、扬美抑丑,推动社会风气持续好转。广大党员在正家风、齐家规中砥砺道德追求和理想抱负,从自己做起,从家庭做起,以良好家风引领社会风尚,以家庭和睦促进社会和谐,把崇高理想信念融入日常生活当中。

(三) 党员带头践行社会主义核心价值观

带头践行社会主义核心价值观是新时代合格党员的基本要求。江苏把践行社会主义核心价值观作为发挥党员先锋模范作用的重要体现。2013年,中共中央办公厅印发《关于培育和践行社会主义核心价值观的意见》,江苏省委于2014年制定了《〈关于培育和践行社会主义核心价值观的意见〉的实施意见》,紧紧围绕坚持和发展中国特色社会主义的当代主题,使社会主义核心价值观入脑入心。江苏把学习社会主义核心价值观纳入各级干部教育培训机构课程。编写"社会主义核心价值观研究丛书",分别对富强、民主、文明、和谐、自由、平等、公正、法治、爱国、敬业、诚信、友善等内容展开阐释,引导广大党员在日常学习工作中自觉践行社会主义核心价值观。江苏省市主要媒体充分发挥舆论引导作用,利用一些优秀专题栏目,引导事实报道,弘扬社会正气。江苏省委机关报《新华日报》开辟的"思想周刊"专栏,定期刊载社会主义核心价值观理论阐释文章,在广大党员中营造学习践行社会主义核心价值观的良好氛围。

(四) 让红色基因融入党员血脉

江苏全省共有革命历史类纪念设施、遗址1710处,拥有各级爱国主义教育基地882家。这些宝贵的红色文化资源时间跨度长,分布区域广,文化内容丰富,历史品位高,是广大党员学习红色文化、赓续红色基因的宝贵财富。在江苏深厚的红色文化资源中,雨花英烈精神是一笔不可多得的宝贵财富。南京雨花台是新民主主义革命时期中国共产党人和爱国志士最集中的殉难地,从1927年至1949年,成千上万的中华优秀儿女在此慷慨赴死,用牺牲铸就了中华人民共和国的诞生之路。2014年12月,习近平总书记在视察江苏时指出,雨花烈士的事迹展示了共产党人的崇高理想信念、高尚道德情操、为民牺牲的大无畏精神。要用好用活这些丰富的党史资源,使之成为激励人民不断开拓前进的强大精神力量。江苏充分利用独特红色文化资源,打造一流党性教育基地,激励广大党员不忘初心、牢记使命,把红色基因融入血脉,奋力走好新时代的长征路。

雨花台烈士就义纪念群雕

三、让纪律成为带电的"高压线"

"不以规矩,不能成方圆"。江苏省委坚持把纪律建设摆在更加突出的位置,把党的纪律和规矩挺在前面,确保党中央全面从严治党要求在江苏落地生根。

(一)坚持挺纪在前

改革开放开启了中国社会主义建设发展的新时期,形势的变化倒逼中国共产党必须更加重视党规党纪建设工作。1980年中共中央颁布的《关于党内政治生活的若干准则》,被普遍看做是改革开放以来第一个有关党规党纪建设的重要法规。1984年颁布的《关于严禁党政机关和党政干部经商、办企业的决定》、1990年颁布的《中国共产党党内法规制定程序暂行条例》和《中共中央办公厅关于党内法规备案工作有关问题的通知》、1997年颁布的《中国共产党党员领导干部廉洁从政若干准则(试行)》、2000年颁布的《关于建立干部监督工作督查员制度的办法(试行)》、2004年颁布的《中国共产党党内监督条例(试行)》和《中国共产党纪律处分条例》、2006年颁布的《党政领导干部任职回避暂行规定》、2008年颁布的《建立健全惩治和预防腐败体系2008—2012年工作规划》等,都是新时期党规党纪建设的重要成果。党的十八大以来,中央出台或修订的党内法规超过50部,如《关于改进工作作风,密切联系群众的八项规定》(2012年12月)、《关于落实中央八项规定精神坚决刹住中秋国庆节期间公款送礼等不正之风的通知》(2013年9月)、《关于严禁超职数配备干部的通知》(2014年1月)、《配偶已移居国(境)外的国家工作人员任职岗位管理办法》(2014年2月)、《中国共产党廉洁自律准则》(2015年10月)、《中国共产党纪律处分条例》(2015年10月)、《中国共产党问责条例》(2016年6月)、《中国共产党党内监督条例》(2016年10月)、《关于新形势下党内政治生活的若干准则》(2016年10月)、《中国共产党纪律检查机关监督执纪工作规则(试行)》(2017年1月)等。梳理这些成果可以看出,党规党纪的笼子越扎越紧,党的纪律生命线越筑越牢。它们都紧扣一个原则:坚持把纪律、规矩作为管党治党的重要抓手。

在中央的统一部署下,江苏高度重视党规党纪建设。江苏省第七次、第八次、第九次党代会都对党规党纪建设作出部署。如1984年召开的江苏省第七次党代会提出,对那些以权谋私、官僚主义、损害党和群众关系,以及其他败坏党风党纪的案件,都要严肃查处。1989年召开的江苏省第八次党代会提出,要坚持从严治党,健全完善党内生活和党建工作的各项制度,坚决消除党内消极腐败现象。2001年召开的江苏省第十次党代会提出,要集中力量查处大案要案,不管涉及谁,不论职位多高、权力多大,都要一查到底。进入新时代,2016年召开的江苏省第十三次党代会提出,各级党员领导干部特别是党组织的主要负责同志要以身作则,身体力行,遵守党章,严守党纪,做到以上率下,为广大党员和群众作出示范。

党的十八大以来,江苏省各级党组织认真学习贯彻各项纪律法规,始终不渝加强党的建设。各级纪委全面履行党章赋予的使命和职责,坚持不懈纠"四风",使"不敢腐"的震慑产生效应,让"不能腐、不想腐"的作用全面显现,为全省经济社会持续健康发展提供了坚强保证。2015年,江苏出台《关于对省管党员领导干部进行谈话函询的暂行办法》,明确适用范围、对象、程序和方式,扩大谈话、函询、诫勉覆盖范围,让违规违纪的干部认识问题并及时改正,对反映失实的情况予以澄清。江苏省纪委常委带头约谈相关领导干部,市县各级纪委领导分级分层分类开展函询谈话,促进党员干部绷紧廉洁之弦。

(二) 明确执纪责任

监督执纪问责重在明确并不断强化执纪责任。改革开放以来,江苏一直重视监督执纪责任的落实。1984年召开的江苏省第七次党代会就提出,严肃查处新形势下出现的新的不正之风和其他违法案件。2006年召开的江苏省第十一次党代会提出,必须严格贯彻党风廉政建设责任制,全面支持纪检监察机关依纪依法办案,努力推动江苏党的建设始终走在全国前列。党的十八大以来,我们党高度重视加强党风廉政建设,明确提出严格落实"两个责任"。党的十八届三中全会通过的《中共中央关于全面深化改革若干重大问题的决定》提出,落实党风廉政建设责任制,党委负主体责任,纪委负监督责任。这为深入推进全面从严治党提供了有力支撑。在此背景下,2016年召开的江苏省第十三次党代会提出,要认真落实党委主体责任和纪委监督责任,严格执行党章党规,执行《中国共产党党内监督条例》,加强自上而下的组织监督,改进自下而上的民主监督,发挥同级相互监督作用,努力增强自我净化、自我完善、自我革新、自我提高能力。

1. 夯实党委主体责任

为辨清责任主体,江苏党风廉政建设"两个责任"的意见提出之后,省委接着制定出《关于推动全面从严治党迈上新台阶的意见》以及党风廉政建设责任追究办法等党内文件,全程记录各级党委机关履职情况。为确保责任落实到位,江苏省委常委会定期组织各设区市党委汇报情况,指出不足,督促整改。江苏省委每年对党风廉政执行工作进行检查督导考核,下属各级党委务必须向省委和省纪委述责述廉。坚持问责追究,实行"一案双查",查清主体责任和监督责任的落实情况,提出改进意见。为明确责任范围,2014年,江苏省委印发了《关于落实党风廉政建设党委主体责任、纪委监督责任的意见(试行)》,进一步明确了党委、纪委及班子成员的"8569责任清单",即党委领导班子8项集体责任、领导班子成员5项个人责任、纪委6项监督责任及落实"两个责任"的9项保障措施,强调全省各级党组织切实担当好纪律建设的领导者、推动者、执行者,让纪律立起来、制度严起来。2015年,江苏省委全委会又研究出台《江苏省党员领导干部践行"三严三实"三十条行为规范》等多个专项文件,使江苏党的纪律约束更加严格。

2. 强化纪委监督责任

2014年5月江苏省委制定的《关于落实党风廉政建设党委主体责任、纪委监督责任的意见(试行)》中要求:全省各级纪委要认真落实监督责任,切实履行党内监督专门机关的权能,全力协助同级党委加强党风廉政建设,加强对同级党委特别是常委会成员的监督,切实履行执纪监督问责职责。江苏省纪委严格按照中央纪委"转职能、转方式、转作风"的要求,将原有的113个议事协调机构清理保留至12个,极大地精简了职能机构,提高了工作效能。在执纪监督工作中,江苏省纪委严格贯彻中央八项规定精神,加强对机关干部廉洁履职的监督,坚决纠正"四风",对腐败零容忍,"老虎""苍蝇"一起打,将反腐工作重心转到"监督的再监督、检查的再检查"上。据统计数据表明,在强化纪委执纪责任的第一年,全省就对111名落实党风廉政建设工作不到位的领导干部实施了责任追究。其中,仅作风建设方面违规问题达931件,处理1147人,对156人给予了党纪政纪处分。对典型违纪案例,省纪委3次通报曝光。江苏省委常委会经常听取全省作风建设情况的汇报,并对全省落实中央八项规定精神情况进行专题通报。

(三) 实现巡视巡察全覆盖

改革开放以来,党中央一直高度重视巡视工作。党的十三届六中全会通过了《中共中央关于加强党同人民群众联系的决定》,明确提出要建立党内巡视制度,"中央和各省、自治区、直辖市党委,可根据需要向各级、各部门派出巡视小组,授以必要的权力,对有关问题进行监督检查,直接向中央和省、区、市党委报告情况"。党的十八大以来,以习近平同志为核心的党中央坚决推进全面从严治党,全力推进巡视工作。党中央制订了2013—2017年巡视工作规划。2015年,中共中央印发了《中国共产党巡视工作条例》。2017年,中共中央修改《中国共产党巡视工作条例》,并自2017年7月10日起施行。

按照中央的统一部署,江苏随之作出了积极探索。2016年召开的江苏省第十三次党代会提出,推动巡视工作向纵深发展,加强市县党委巡察工作,用好巡视巡察成果。仅在2017年就作出了系列规划,把加强政治巡视作为"标本兼治"的战略举措,先后出台省委十三届巡视工作规划,有关部门向省委提交15份巡视工作专报。在江苏省第十三次党代会召开之前,省委一届任期内巡视全覆盖的政治任务就已经圆满完成。据统计,巡视组已经完成了310个党组织的巡视任务,并且对12个党组织进行"回头看";推动13个设区市和96个县(市、区)深入开展巡察工作,形成巡视巡察"双剑合璧"的良好效应。比如,无锡率先在江苏全省实现巡察机构和派驻机构在市县两级全覆盖。

目前,江苏已经构建起横向全覆盖、纵向全链接、全省一盘棋的巡视巡察"5+2"联动机制。其中,"5"主要是指巡视巡察监督工作层面,在组织领导、对象覆盖、监督重点、方法创新、成果运用五个方面联动;"2"主要是指巡视巡察保障工作层面,在信息化建设和队伍建设两个方面联动。在这个过程中,探索创新了对口式巡视巡察、接力式巡视巡察、协同式巡视巡察三种模式,有力推动了巡察全覆盖全效能。

为切实担当起监督执纪责任,江苏着力提升纪检监察干部能力水平。近五年来,江苏不断推进"三转",强化纪检监察干部队伍建设,以实际行动体现对党的忠诚,形成工作标准高、创新意识强、学习氛围浓、队伍管理严的监察队伍管理格局。建立省、市、县三级纪委议事协调机制,优化内设机构,保留参与的议事协调机构,提升纪检工作科学管理水平和执行能力。以每年换届为契机,进一步加强市县纪委班子建设,优化纪委委员工作结构,使专职纪检干部占比在70%以上。不断加强教育培训,提升干部综合素质和业务能力。强化"执纪者必先守纪、监督者必受监督"的自觉意识。健全监督机制,坚决杜绝"灯下黑",真正维护纪检队伍良好形象。

四、营造风清气正的政治生态

习近平总书记指出:政治生态和自然生态一样,稍不注意,就很容易受到污染,一旦出现问题,再想恢复就要付出很大代价。这告诫人们,强化党内政治生态建设是一项重要而紧迫的政治任务。严肃党内政治生活、净化党内政治生态,是伟大斗争、伟大工程的题中应有之义,是我们党坚持党的性质和宗旨的重要法宝,是我们党实现自我净化、自我完善、自我革新、自我提高的重要途径。

(一) 正风肃纪,保持清廉本色

早在改革开放之初,江苏就重视干部作风建设。1994年召开的江苏省第九次党代会就提出,必须严肃党的纪律,弘扬正气,反对歪风,保持党员队伍的先进性和纯洁性。必须坚决同消极腐败现象斗争到底,严肃查处各种违法违纪案件,着重关注大案要案,对腐败分子严惩不贷,对群众反映强烈的不正之风和突出问题进行认真的专项治理。江苏省第十二次党代会则提出彻底纠正那些侵害群众利益的不正之风,认真解决群众反映强烈的突出问题。

对于作风建设,江苏省落实党风廉政建设责任制领导小组把反浪费、反奢侈工作作为年度一项重点任务,纳入省级责任分解意见。每年年初,省里将落实两个规定等24项重点任务分解到省有关部门,督促抓好落实;年中,集中督查省级机关牵头部门责任落实和工作进展情况;年底,按照"一年一次、下查一级"的要求,督促各地实施检查考核。与此同时,江苏省委组织专题调研,广泛听取群众意见,查摆问题,寻找薄弱环节,强化各级党委和纪委责任,督促述职述廉、诫勉谈话、函询等监督制度的落实,检查监督工作得以有条不紊地进行,效果十分明显。

江苏省委认真贯彻落实中央八项规定精神,专门制定了"十项规定",以之作为全省全面从严治党的重要举措,努力实施

"常""细""长"工作机制。强化查办力度与速度,盯牢每年节假期,对违纪违规情况做到立即查处,及时通报、曝光典型案例。坚决杜绝违规收送购物卡、违规吃请等行为,认真开展清理办公用房、清理规范创建达标、清理节庆论坛展会等"三项清理"工作。完善党委、政府和纪委三重联动督查机制,建立完善领导干部的基层调查、接访下访、"三解三促"等作风配套制度,坚持作风建设制度化、长效化、常态化。严查人民群众身边的不正之风和微腐败问题,组织省市县联合开展专项整治,对扶贫救济、涉农补贴、集体"三资"管理等方面的违规行为严惩督办。近年来,江苏为彻底清查基层干部不良作风问题,从加强农村集体"三资"管理、建设阳光扶贫监管系统、加大环保领域违纪问题查处力度、着力解决工程招投标领域违纪违法问题等方面入手,紧盯干部作风问题。

江苏 2017 年年初以来开展的"大走访"活动就是最好证明。2017 年 4 月,江苏省委办公厅组织的督查调研,省统计局以电话调查形式开展的第三方评估,《新华日报》、省广电总台开展的随机暗访结果表明,各地受访企业和城乡居民对"大走访"活动的好评率分别达到 92.3% 和 83.6%,对"走访"党员干部打分的平均值为 9.4 分和 8.7 分(满分 10 分)。"很多群众说,通过大走访,各级干部走下来了,与老百姓的心贴得更紧了,干群鱼水情又回来了。"

端正干部作风需要纪检监察干部加强监督,充分发挥监督执纪问责作用。江苏近年来通过实施"打铁还需自身硬"专项行动,解决"灯下黑"问题,以更高标准更严纪律要求纪检监察干部,为全省干部作风建设提供坚强保障。专项行动覆盖全省 6534 个纪检监察机构、20654 名纪检监察人员,力争实现"两个明显"目标——全省各级

江苏"大走访"活动

纪委管班子带队伍的责任意识明显强化,纪检监察干部违纪现象得到明显好转;经过三年努力,全省纪检监察干部队伍整体素质得到较大提升。

(二)锤炼党性,严肃党内政治生活

改革开放以来,江苏在营造良好政治生态的过程中,一直把严肃党内政治生活作为重中之重来抓。1984年召开的江苏省第七次党代会提出,进一步加强党风党纪建设,坚定地为实现党的总任务、总目标服务,保证经济建设和经济体制改革的顺利进行。1994年召开的江苏省第九次党代会提出,必须严格党内生活,严肃党的纪律,弘扬正气,反对歪风。

进入新时代,党中央更加重视严肃党内政治生活。江苏省第十三次党代会强调,要让党内政治生活成为党员干部加强党性锻炼、提高党性修养的大熔炉。江苏省委要求用严肃的党内政治生活管好用好各级领导干部,提高领导干部的政治性、时代性、原则性、战斗性,强化党员干部始终不忘初心意识,在新江苏建设中奋发有为、取得佳绩。为有序推进党内政治生活规范化,党的十八大以来,江苏重点抓好三项基础性工程。一是推动党的组织生活"三化"(制度化、经常化、规范化)建设机制。二是坚持党的民主集中制,形成党内健康的政治氛围。江苏在贯彻民主集中制过程中着力解决"决策一言堂、用人一句话、花钱一支笔"等问题,引导领导干部总揽而不包揽、果断而不武断,防止把个人凌驾于组织之上。三是用好批评和自我批评这个锐利武器。江苏省委2015年通过的《关于推动全面从严治党迈上新台阶的意见》提出,开展党组织民主生活会,要做到主题明确,方案科学可行,要求党员认真撰写对照检查材料,开展积极的批评与自我批评等。

党的十八届六中全会对党内政治生活作出了12个方面的严肃规定,为党员干部确立了行为标准、划出了纪律"红线"。2016年11月9日召开的江苏省委十二届十三次全会通过了《中共江苏省委关于学习贯彻党的十八届六中全会精神深入推进全面从严治党的决定》。要求各级党委(党组)理论学习中心组把学习贯彻党的十八届六中全会通过的《关于新形势下党内政治生活的若干准则》《中国共产党党内监督条例》作为各级党校、干部教育培训的重要内容,制定系统学习计划,列出专题研讨,推动六中全会精神进教材、进课堂、进头脑。全省党的组织、宣传、纪委等部门各司其职,协力加强和规范党内政治生活的各项目标要求,为建设"强富美高"新江苏提供了坚强有力的组织保证。

（三）念好"紧箍咒"，构建严密监督体系

改革开放以来，江苏严格按照党中央的精神要求，维护党中央权威，用积极严肃的党内政治生活，统领党员的各项言行，织密党内监督网络，念好防腐治贪的"紧箍咒"，展现党内监督机制活力，更好地营造起风清气正的政治生态。

1. 健全完善党内监督体系

改革开放40年来，江苏不断探索和完善党内监督的有效方式与渠道，打造科学健全的党内监督体系。在工作部署上，江苏省委对重大事项统一部署，统一督查督办。市县党委在省委统一领导下，由市县党委分级组织实施。坚持从基层实际出发，严格依照《中国共产党章程》《中国共产党党内监督条例》《中国共产党巡视工作条例》等党内法规和中央、省委规定相关文件，依规依纪，有力开展各项监督监察工作。同时，充分依靠基层党组织和群众力量，调动人民群众积极性，不断增强党内监督的力度、广度和深度。在监督对象上，江苏重点对执行党章和其他党内法规、遵守党纪、落实党风廉政建设主体责任和监督责任等情况进行监督，紧盯党的领导弱化、党的建设缺失、全面从严治党不力等问题，着力监督那些违反党纪方面的问题及线索，以及市县党委要求了解的其他问题，实施全面监督，发现问题苗头的，督促整改。在监督形式与方式上，利用微博微信、BBS、论坛载体进行党内监督体系的平台建设，为实现各类信息的动态监控、全程监控发挥了积极作用。利用大数据技术，将海量的信息数据分类整合。创新利用大数据技术，建立地区腐败指数及清廉指数，通过数据比对，政府官员家属裙带关系一目了然，更有利于深度分析、评价党员领导干部行政行为，增强透明性、廉洁性和公正性，为党内监督提供数据支持。

2. 增强党内监督力度

深化改革，为正风反腐增动力添活力。江苏各地深入进行纪检体制改革，各自拿出相应举措。苏州深入推进各级巡查工作，及时对反馈意见进行整改落实；无锡进行基层纪检监察体制改革，统筹机构设置，优化资源配置，明确检察职责；南通创新市县督导巡察联动机制，探索科学分权制衡机制；扬州围绕资金管理、公务及商务接待等重点领域，制定工作规范，推进廉洁性评估机制；连云港实施完善"点派驻＋片管理"工作模式，不断完善推进市纪委派驻工作方面改革；镇江配套制定党政"一把手"监督评议及问责追究制度，筑牢权力制约的制度"笼子"。

盯紧目标，坚持不懈防"四风"反弹。江苏各地驰而不息整风肃纪，持之以恒执纪问责，建立反腐败长效机制。如，南京针对"四风"反弹隐身衣问题，有效发挥"钟山清风"微博、微信监督功能，形成反对"四风"良好氛围；苏州聚焦"公务经费"，紧抓主要节点，查好财务"一本账"，管好"五种人"，深化督查对象、内容，全力防止"四风"治理中的松懈、漏洞及变通现象；常州重点对工作纪律执行情况实施暗访，严防"四风"问题作怪；泰州有力整治党政部门中的庸、懒、散与不作为、不担当现象，大力打造"好干部"典型；无锡积极推进企业纪检监察组织建设，开展商业规范治理；淮安开展"防隐身防变异防反弹"专项治理活动，严查"四风"中的"隐身""变异"等问题。

素质培养，着力打造过硬的监督队伍。党的十八大以来，江苏各地各部门强化纪检监察队伍建设，努力打造一支具有"铁一般信仰、铁一般信念、铁一般纪律、铁一般担当"的干部队伍。如，无锡加强巡察工作组、专案工作组的临时党支部建设，用党性统领监督执纪各项工作；常州严格规范纪委书记、纪检组长分工、兼职与季度报告制度，督促派驻机构履行督查职责;扬州建立纪检监察干部反腐败互动平台,推进纪检监察工作公开透明;南京实行纪检监察干部"实战练兵",定时抽调干部参加专业培训,提高业务工作能力;淮安举办执纪审查人员业务培训、乡镇纪检干部学习党内法规知识培训、纪检监察干部能力素质提升培训活动,锻造坚强的纪检监察干部群体;盐城借用高校平台,拓展专业学习,先后与中国纪检监察学院、清华大学等联合举办纪检监察干部专题培训班,培养优质的纪检监察队伍;泰州大力推进"泰纪慧"执纪信息管理系统,构建定岗、定责、定流程、定风险、定措施的"五位一体"反腐防控体系。

第十二章
新时代谱写中国梦的江苏新篇章

习近平总书记在党的十八届三中全会上深刻指出,改革开放是决定当代中国命运的关键一招,也是决定实现"两个一百年"奋斗目标、实现中华民族伟大复兴的关键一招。实践发展永无止境,解放思想永无止境,改革开放永无止境,停顿和倒退没有出路,改革开放只有进行时、没有完成时。党的十九大对新时代全面深化改革开放作了新的战略部署。在改革开放40周年的特殊时间节点,习近平主席在博鳌亚洲论坛2018年年会开幕式上的主旨演讲中发出了推进改革开放再出发的时代宣言。在新时代,中国人民将继续自强不息、自我革新,坚定不移全面深化改革,逢山开路、遇水架桥,敢于向顽瘴痼疾开刀,勇于突破利益固化藩篱,将改革进行到底。江苏跨江临海,吴韵汉风的深厚底蕴、水韵书香的独特禀赋、争先创优的文化特质,让江苏历来领风气之先,在改革开放等各项事业中走在全国前列。新时代孕育新机遇,新时代要有新作为。作为沿海发达省份,江苏在实现中华民族伟大复兴中国梦的历史使命中承担着重要责任。站在新起点,江苏要拥抱新时代,焕发新风采,拿出新作为,在习近平新时代中国特色社会主义思想指引下,投身于建设"强富美高"新江苏的生动实践,锐意进取、埋头苦干,用改革开放的新成果、新作为奋力谱写中国梦的江苏新篇章,为全国发展大局做出新的更大贡献。

一、推进江苏改革开放再出发

习近平总书记2014年视察江苏时要求,"江苏要努力在全面深化改革中走在前列"。这是江苏改革工作必须牢牢把握的总目标、总定位。几年来,江苏牢记习近平总书记的嘱托,锐意进取、大胆探索,奋力开创改革开放新局面,取得了积极成效。一切过往,皆为序章。在新的历史条件下,江苏仍要驰而不息地推进改革,促进开放,努力在全面深化改革开放中走在全国前列。

(一) 改革开放再审视再谋划

改革开放是推动发展的动力源泉。江苏要以改革开放40周年这一重要时间节点为契机、为动力,对改革开放进行再审视、再谋划,强化责任担当,全面提速、全面发力、多点突破,推动改革开放再出发,用高质量的改革开放新成果创造新业绩、推动新发展、建设新江苏。

1. 直面矛盾挑战

党的十八大以来,全面深化改革、扩大开放"江苏卷"交出傲人成绩单。作为东部沿海大省,江苏创造了一个又一个经济奇迹,积累了非常丰富和珍贵的经验。盘点收获的同时也要看到,在经济由高速增长阶段转向高质量发展阶段的关键时期,江苏推动质量变革、效率变革、动力变革也面临诸多既有全国共性也有江苏特性的新课题。比如,当前江苏新旧动能接续转换任务艰巨,自主创新能力和经济发展质量须进一步提高;实体经济发展面临不少困难,支持实体经济发展的政策措施、营商环境须进一步加强和改善;生态环境还存在许多短板和突出问题,大气、水、土壤污染治理任务繁重;发展不平衡不充分问题仍然比较突出,优质的教育、医疗、养老服务等方面的供给与人民群众期盼仍有差距,城乡区域协调发展水平须进一步提升,基础设施建设仍存在不少短板;互联网金融、房地产、政府性债务、安全生产等领域的风险隐患不容忽视;政府职能转变还不到位,服务效能还不够高,官僚主义、形式主义在一定程度上仍然存在。这些问题和短板,需要采取有力举措加以解决,而深化改革开放是根本举措。立足新的历史方位、时代坐标,江苏无论是改革还是开放,都要全面对标新时代新要求,向更高质量的改革开放迈进。

2. 改革走在前列

江苏推进改革走在前列,关键是全面落实中央对改革的总体部署,坚持需求导向、问题导向、效果导向,抓好各项改革任务的研究谋划和推进落实。在新时代,江苏深化改革的重点是把发挥好"两个作用"作为核心以完善产权制度和要素市场化配置,把激发多种市场主体活力特别是江苏民间蕴藏的巨大潜力作为主要任务,全面深化经济社会各领域的改革。要在全面改革的基础上,力争部分重点领域改革先行突破、走在全国前列:一是经济体制改革要有新进展。坚持社会主义市场经济改革方向,围绕建设现代化经济体系,深化供给侧结构性改革,加快建设实体经济、科技创新、现代金融、人力资本协同发展的产业体系,着力构建市场机制有效、微观主体有活力、宏观调控有度的经济体制。二是科技体制改革要有新突破。着力破解体制性障碍、结构性矛盾和政策性问题,通过利益联结机制促进各种创新要素形成合力,以市场为导向完善科技投入机制,健全科技资源共享和成果转化机制,全面打通科研与产业之间的通道,促进科技和经济紧密结合、创新成果和产业发展紧密对接。三是行政管理体制改革要有新成效。建立健全公平开放透明的市场规则,为各类市场主体营造自主经营、公平竞争的良好环境,进一步降低各类企业生产经营成本。把握从"门槛管理"走向"信用管理"的要求,赋予市县更多自主权,放大"不见面审批"的改革亮点效应,着力突破工业项目施工许可等难点环节,努力把江苏打造成审批事项最少、办事效率最高、创新创业活力最强的区域之一。四是社会治理体制改革要迈开新步伐。把依法治理和促进公平正义作为基本目标,完善全民普惠与兼顾特殊群体的社会保障体系,健全市场配置与政府保障相结合的住房制度,积极进行收入分配制度改革探索,加强改革的系统集成,扎实推进江阴市县级集成改革试点,探索创新更加有效的社会治理方式。

江阴市综合管理服务指挥中心

3. 开放服务大局

作为开放型经济大省,江苏在新时代将以更大力度扩大开放,在推进开放中增强服务国家发展大局的能力与水平。一是充分发挥"一带一路"交汇点优势,扩大向东开放,引领向西开放,推动形成全面开放新格局。协同推动长江经济带发展,建立健全更有力的合作和推进机制,加强交通设施互联互通,积极推进长三角一体化发展。二是提升开放型经济水平,积极应对国际贸易格局的重大变化和挑战,加快培育外贸新业态新模式,支持跨境电子商务、市场采购贸易、外贸综合服务等新型业态发展,提高出口产品质量和附加值,加大高新技术、高端装备、关键零部件、优质消费品等进口,促进外贸"优进优出"。三是把引进外资作为促进高质量发展的重大举措,进一步提升引进外资质量,着力引进拥有核心竞争力的优秀企业和人才团队,带动江苏企业嵌入全球产业链、价值链、创新链。全面实行准入前国民待遇加负面清单管理模式,积极争取率先复制国家服务业扩大开放试点经验。四是加强重大开放载体建设,继续把开发区作为江苏对外开放主阵地,全面落实开发区改革和创新发展政策措施,推进全

世界智能制造大会(江苏省经信委供图)

省各类开发区整合优化、功能提升和制度创新,积极争创国家创新型特色园区、知识产权示范园区和生态工业园区,深化苏州工业园区开放创新综合试验,推动南京江北新区打造成长江经济带的创新支点。着力打造江苏发展大会、世界物联网博览会、世界智能制造大会、两岸企业家峰会、中国(南京)软博会、中国(连云港)丝绸之路国际物流博览会等重大开放平台,为发展更高层次开放型经济提供有力支撑。

(二)凝聚推动改革发展的强大力量

面对新时代繁重的改革发展任务,江苏必须始终保持改革开放的勇气、锐气、朝气,坚持以人民为中心,调动一切可以调动的力量,蓄积起推动改革开放的更加强大的力量,始终走在全国前列。

1. 坚持以人民为中心

习近平总书记指出,"人民是历史的创造者,是决定党和国家前途命运的根本力量"。面对艰巨繁重的改革发展任务,必须坚持人民主体地位,靠全省人民创伟业。一要大力营造干事创业的好生态。按照习近平总书记关于"三个区分开来"的要求,健全鼓励激励、容错纠错、能上能下"三项机制",旗帜鲜明地为敢于担当、踏实做事、不谋私利的干部撑腰鼓劲,让想干事的有机会、能干事的有舞台、干成事的受尊敬,促进全省上下形成比学赶超、奋发作为的浓厚氛围。二要调动一切可以调动的力量。引导广大劳动者把个人梦想融入国家前途和江苏发展,在平凡的岗位上兢兢业业,干好本职工作;引导企业家大力弘扬适应新时代"四千四万"精神——积极适应时代的"千变万化",主动经受创新的"千锤万炼",在发展的前沿展现"千姿万态",在新的征程上奔腾"千军万马";引导各类人才抓住大有可为的时代机遇,在各自领域施展才华、建功立业、成就梦想。三要善于运用宣传文化的力量凝神聚气。大力宣传新时代江苏改革发展的火热实践,大力宣传基层一线的创新创造,把干部群众的信心鼓舞起来、干劲激发出来,共建共享幸福美好生活。

2. 凝心聚力狠抓落实

中央要求江苏发展要走在全国前列,履行探索、创新、引领的使命,江苏必须继续保持那么一股敢为人先的锐气,敢于走别人没走过的路,突破一切障碍,落实中央的决策部署。江苏改革开放以来一直引领风气之先,进入新时代、迈上新征程、创造新业绩,必须进一步坚定理想信念,发扬艰苦创业的精神,保持实干苦干的劲头,焕发新风貌、展现新气象、实现新作为。推进改革开放,要低调务实不张扬,不摆花架子,不虚张声势,不好大喜功,将心思和力量往实处下。强调不张扬,不是不干事,而是要埋头苦干,更加务实地干事。推进改革开放,要坚持问题导向,紧紧抓住问题不放松,大兴调查研究之风,聚焦问题、研究问题,尤其要认真研究解决发展中不平衡不充分的问题。推进改革开放,要崇尚实干、力戒空谈,直面问题、直击要害、打通痛点,切实提高抓落实的穿透力。新江苏建设的美好蓝图需要接续奋斗,新一代江苏人将低调务实不张扬,撸起袖子加油干,以新时代新作为谱写"强富美高"新江苏建设的新篇章。

二、推进高质量发展走在全国前列

2017年12月12日至13日,习近平总书记深入徐州市的企业、农村、革命纪念馆,就学习贯彻党的十九大精神和经济社会发展情况进行考察调研,对发展实体经济、抓好创新驱动、推动乡村振兴、建设生态文明、加强基层党建等作出重要指示、提出明确要求,突出的主题就是高质量发展。江苏省委明确提出,江苏要在高质量发展上走在全国前列,这是江苏下一步推进改革开放的重点任务所在,也是江苏在新时代推进"强富美高"新江苏建设的着力点所在。

(一) 担负高质量发展走在前列的重大使命

1. 习近平总书记对江苏发展的殷切期望

党的十九大之后、中央经济工作会议之前,习近平总书记到江苏视察工作,围绕高质量发展,强调了坚守实体经济、坚持创新发展、推动乡村振兴、修复生态环境等一系列重大问题。对江苏来说,这既是巨大鼓舞,更是关于高质量发展的极大鞭策。回过头梳理十八大以来习近平总书记的"江苏足迹"和"江苏嘱托",从2013年对江苏提出"三项重点任务",到2014年提出"强富美高新江苏""五个迈上新台阶",也都是希望江苏实现更高质量的发展。习近平总书记还明确指出,为全国发展探路,是中央对江苏的一贯要求。我们理解,新时代的"探路"就是要在高质量发展的道路上走在前列,展现江苏发展的探索性、创新性、引领性。我们有责任向习近平总书记交出一份满意的答卷。

2. 江苏作为东部省份的应担之责

当前,在高质量发展这个时代主题下,全国各地百舸争流、各展所长。但是每个地方都有自己的发展特点和禀赋条件,在这场新的征程中也都承担着不同的责任和使命。江苏从发展乡镇企业到发展外向型经济,再到发展创新型经济,一直走在不断提升发展质量的道路上。党的十八大以来,江苏地区生产总值连跨三个万亿元级台阶,2017年达到8.59万亿元,人均达到10.7万元;2015年产业结构实现"三二一"的历史性转变,高新技术产业、战略性新兴产业产值占比分别达到42.6%和31%。中央经济工作会议强调,支持东部地区率先推动高质量发展。从江苏发展的历史传统、基础条件和未来需求看,率先推动高质量发展,是江苏应该干、能够干也必须干好的事情。

3. 江苏放眼未来必须打好的战略主动仗

从经济社会发展的规律看,江苏已经到了向更高层次迈进的关键阶段。经济发展上,江苏的体量很大,但是产业结构仍然处于中低端,农业现代化还相对滞后,区域内部发展不平衡,特别是苏北仍处在工业化的加速阶段,对照建设现代化经济体系的要求,江苏已经处在一个必须突破的"瓶颈"期。社会发展上,江苏也到了一个矛盾问题集中出现的时期,特别是随着我国社会主要矛盾的变化,群众有着更高的发展预期、更多的生活需求,处理不好就会带来风险。生态环境上,江苏还没有迈过高污染、高风险的阶段,一些突出的环境问题还没有根本解决,经济发展与环境承载之间的矛盾仍然较大。因此,江苏加快转向高质量发展势在必行,这是时代的要求、发展的必然,更是江苏把握战略主动、着眼长远未来的战略抉择。

(二) 牢固树立"四种导向"推动江苏高质量发展

改革开放40年来,江苏这片土地上诞生了一个又一个发展奇迹。推动高质量发展走在前列,对今天的江苏而言是一次时代的"再出发",需要在实干中创造新的发展奇迹。江苏上下牢固树立"四种导向",努力开创江苏发展新境界。

1. 勇于解放思想

最重要的是深入学习领会习近平新时代中国特色社会主义思想,围绕走在前列的定位,在世界和全国大格局中审视谋划江苏的发展。要克服江苏发展基础好、只要稍微努力就能走在前列的盲目乐观思想,克服江苏只要经济发达就能一好百好的片面认识,克服传统观念、惯性思维的负面影响,始终保持锐意创新的勇气、敢为人先的锐气、蓬勃向上的朝气,在实干苦干中砥砺奋进,在不断解决问题中求突破、促发展。

2. 激励担当作为

事业是干出来的,但需要好的体制机制激发干劲。江苏要健全鼓励激励、容错纠错、能上能下"三项机制":鼓励激励,重点让能干事、会干事、干成事的人得褒奖、有实惠、受重用;容错纠错,树立为创新者、担当者、实干者负责的鲜明导向;能上能下,形成能者上、庸者下、劣者汰的有效机制。围绕"三项机制",建立科学指标体系,健全科学考评体系,推动全省上下形成敢于担当、比学赶超、奋发作为的浓厚氛围。

3. 注重系统思维

改革发展进行到今天,每前进一步都关系全局、牵动全身,必须运用系统化思维谋划推动,增强发展的整体性、协同性。"六个高质量",每个都是一个复杂的子系统,又共同构成了江苏高质量发展的系统工程。在谋划和推进过程中,江苏将坚持以顶层设计为核心、以问题导向为基点、以综合平衡为灵魂,统筹局部与整体,兼顾当前与未来,注重速度和质量的统一,牢牢把握江苏发展的主动权。

4. 坚持底线思维

高质量发展是"有守"和"有为"的辩证统一。江苏将坚守稳定底线,决不能发生严重危害社会稳定的问题;坚守安全底线,决不能以牺牲群众利益为代价推动发展;坚守廉政底线,决不能以工作为借口破坏廉洁纪律;坚守生态底线,决不能为了发展破坏生态环境。在守好"四条底线"的前提下,以舍我其谁、时不我待的进取精神,低调务实不张扬的工作作风,紧抓问题不放松的干事态度,功成不必在我的胸怀境界,奋发有为、久久为功,推动江苏发展不断取得新突破。

5. 加强党的建设

江苏将把党的建设贯穿到江苏发展的全过程,树牢"四个意识",坚定"四个自信",深入落实好全面从严治党新要求。要提高江苏发展的政治站位,按照中央作出的战略部署,加强对发展大局大势的把握,加强对发展重大问题的研究,确保高质量发展沿着正确的方向前进。推动各级党组织和党员干部按照"五个过硬"的要求,加强学习和实践,不断提高适应新时代、实现新目标、落实新部署、开创新局面的能力,努力创造出无愧于时代、无愧于使命、无愧于人民的新业绩。

江苏省委主要领导在2018年3月参加全国"两会"期间表示,江苏要实现党中央提出的"为全国发展探路"的要求,就必须推动高质量发展走在前列,强化问题意识,补齐突出短板,着力解决发展中的不平衡不充分问题,努力推进探索性、创新性、引领性发展。江苏厚实的经济基础、丰富的科教人才资源、良好的市场环境以及创新创业的企业家精神,已为高质量发展集聚了强大势能。江苏有信心在不远的将来,展现出这么一幅高质量发展的江苏图景:无论是在苏南,还是苏中、苏北,世界的前沿、时代的脉搏触手可及,一大批现代产业群不断崛起,拥有创新创业的"最强大脑";碧波荡漾、青山朗润,老街雨巷、丝竹悠扬,10万多平方千米的鱼米之乡展现出"最靓颜值";现代化的生活方式飞入寻常百姓家,生活殷实、向上向善,8000多万江苏人的脸上洋溢着"最美笑容"。

三、开辟江苏建设新境界

进入新时代,我们要全面建成小康社会,实现第一个百年奋斗目标,又要乘势而上,开启全面建设社会主义现代化国家新征程,向第二个百年奋斗目标进军。江苏扎实推进高水平全面建成小康社会各项工作,积极进行基本现代化建设新探索,不断开创"两聚一高"新实践、"强富美高"新江苏的崭新局面。

(一)做好新时代答卷

1. 努力做好"江苏贡献"

作为东部沿海发达省份之一,改革开放以来,江苏为全国发展大局做出了重要贡献,创造积累了许多先进经验。迈入新时代,江苏面对的最现实考题就是:如何一如既往地为全国发展探路,为全国发展大局做出更大贡献?要答好这道考题,我们必须坚持以习近平新时代中国特色社会主义思想为指导,全面贯彻落实习近平总书记视察江苏重要讲话精神,埋头苦干、开拓创新,以生动的实践、丰硕的成果,为开辟新时代中国特色社会主义新境界做出"江苏贡献"。

2. 认真扛起"江苏责任"

进入新时代,我国经济已由高速增长阶段转向高质量发展阶段。

加快推进探索性发展、创新性发展、引领性发展,推动高质量发展走在全国前列,是必须扛起的"江苏责任",也是不容错失的重大机遇。要答好新时代江苏问卷,我们必须勇于解放思想,善于抢抓机遇,强化创新引领,注重系统提升,坚持底线思维,自觉把江苏放到世界和全国大格局中来审视和考量,加快跨越由高速增长向高质量发展的"江苏拐点",不断增强优势,补齐短板,拓展空间,实现经济发展高质量、改革开放高质量、城乡建设高质量、文化建设高质量、生态环境高质量、人民生活高质量。

3. 广泛凝聚"江苏力量"

人民是历史的创造者,是决定党和国家前途命运的根本力量。在建设"强富美高"新江苏的新征程中,如何汇聚"江苏力量",是一道现实而重要的命题。答好这道考题,最重要的是,在更高站位上落实"以人民为中心"的发展理念,进一步彰显江苏人文底蕴深厚、人力资源富集、人类发展指数全国领先的突出优势,全面调动人的积极性、主动性、创造性,广泛汇聚民智,最大激发民力,形成人人参与、人人尽力、人人都有成就感的生动局面,不断凝聚推动江苏发展的磅礴力量。

(二) 开展现代化建设的探索实践

习近平同志早在 2009 年在江苏调研时就指出,"像昆山这样的地方,包括苏州,现代化应该是一个可以去勾画的目标"。2014 年,习近平总书记在视察江苏时深刻指出,"江苏要在扎实做好全面建成小康社会各项工作的基础上,积极探索开启基本实现现代化建设新征程这篇大文章"。江苏作为东部沿海发达省份,做到率先发展、勇于先行先试,寄托着中央几代领导人对江苏的殷切希望,我们有责任也有条件在开启全面建设社会主义现代化新征程上走在前列。

1. 系统谋划江苏现代化建设之路

江苏拥有国家唯一批复的现代化建设示范区,有条件立足苏南,正确处理好全面小康与基本现代化、区域现代化与全省全国现代化的关系,积极开展现代化建设的路径探索和创新实践,努力在开启全面建设现代化新征程上先行先试,既为全省发展勇挑重担,又为全国大局多做贡献。江苏既要学习借鉴世界现代化的先进经验,又要从实际出发努力走出一条体现江苏特色的现代化建设之路;既要有经济"量"的增加,有基础设施等"硬件"的完善,更要有"质"的提升,有创新能力和社会文明程度等"软件"的升级。要深入研究现代化建设的规律,以系统性思维进行整体谋划,展开科学布局。借鉴现代化先行国家的发展规律,结合江苏实际,江苏区域现代化发展要在五个方面实现质的飞跃:一是在加快发展动力转换上实现质的飞跃。作为科教大省和人才大省,江苏有责任也有条件在发展动力转换上先行一步,加快实现经济发展动力从要素驱动、投资驱动向创新驱动转变,这是事关江苏能否在我国社会主义现代化新征程中有效发挥先导性带动作用的关键因素。二是在促进区域协调发展上实现质的飞跃。党的十九大报告提出要"建立更加有效的区域协调发展新机制",这意味着区域协调发展的"旧机制"已经不能"更加有效"地发挥作用。江苏应果断摒弃传统的产业梯度转移的做法,本着合作共赢的原则,着力构建新型区域合作关系,推动区域产业分工从"梯度转移"向"产业协作"转变。三是在缩小收入差距、实现共同富裕上实现质的飞跃。党的十九大报告多次提到要"实现全体人民共同富裕"。从江苏的情况来看,预计居民收入将先于全国顺利跨越"倒U型"曲线的拐点,进入曲线右侧的下降期,居民收入差距有望逐年缩小。为加快推动这一拐点的早日到来,江苏应切实缩小居民收入差距,在实现共同富裕方面为全国探路。四是在提升人的现代化水平上实现质的飞跃。人的现代化是区域现代化的主体动力。离开了人的现代化,社会主义现代化建设将无从谈起。江苏在区域现代化的探索实践中,要加快实现从人力资源大省向人才强省的转变,高度重视企业家精神培育和工匠精神塑造,加快实现从"传统人"向"现代人"的转变。五是在促进经济社会公平正义上实现质的飞跃。现代化是一个剧烈的社会转型过程,在推动社会不断进步的同时,也带来城乡分化、地区分化乃至财富分配不均衡等问题。为此,江苏在探索区域现代化道路的过程中,应未雨绸缪,主动解决和克服现代化进程中的一系列失衡问题,促进社会公平正义,推动经济社会等各领域的全面提高、均衡发展。

2. 着力塑造江苏现代化建设的特色优势

区域现代化是一个国家一定地域范围内实现现代化的现象。全国现代化决定与指导区域现代化的方向和进程,区域现代化反过来又促进全国的现代化进程。江苏的区域现代化同样离不开国家与其他地区的大力支持和相互促进、共同提高。江苏探索区域现代化之路,要在全国现代化大局中把握江苏区域现代化的比较优势,探索充分体现中国特色、江苏特点的区域现代化之路。一是强化多重国家战略叠加优势,在国家平台上集聚国际国内创新资源,不断增强江苏发展的高度、厚度与韧性,为区域现代化争取更多国家力量支撑。二是强化高水平全面建成小康社会的领先优势,坚决打好防范化解重大风险、精准脱贫、污染防治这三大攻坚战,显著提升全面小康质量水平,夯实区域现代化的根基。三是强化区域综合创新能力全国领先、实体经济发达、现代产业体系健全、工匠精神深厚等综合优势,培育一批世界级、现代化的创新集群、产业集群、企业集群,厚植区域现代化的经济基础。四是强化敢为人先、抢抓机遇、自加压力的创业精神。江苏的创业精神被誉为"中华民族精神与时代精神的重要组成部分",在开启现代化的新征程上,必须以只争朝夕的紧迫感,快马加鞭持续推进五大文明建设。五是发挥吴韵汉风、崇文尊教的深厚文化底蕴,继续在改革开放上领时代风气之先,不断增强江苏在文化气质、精神素养等方面的"软实力",形成区域现代化的硬支撑。

3. 开展现代化建设先行探索

习近平总书记在党的十九大报告中提出了"两个十五年"的现代化建设战略部署,为我们描绘了一幅我国社会主义现代化建设的宏伟蓝图。江苏作为东部发达省份,肩负中央赋予的"为全国发展探路"的历史使命。江苏正按照十九大精神,把高水平全面建成小康社会与基本现代化建设有机衔接起来,积极开展现代化建设先行,在全国发展大局中扛起"江苏担当",作出"江苏表率"。重点路径如下:一是遵循中央嘱托,强化顶层设计,把先行探索作为江苏区域现代化的历史使命。省委、省政府把中央领导对江苏发展的嘱咐化做自觉行动,做好顶层设计,以此指导全局工作,推动经济社会全面发展。近几年,江苏全面推进"强富美高"新江苏建设,不仅有总纲、有部署,而且还分别制定了工作方案和推进计划,加强督促检查,定期盘点对账,引导全省各地以钉钉子精神抓好落实,干在实处、务求实效。二是以构建现代化经济体系为支撑,把"创新立省"作为江苏区域现代化的核心动力。作为产业大省,构建具有江苏特点的现代化经济体系是江苏推进创新与产业融合的战略抓手。立足优势产业,锻造一批世界级的行业领军企业,力争建成一批世界级先进制造业集群,成为我国建设制造强国的核心承载区;发挥制造业细分市场的领先优势,培育更多行业"隐形冠军",为全国乃至全球先进制造业发展提供专业支撑。推动互联网、大数据、人工智能和实体经济深度融合,在中高端消费、创新引领、绿色低碳、共享经济、现代供应链、人力资本服务等领域,培育新增长点、形成新动能。三是坚持质量第一、效益优先,把"质量强省"作为江苏区域现代化的重要体现。在若干优势领域打造世界领先的质量引领型产业,推动江苏制造向江苏创造转变;提升产品、服务、工程、环境质量,推动江苏速度向江苏质量转变;加强标准化建设和品牌建设,推动江苏产品向江苏品牌转变。四是提高保障和改善民生水平,把"共建共治共享共富"作为江苏区域现代化的价值诉求。五是推进人与自然和谐共生的现代化,把"好生态"打造成江苏区域现代化的显著标志。江苏生态本底优良,群众对良好生态的需求强烈,因此江苏有条件也有必要把人与自然和谐共生作为区域现代化的核心标准,着力解决突出环境问题,让良好生态成为江苏区域现代化的显著标志。

(三) 推进探索性创新性引领性发展

创新性探索性引领性发展具有一致内涵与共同特征,统一于建设"强富美高"新江苏的伟大实践,统一于中国特色社会主义在江苏的生动实践,统一于江苏为全国发展探路的行动自觉。在"三个发展"中,创新性发展是基础动力,探索性发展是关键路径,引领性发展是逻辑结果。其中,创新性发展是核心,只有实现创新性发展,才能赋予探索性发展以现实价值,才能实现和保持引领性发展。

1. 以创新性发展培育新江苏建设基础动力

江苏推进创新性发展,要立足于经济发展从过去的高速增长阶

"挑战杯"全国竞赛江苏省选拔赛决赛(共青团江苏省委供图)

段转向高质量发展阶段这一根本转变,扭住质量变革、效率变革、动力变革三个关键点,以创新思路、创新举措推进质量创新、效率创新和动力创新,以形成江苏创新性发展的决定性优势。一是推进质量创新。对标全球质量建设标杆,致力于培育一批具有世界级竞争力的创新型产业集群,锻造一大批拥有寡占优势的"顶级掠食者"企业、高成长性的"独角兽"企业和独特竞争优势的"隐形冠军",形成提供高质量产品与服务的优质企业主体;加快培养具有国际视野和拼搏精神的企业家、具有探索精神的创新型人才和从事先进制造的工程师与产业工人队伍,广泛培育创业者"新物种",切实提升市场主体质量;推进经济结构高度化,提升技术密集型产业比重,促进可持续发展,提升经济增长质量;加强标准引领,推动"江苏制造"转向"江苏标准""江苏品牌",提升供给体系质量。二是推进效率创新。加快发展先进制造、数字信息、高端研发、商务服务等高生产率行业,以高生产率行业替代低生产率行业,实现整个国民经济行业效率提升;推进垄断行业、国有企业和要素市场改革,优化资源配置,提高人力资本素质,激发土地、金融等要素活力,全面提高经济的投入产出效率;深入推动流通革命,拓展"互联网+流通"新技术、新模式、新业态、新品牌,打通流通"中阻梗",切实提高流通效率;完善对外开放体制机制,对接全球高水平国际贸易投资规则和做法,提高管理能力和贸易投资便利化程度,提升对外开放效率。三是推进动力创新。更多依靠新动能发展经济,一方面用新技术、新业态、新模式改造传统产业,发展高附加值产业;另一方面培育技术、人才、信息、知识等高级要素,培育集约高效高质低碳的新动能,推动江苏发展由规模速度型目标向质量效益型目标转换,由旧主体支撑向新主体支撑转换,由政府推动向市场主导转换,由低端产业形态向中高端产业形态转换,由低端要素粗放投入向高级要素集约投入转换,实现新旧动能稳步接续转换。

2. 以探索性发展增强新江苏建设的动力

"强富美高"是习近平总书记为江苏定的向、指的航。江苏推进探索性发展,重点要围绕"强富美高"新江苏建设面临的新挑战、新要求,紧密结合习近平总书记视察江苏重要讲话精神开展前瞻性探索。一是围绕"经济强",着力探索厚植创新力和竞争力的新路径,重点突破科技创新成果产业化"瓶颈",改变创新"有高原无高峰"现象,打造具有国际竞争力的优势产业集群和创新集群。二是围绕"百姓富",着力探索促进百姓富裕和民生幸福的新路径,积极拓展富民渠道,在增强优质产品供给的同时,不断增强优质公共产品和公共服务供给,促进人民生活更加宽裕,中等收入群体比例明显提高,城乡区域发展差距和居民生活水平差距显著缩小,基本公共服务均等化基本实现,全体人民共同富裕迈出坚实步伐。三是围绕"环境美",着力探索生态优先绿色发展、形成优质生态供给的新路径,重点解决制约生态优先绿色发展的观念障碍、体制障碍和传统发展路径依赖，在不断增强优质生态产品供给中提升生态竞争力，促进生态环境根本好转，稳步建成美丽江苏。四是围绕"社会文明程度高"，着力探索促进文化传承与创新、打造共建共治共享社会治理格局、坚持党的领导和人民当家作主的新路径，促进文化滋养、文明涵养、社会善治，增进党的领导力，激发人民参与社会发展的能动性和巨大潜力，保障社会文明进步、充满活力又和谐有序。

（四）在创造性探索中实现引领性发展

引领性发展是创新性探索性发展的逻辑结果。江苏为全国发展探路，实现引领性发展，重点体现在三个方面：一是整体发展上的区域现代化引领。以苏南国家现代化建设示范区建设为牵引，前瞻性探索区域现代化之路，塑造为全国提供示范的引领性优势。二是人民幸福感、获得感、安全感的区域引领。围绕人民对美好生活的需求，在夯实物质基础的同时，高水平完善公共服务体系，保障群众基本生活，不断满足人民日益增长的美好生活需要，不断促进社会公平正义，形成有效的社会治理、良好的社会秩序，使人民的获得感、幸福感、安全感更加充实、更有保障、更可持续。三是更加充分与平衡发展的区域引领。强化江苏区域发展水平较为均衡、城乡发展差距较小的优势，更加注重平衡发展、充分发展，更加注重共同富裕，更加注重高质量发展，在不断促进社会财富总规模不断增长、人民生活水平整体上不断提升的基础上，在更高层次上显著改善城乡发展、区域发展、收入分配、供需结构等领域的发展不平衡不充分问题，逐步解决"从多到好""好上加好"的问题。

参 考 文 献

1. 马克思恩格斯选集. 第1—4卷. 人民出版社,1995
2. 邓小平文选. 第2卷. 人民出版社,1994
3. 邓小平文选. 第3卷. 人民出版社,1993
4. 习近平谈治国理政. 外文出版社,2014
5. 习近平谈治国理政. 第2卷. 外文出版社,2017
6. 江苏省地方志编纂委员会. 历卷《江苏省志》
7. 江苏省人民政府. 历年《江苏年鉴》
8. 江苏省统计局. 历年《江苏统计年鉴》
9. 江苏省委宣传部. 历年《江苏宣传年鉴》
10. 宋林飞主编. 江苏通史. 凤凰出版社,2012
11. 宋林飞,张步甲主编,吴先满,刘东和副主编. 江苏改革与发展20年(1978—1998). 南京大学出版社,1998
12. 宋林飞,吴先满主编. 江苏改革开放30年. 中央文献出版社,2009
13. 孙志军,宋林飞主编. 科学发展在江苏. 江苏人民出版社,2007
14. 夏锦文,王庆五,吴先满主编. 江苏振兴实体经济的战略思路与对策研究. 江苏人民出版社,2017
15. 公丕祥主编. 新发展理念与中国法治现代化. 法律出版社,2017
16. 夏锦文主编. 冲突与转型:近现代中国的法律变革. 中国人民大学

出版社,2012

17. 夏锦文主编. 中国县域法治国情调查报告(江苏高邮卷). 法律出版社,2017

18. 本书编写组. 新常态　新江苏. 江苏人民出版社,2015

19. 刘志彪主编,吴先满副主编. 中国特色社会主义道路江苏实践. 人民出版社,2013

20. 吴沛良主编. 现代农业建设迈上新台阶. 江苏人民出版社,2015

21. 刘志彪主编. 经济发展迈上新台阶. 江苏人民出版社,2015

22. 梁勇,叶南客主编. 文化建设迈上新台阶. 江苏人民出版社,2015

23. 张颢瀚,刘德海主编. 民生建设迈上新台阶. 江苏人民出版社,2015

24. 王军主编. 全面从严治党迈上新台阶. 江苏人民出版社,2015

25. 本书编委会. 转型升级工程读本. 江苏人民出版社,2013

26. 本书编委会. 农业现代化工程读本. 江苏人民出版社,2013

27. 本书编委会. 科技创新工程读本. 江苏人民出版社,2013

28. 本书编委会. 文化建设工程读本. 江苏人民出版社,2013

29. 本书编委会. 社会管理创新工程读本. 江苏人民出版社,2013

30. 唐文起. 江苏近代经济史探讨. 江苏大学出版社,2013

31. 张乃格,张倩如. 江苏古代人文史纲. 江苏人民出版社,2013

32. 贺云翱,周运中. 文化江苏:历史与趋势. 江苏人民出版社,2017

33. 刘德海主编. 谱写中国梦江苏新篇章. 中国社会科学出版社,2014

34. 黄文虎,王庆五. 新苏南模式:科学发展观引领下的全面小康之路. 人民出版社,2007

35. 王庆五,吴先满主编. 江苏决胜全面小康研究. 江苏人民出版社,2016

36. 王庆五,吴先满主编. 江苏供给侧结构性改革研究. 江苏人民出版

社,2016

37. 吴先满主编. 江苏经济转型升级研究. 人民出版社,2015

38. 朱乃新. 经济全球化与中国地方经济:江苏开放型经济研究. 社会科学文献出版社,2005

39. 陈晓雪,谢忠秋. 苏南模式嬗变. 中国经济出版社,2014

40. 徐四海主编. 江苏文化通论. 东南大学出版社,2016

41. 宋林飞主编. 苏南现代化建设示范区进展评估. 社会科学文献出版社,2017

42. 陆学艺,浦荣皋. 苏南模式与太仓实践. 社会科学文献出版社,2009

43. 包宗顺等. 城乡发展一体化进程中的苏南样本. 南京大学出版社,2014

44. 吴声功等. 科学发展观在苏南的实践. 人民出版社,2012

45. 赵大生. 苏州工业园区深度解读. 苏州大学出版社,2012

46. [美]唐根. 昆山轨迹. 外文出版社,2010

47. 郑江淮,张二震. 昆山产业转型升级之路. 人民出版社,2013

48. 刘吉双,蔡柏良,雷权勇. 经济新常态下江苏地区经济增长新动力源泉研究. 中国经济出版社,2016

49. 本书编写组. 江苏沿海地区综合开发战略研究. 江苏人民出版社,2008

50. 王庆五主编,吴先满副主编. 多重国家战略与江苏经济发展——新常态下江苏经济发展的新机遇、新动力、新优势研究. 江苏人民出版社,2015

51. 金太军,张振波. 乡村社区治理路径研究:基于苏南、苏中、苏北的比较分析. 北京大学出版社,2016

52. 桑学成. 江苏机关党建创新案例. 国家行政学院出版社,2016

53. 夏锦文,王庆五,吴先满主编. 中国特色社会主义经济理论的重大创新与发展. 江苏人民出版社,2017

后　　记

　　历史是一面镜子。全面系统科学总结中国40年改革开放的辉煌成就与丰富经验,非常必要。中国这40年的改革开放与发展,有着重大的国内国际上的创新价值和深远的国内国际范围的历史进步意义。遵循中央的指示精神,中共中央党史和文献研究院与人民出版社牵头,联合全国各省、自治区、直辖市人民出版社,组织编写庆祝中国改革开放40周年大型系列研究丛书《中国改革开放全景录》。贯彻落实中央的决策部署,江苏省委、省政府高度重视改革开放40周年的庆祝活动和这一丛书的编写,江苏省委宣传部大力支持,于2017年下半年在江苏省哲学社会科学规划办公室设立重点课题,委托江苏省社会科学院承担研究编写任务。江苏省社会科学院党委高度重视,积极承担,决定由江苏省社会科学院党委书记、院长夏锦文教授任本课题首席专家,江苏省社会科学院原党委委员、副院长、江苏省金融研究院院长吴先满研究员任本课题负责人,共同主持本书的研究编写,约请本院多位专家学者,组成课题组,共同参与协作攻关。本书分工如下:第一章,夏锦文、吴先满、吕永刚;第二章,夏锦文、吴先满、吕永刚;第三章,李慧;第四章,吕美晔、金高峰、刘明轩;第五章,吴先满、方维慰、沈宏婷;第六章,章寿荣、赵锦春;第七章,李洁;第八章,张春龙;第九章,余日昌;第十章,夏锦文、钱宁峰、刘伟;第十一章,陈朋;第十二章,夏锦文、吴先满、吕永刚。本书编写过程中,公丕祥、洪银兴、邢光龙、宋林飞、黄健、张颢瀚、刘松汉、桑学成、赵劲松、张二震、包宗顺、黄贤金等专家学者,江苏省委宣传部、省委党史工办、省委政法委、省委研究室、省政府研究室、省经信委、省农业委员会、省环保厅、省商务厅等部门,对本书提出了宝贵意见,新华日报社等有关部门和相关图片作者为本书提供了图片,在此一并表示衷心感谢!全书由江苏省委常委、省委宣传部部长王燕文审定。

  江苏这40年的改革开放与发展,形成了鲜明的江苏特点,积累了宝贵的江苏经验,为全国做出了重要的江苏贡献。对江苏改革开放40年的总结与研究,是一项重大而富有挑战的研究课题,本书的研究成果是对这方面的研究探索,意在与社会各方面一道共同研究探讨,以为新时代推进中国特色社会主义在江苏的实践做出我们的贡献。限于时间和水平,书中不足之处在所难免,欢迎广大读者批评指正!我们将会继续深入地进行这方面的研究探索,努力取得新的创新成果。

本书编写组

2018 年 6 月 16 日